边臣世家
初创基业
威震东北
建国称汗
开国方略

努尔哈赤

李治亭 著

人民文学出版社

图书在版编目（CIP）数据

努尔哈赤 / 李治亭著. -- 北京：人民文学出版社，2025.
ISBN 978-7-02-019251-9

Ⅰ．K827=49

中国国家版本馆 CIP 数据核字第 20258JD179 号

责任编辑　杜广学
装帧设计　刘　静
责任印制　宋佳月

出版发行　人民文学出版社
社　　址　北京市朝内大街 166 号
邮政编码　100705

印　　刷　宝蕾元仁浩（天津）印刷有限公司
经　　销　全国新华书店等

字　　数　218 千字
开　　本　710 毫米×1000 毫米　1/16
印　　张　15.25　插页 7
印　　数　1—5000
版　　次　2011 年 1 月北京第 1 版
印　　次　2025 年 6 月第 1 次印刷

书　　号　978-7-02-019251-9
定　　价　49.00 元

如有印装质量问题,请与本社图书销售中心调换。电话:010-65233595

清太祖努尔哈赤画像

努尔哈赤御用甲胄（清乾隆朝复制）　　　　　　努尔哈赤御用宝剑
故宫博物院 藏　　　　　　　　　　　　　　　沈阳故宫博物院 藏

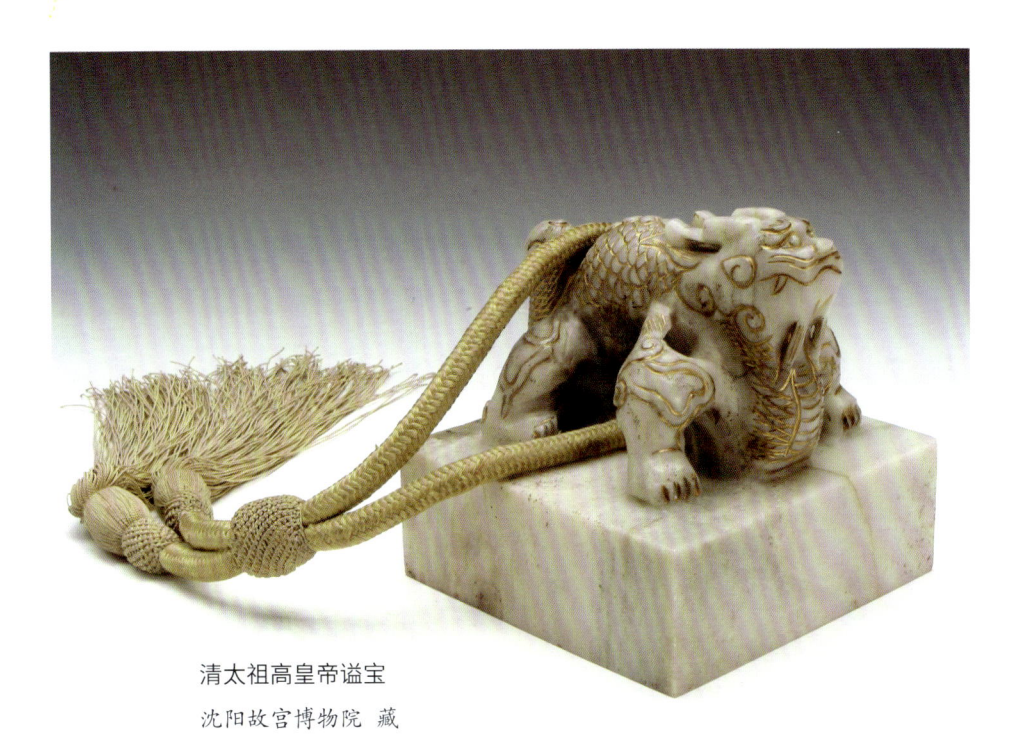

清太祖高皇帝谥宝
沈阳故宫博物院 藏

后金天命年铸云板
沈阳故宫博物院 藏

后金天命通宝铜钱
沈阳故宫博物院 藏

上欲以蒙古字製為國語頒行巴克什額爾德尼扎爾固齊噶蓋辭曰蒙古文字臣等習而知之相傳久矣未能更製也
上曰漢人讀漢文凡習漢字與未習漢字者皆知之蒙古人讀蒙古文雖未習蒙古字者亦知之今我國之語必譯為蒙古語讀之則未習蒙古語者不能知也如何以我國之語製字為難反以習他國之語為易耶額爾德尼噶蓋對曰以我國語製字最善但更製之法臣等未明故難耳
上曰無難也但以蒙古字合我國之語音聯綴成句即可因文見義矣吾籌此已悉爾等試書之何為不可於是
上獨斷將蒙古字製為國語創立滿文頒行國中滿文傳布自此始
三月庚辰朔○始開金銀礦及鐵冶
秋九月丁未朔○先是哈達貝勒孟格布祿與葉赫貝勒納林布祿搆兵孟格布祿力不

努尔哈赤创制满文的汗谕，选自《清太祖高皇帝实录》

清代八旗之正黄、正白、正红、正蓝、镶黄、镶白、镶红、镶蓝（复制品）
沈阳故宫博物院 藏

清代八旗之正蓝、正红、正白、正黄、镶黄、镶白、镶红、镶蓝甲胄（复制品）
沈阳故宫博物院 藏

辽阳东京城天祐门修复后遗址。1621年努尔哈赤迁都辽阳，次年修建此城

沈阳故宫大政殿（原名笃恭殿），是努尔哈赤与诸贝勒大臣议事衙门

目 录

前言   1

第一章   边臣世家
    一、神话溯源   1
    二、女真望族   6
    三、浪迹辽东   12

第二章   初创基业
    一、父祖被害   20
    二、起兵复仇   25
    三、统一建州   33
    四、笼络明朝   41

第三章   威震东北
    一、独战群雄   47
    二、兼并二部   53
    三、四战乌拉   58
    四、三征叶赫   68
    五、兵进绝域   76

第四章   建国称汗
    一、创建八旗   84
    二、制定满文   89
    三、营建都城   94
    四、即位称汗   101

第五章   开国方略
    一、经济新策   107

二、举贤任能　　　　　112
　　三、敬天崇佛　　　　　115
第六章　向明宣战
　　一、"七恨"伐明　　　　120
　　二、首战抚清　　　　　125
　　三、决战决胜　　　　　130
第七章　进军辽东
　　一、攻克开铁　　　　　140
　　二、夺取辽沈　　　　　146
　　三、迁都辽阳　　　　　155
第八章　辽西鏖战
　　一、血战西平　　　　　162
　　二、计取广宁　　　　　167
　　三、再迁沈阳　　　　　173
　　四、治辽新政　　　　　178
　　五、亲蒙联姻　　　　　184
第九章　兴旺家族
　　一、妻多子众　　　　　189
　　二、兄弟子助　　　　　194
　　三、家庭纷争　　　　　198
　　四、觊觎汗位　　　　　205
第十章　最后岁月
　　一、巩固战果　　　　　210
　　二、宁远惨败　　　　　215
　　三、客死他乡　　　　　223

主要参考文献　　　　　　　231
后记　　　　　　　　　　　233

前　言

在清朝开国史上,有一位叱咤风云的传奇式人物,他就是清太祖努尔哈赤。

清朝当国之时,努尔哈赤作为清帝第一人与清开国的奠基人,处至尊地位,其煌煌业绩在亿万臣民中广泛流传。

清朝经历二百六十八年漫长岁月后,终于走到了尽头:它宣布逊位让国。一代王朝就此结束,努尔哈赤的至高地位,也随之从顶峰跌落下来。随着时间的流逝,努尔哈赤渐行渐远。人们的记忆中,人们的视野中,几乎不再有他的踪影,整个社会差不多已把他遗忘。就连清史研究似乎也很少注意到他,只有到中学历史课本,乃至大学历史讲义中,才有关于他的些许记述。

几十年过去了,中国进入改革开放的伟大时代。历史又一次改变了努尔哈赤的命运。

改革开放以巨大的原动力,不断催生我国学术文化空前发展,全面繁荣。"清史"独树一帜,突飞猛进,从一个不被注意的断代史,一跃而成为当代史学中的一门"显学"。努尔哈赤研究大放光彩,有关他个人的研究成果,诸如论文连篇累牍,还有他的传记也出了好几部。长期冷清而几无人问津的清入关前史、满族勃兴史,也因努尔哈赤的研究而热闹非凡,并将其研究提升到了一个空前水平。

与此同时,戏剧、小说、电影、电视等趁机推波助澜,以努尔哈赤为题材的文艺作品数不胜数,更有银幕形象,演绎其一生故事。借助传媒,昼夜之间,就把努尔哈赤变成一个家喻户晓、妇幼皆知的人物,使之成为二十世纪八十年代中国舞台上最耀眼的"历史明星"人物之一。

回顾二十世纪八十至九十年代努尔哈赤研究热潮，实非空穴来风，亦非学者"忽悠"，究其原因，从根本上说，就是努尔哈赤个人传奇般的人生经历，为人们所喜闻乐见，给予人们多方面启迪。学者的研究并不是为猎奇，却发现了研究努尔哈赤的巨大的学术价值，因而吸引了众多学者的关注，逐渐形成清史研究高潮中的一个热点。

应当说，以往研究努尔哈赤确已取得重大进展，填补了改革开放前尚未研究的诸多空白点。有关努尔哈赤的多部传记，基本勾勒出其大同小异的人生经历。比之此前竟无一部努尔哈赤传记，也是一个显著的进步。

若以目前的眼光重新审视以往对努尔哈赤的研究，其中之不足、遗漏、史实硬伤、误解误判等等，也是显而易见的。事实说明，我们对努尔哈赤的认识与研究，远未穷尽，甚至也仅是个开始。因此，本书步清史学界诸同仁之后尘，再叙努尔哈赤之一生，给出我的认识与评价，或许不算多此一举。

努尔哈赤研究中有一个重要问题：努尔哈赤何以在女真群雄中胜出？他力挫群雄，顶住来自明朝与蒙古两个方面的巨大压力，最后取得了成功。于是，他成功之谜就成了诸多学者争先回答的问题。概括地说，这些回答，多集中在努尔哈赤个人方面，强调他的才能与谋略。努尔哈赤的确不同凡响。他起兵时，年仅二十五岁，只有十三副遗甲，部属不足百人。他就以这点力量起家，席卷女真诸部；横刀跃刀，奔驰在沙场上，奋战了四十多年，不仅统一了女真诸部，也从明朝统治下夺取了辽东、辽西，至其去世前，已经占领有大半个东北地区。取得这些成就，没有超世的才华、过人的勇气、超凡的智慧，是不可能的！

这样解谜，仅仅回答了部分问题，更重要的问题——努尔哈赤所处的时代与机遇，却被忽略，少有议论。人们常说：时势造英雄。这就是历史提供了必要的客观条件，亦即历史机遇，他就会把可能变成现实。所谓"生不逢时"，即使有聪明才智也没有条件施展！

在努尔哈赤崛起前，女真诸部英雄辈出，诸如李满住、董山、祝孔革、速黑忒、王杲、王兀堂、阿台、王台、清佳砮、杨吉砮、万汗等人，先后登上历史舞台，无不想统一女真。除个别酋长，皆遭到强大的明朝的镇压，身首异处！他们如一颗颗流星，只在夜空中闪耀几下，便消失在历史的长河之中。至努尔哈赤起兵时,女真诸部大乱,群龙无首,相互争夺,所谓强凌弱,众暴寡,骨肉相残。努尔哈赤所遇到的对手,已不是以上列出的强有力人物,而是如孟格布禄、纳林布禄、布寨、拜音达里、布占泰、满泰、布扬古、金台石等一类胸无大志、腹无谋略的庸人,故才能轻而易举地将他们逐个攻破,终于平息乱局,实现了女真的完全统一。努尔哈赤征战数十年而不败,方显出作为强者的英雄本色。努尔哈赤在女真内部大获成功,远远超出了前人的业绩,正是女真社会给他提供了千载难逢的历史机遇,才成就了他未来的大业。

从外部条件来说,一是明朝急剧衰落,昏君万历不理朝政,宦官弄权,吏治败坏。辽东边防松弛,无力监管女真,给努尔哈赤以可乘之机。二是女真世敌蒙古人也处于四分五裂之中。各部不甘忍受察哈尔林丹汗欺凌,纷纷投靠努尔哈赤,寻求其保护。蒙古人的不断加盟,使努尔哈赤的实力迅速发展壮大。需顺便提到的是,李氏朝鲜原为明之属国,以其力量不足,无法牵制努尔哈赤。明朝的衰落,蒙古的分裂,为努尔哈赤的崛起提供了难得的历史机遇。这是他获胜与成功的又一重要条件。

有人总结"努尔哈赤成功的秘密",就是"实现"所谓"天合、地合、人合、己合",纯属主观杜撰,牵强附会,不足为训。

努尔哈赤一生中究竟做了哪些有益的事?或者说做出了什么贡献?如何评价他的功过是非?学术界所给予的评价,还是基本肯定的。但也有不同的声音。如,否定努尔哈赤起兵反明的正义性,称之为"地方武装叛乱",明朝出兵"镇压"是合情合理的。更有一种极端的说法,说努尔哈赤是"强盗"、"武装强盗"。而与此相反,也有刻意美化努尔哈赤的现象,定其一生有十大"贡献"。因为要美化,就故意掩饰他的错误,使努尔哈赤成为一个完美无缺的人。

这些说法,无论是否定,还是过度肯定,都不符合努尔哈赤的历史实际。其实,概括努尔哈赤一生,主要做了三件大事:一是创建后金政权,为未来的大清王朝开基立业。可以说,没有努尔哈赤,就没有清王朝。二是统一了纷乱的女真各部,使之凝集成一个民族整体。在女真沉寂了二百多年后再度复兴,并迅速转化成一个新民族——满洲族。仅此两件事,无论其后世子孙如康熙、雍正、乾隆等多么伟大,都代替不了努尔哈赤的开创地位！三是向明宣战，拉开了明清战争的序幕。这标志着女真依附明朝的历史宣告结束，明清兴亡的历史进程，换言之，亡明的进程自此开始。正如我的授业之师孙文良教授所说："明亡始于辽亡，辽亡影响明亡。"此为确论。这就是说，努尔哈赤夺取了辽东地区，就是灭亡明朝的开始，而明失辽东，直接影响了明走向灭亡。这已为明亡清兴的进程所证实。就连明朝人也早就认识到辽东之得失实会关系到明之盛衰。如，嘉靖时辽东巡抚王之诰就说过："辽（东）……负山阻海，地险而要。中国得之，则足以制胡；胡得之，亦足以抗中国。故其离合实关乎中国之盛衰焉。"（《全辽志叙》）这是在努尔哈赤夺辽东一百余年前预言的话，此说不幸言中。辽亡不只是关系明的盛衰，实际是关系明的存亡！

综观努尔哈赤的一生及其事业，比之传为美谈的秦皇汉武、唐宗宋祖及成吉思汗等伟业，毫不逊色。他创建的社会管理组织——军政合一的八旗制，以及对政权机构的创建，还有为本民族创制新文字等，使他有资格跻身于历代著名的创业之君的行列。他取得的一系列大小战绩，不愧为军事艺术的经典之作。努尔哈赤的特别之处，就是每次出征，他必亲临战场。他既是冲锋陷阵的勇士，又是千军万马的统帅。直到六十八岁高龄，去世前八个月，他还冒着严寒，统率六万兵马，奋战在辽西重镇宁远城下。他一生征战四十三年，除最后的宁远之战，从无失败过，可以被誉为"常胜将军"。他的一生是在马上度过的，与战争结下了不解之缘。故其军事实践丰富多彩，更充满了传奇与风险。

努尔哈赤开创了一个新时代，即女真—满洲走上中国历史舞台与一代新王朝即将主宰中国命运的时代。他的名字及其事业与满族形成史、与清王朝勃兴史紧紧地联系在一起。这就是说，时代造就了他，而他又"创造"了一个新时代。

努尔哈赤的一生，宛如一首波澜壮阔的史诗，又是一部很好的人生教科书。他的勇气，敢于牺牲的无畏气概，矢志不渝的理想追求，博大的胸怀，躬身实践的作风，无不具有人生示范与启迪的重大价值。他的军事实践，创下一个个蕴藏兵家天机的战例，应是最好的军事教材之一。无论从哪个方面说，研究努尔哈赤都具有重要价值；对清史特别是清前史的研究价值，同样是不言而喻的。

写到这里,需要强调的是,努尔哈赤并非完美无缺。他的性格、观念,以及方针政策、具体措施等,都存在程度不同的缺欠、错误,有的简直是罪过。例如,他的民族观是典型的"满洲至上",在其后金政权内部只有李永芳、范文程等极少数汉官,但他们不能参与重要机务,故其政权还是单一的满洲政权。他的民族政策,集中反映在对汉族实行屠杀与奴役上。他攻下明之开原、铁岭等城,即下令屠城,杀光、抢光,最后将城毁掉。凡在战争中被掠的汉人,一律收为奴隶,分到满洲王公贵族庄园——拖克索,供其役使。实行满汉人合编为一庄,同吃同住,全由被掠汉人为满洲人劳作。即使归附的汉官,也同样受到歧视,被满洲人所奴役。连满洲王公大臣也公开承认:"昔太祖(努尔哈赤)诛戮汉人,抚养满洲。"(《清太宗实录》卷六四)直到乾嘉之际,满洲贵族仍然说:"国初时,(太祖)俘掠辽沈之民,悉为满臣奴隶。"(《啸亭杂录》)努尔哈赤屠戮、奴役、歧视汉人是客观事实,这些问题,都将在本书中如实记述。

我撰写《努尔哈赤》传记,遵循一个基本原则,就是直面努尔哈赤的人生经历,写出我对他的认识,解读他的人生中的种种疑惑,力图为读者再现一个真实可信的努尔哈赤。我把他写成一个有血有肉的人:他有自己的生活,他有对民族、国家及前途的思考;他也有自己独特的品格、作风与习惯;还有,他的内心深处即精神世界,都是构成人物完整形象必不可少的内容,而这些要素恰恰能展示人物的真实存在。如上已指出努尔哈赤的缺欠、不足,如实写来,这才能真实地勾勒出努尔哈赤本来的面貌。

迄今为止,学术界研究努尔哈赤存在着某些不当的倾向。如,感情用事,自己喜欢的人物,便刻意美化,不断拔高,甚至为其掩饰错误。说努尔哈赤如何伟大,却绝口不提他屠戮汉人之事。写书、做报告,极力掩盖,矢口否认。前引当时满洲王公贵族及后世子孙都直截了当予以承认,而今人却力图将这一史实抹掉。与此相反,将努尔哈赤"妖魔化",如上引,污为"强盗"更属极端之论,实际完全不懂努尔哈赤!

还有一种论者,并非感情用事,但却体现出旧的史学观、民族观,用以否定努尔哈赤。在这种观念支配下,视努尔哈赤武装反明是"武装叛乱";斥努尔哈赤建后金政权是对中国的"分裂"等等。质言之,汉人起兵、起义如李自成、张献忠反抗明朝统治者,自然合理;少数民族如满洲、如努尔哈赤反明为非正义，予以否定。

诸如此类的倾向或说法，我当然不会同意。但我无意同这些不当不确的说法进行辩驳，我会采取叙述的方式，循着努尔哈赤的人生之路，把他的个人历史完整地写出来，让读者作出判断。我把学术界的一些不同说法写在这里，不过是想给读者一个提示，通过比较，以获取较为正确的认识。

撰写人物传记，对语言文字的要求格外严格。首先，叙事要省文，行文要简洁，避免烦琐、啰嗦。时下，书越写越厚，难免会浪费许多文字，把一件很简单的事写得杂芜、隐晦，这就是文字不精，表述不清。以努尔哈赤极为丰富的人生经历，可以写成数十万字的长篇传记。本书仅以不足三十万字成传，当详则详，当略则略；删繁就简，不生衍文；不事铺张，免使读者受累。

其次，文字要通俗易懂，生动活泼。凡写历史人物传记，或著述史学，言必有据，史实不假。所据史料，皆属文言记录，今人引用，即使原文照录，亦必解释。如不录原文，当转换成当代语言，或稍作改写，做到古文通俗化，以利传播。本书所据史实，皆来源有自，引自各种相关史书或档案。采取以上两种方式，多以后者为主，将原文转换成浅近文言，或典雅而规范的文字，防止将古文现代化，失去文言原味。应当指出的是，语言文字通俗化，为当今撰写历史人物传记或史学著作所必需。但是，这种通俗的语言也必须准确，不得随心所欲。

我历来主张撰写史实著作包括传记，应当把文字写得通俗、生动而优美。本书在这方面也做出了自己的努力，语言文字要通俗，在通俗中求生动、活泼，可读性强。是否如此，有待读者检验。

在本书撰写前，已有滕绍箴教授等人所写的几部努尔哈赤的传记先后出版。本书不想"跟风"，也不想循他人已走过的路，其结构设计、大小题目的编排、写作方法、语言文字的运用，以及史料的筛选、观点的表述等等，都尽量反映个人的心得与感悟。为阅读方便，本书不出页下注，遇有重要史料，在行文夹注；个别重要地名，也在夹注中注明。时间一律采用农历即皇帝年号纪年，在括号内加注公历年数。

本书是继我与孙文良师合著《清太宗全传》与自著《吴三桂大传》之

后的又一本传记。总的来说,还是一次尝试。失误与不足在所难免,尚请读者教正。

2009 年 12 月 28 日
于中国人民大学静园

第一章 边臣世家

一、神话溯源

明嘉靖三十八年（1559），某月某日（史书失载），辽东边墙以东，群山环抱的赫图阿拉（辽宁新宾满族自治县永陵），一户姓爱新觉罗氏的女真贵族之家，降生了一个男孩，他的名字叫努尔哈赤——未来的后金政权的创建者，大清王朝的奠基人，被他的子孙尊奉为"清太祖武皇帝"。正是：

命世生真主，乘乾肃奉时。

经营劳缔构，草昧此开基。

（钱汝诚《兴京》，作于乾隆四十三年，陪侍谒陵）

这个未来显赫的家族从何而来？努尔哈赤的先人又是怎样的人？追本溯源，确有一段漫长而神秘的历史。其传奇般的经历引人入胜，不禁令人心往神驰……

在吉林省东南部与朝鲜接界的地方，横亘着一座驰名中外的大山——长白山，它连峰叠峦，绵延千百里，山顶上的灰白色的岩石，宛如堆堆积雪；而入冬后，山体又为积雪所覆盖，满山皆白，在灿烂的阳光下，闪耀着银白色的光辉。神秘的天池就像一块硕大的碧玉镶嵌在群峰之巅，熠熠放明。

在天池东侧五十余里的地方，有一座山，叫布库里山；山下有一池，叫布勒瑚里，当地俗称"圆池"。湖的四周被群山环绕，松柏掩映，湖水澄碧，清波荡漾，风景十分优美。

传说努尔哈赤的祖先就诞育在这个神秘的湖畔。

这是广泛流传在明代女真人之中的一个美丽的神话。

相传很久很久以前,有一天,从天上降下三个美丽的仙女,来到这里沐浴。她们是亲姐妹,老大叫恩古伦,老二叫正古伦,老三叫佛库伦。她们脱掉衣服,争相跳进湖里,在水中不停地嬉戏,玩得特别开心。

这时,有一只神鹊飞来,嘴上衔着一枚红色的果子,飞落在她们放衣服的地方,并把红果放在老三的衣服上,然后叫了一声,就飞走了。

姊妹们玩得有些倦了,便不约而同地游上了岸。佛库伦一眼就发现她的衣服上放着一枚朱果,红通通,亮晶晶。她十分惊奇,信手拾起来,反复观赏,舍不得丢下,就含在嘴里,一边去穿衣服,一不小心,红果就咽进肚里,于是,她便怀了孕。当她的两个姐姐穿好衣服,冉冉升空时,佛库伦却升不起来,她心里很焦急,连声喊:"姐姐,我感到身子重,飞不起来,怎么办呢?"两个姐姐已升在半空中,对妹妹说:"此天授你妊娠,等你产后再回去吧!"说完,两个姐姐驾云而去。

没过多久,佛库伦就生下一个男孩。这孩子生下来就会说话,很快,便长大成人。母亲就把如何吞食朱果、怀孕生他的事都告诉了他,并说:"你为上天所生,是叫你当国主,你就往那个地方去吧!"母亲送给儿子一条小舟:"你顺流而下,就会到你应去的地方。"佛库伦说完,凌空升起,转眼间,已消失在林海云霭中。佛库伦走后,儿子按照母亲指示的方向,乘上小舟,顺流而下,漂流到一个叫鄂谟辉的地方,看见有很多人家,便舍舟上岸,折柳条为椅,端端正正坐在上面。这个地方有一个鄂多理城,住有"三姓"(原先是赫哲人努雅喇克、宜克勒和祜什哈里三姓的领地,故以"三姓"名之,今为黑龙江依兰,俗称依兰哈达,亦是三个姓之意)的人。他们互争雄长,终日厮杀,地方大乱。这天,正巧有一个人到河边取水,看见有个相貌奇异的人,端坐在河畔,觉得很奇怪。他回来就告诉大家,说:"你们不要再争了,我在河边看到一位奇人,看相貌,决非凡人。我们为什么不去看看呢?"三姓的人也觉得很奇怪,停止了争斗,都去看这个人,果然是个非凡的人!都惊讶地问他的来历。他回答说:"我是天女佛库伦所生,姓爱新(汉语,金的意思)觉罗(姓的意思),名字叫布库里雍顺。天生我就是来平定你们的大乱的。"他把母亲教他的那席话细说了一遍。

大家惊讶地说:"这是天生的'圣'人,不要让他到别的地方去。"说着,几个人交插挽手,做成轿形,把他抬回来。三姓的人商议:"天意如此,我们不必争了,就推这个人为我们的王吧!"于是,布库里雍顺就在这里定居下来,被推举为首领,并娶了百里的女子为妻。这个国家,号称"满洲"。布库里雍顺就是这个国家的始祖。

这是清代官修《清太祖武皇帝弩儿哈奇实录》、《满洲实录》及《清开国方略》等史书开宗明义,以浓重笔墨描绘其祖先(也是满族)起源于长白山的脍炙人口的神话。这个神话传说,与《史记》描绘的殷、秦先人为其母吞鸟卵而生,如出一辙。中国历史悠久,古代许多民族都有关于本民族起源的神话。我们发现,有关他们各自始祖的来历,说法相近或相似,反映了中国境内各民族包括满族之间有着密切的联系。同时,也说明在远古时代,他们走过了共同的"知母不知父"(《吕氏春秋》卷二十)的原始母系氏族社会阶段。上述神话中的所谓神鹊,不过是原始社会的一种图腾崇拜。从仙女佛库伦到布库里雍顺其人,正是反映了努尔哈赤的祖先,亦即满族先世由原始社会的母系氏族向父系氏族过渡时期的历史。

其实,关于努尔哈赤祖先起源的神话,早已在满族先世女真人居住的许多地区广泛流传。《旧满洲档》有一则重要记载:

天聪八年(1634)冬,清太宗皇太极派霸奇兰、萨穆什喀领兵收取黑龙江上游地区,次年五月,胜利而归。在俘获的降人中有一个名叫穆克什克的人,他向清太宗讲述了同清朝官方记载一样内容的神话。他说:我的父、祖世代生活在布库里山边的布尔和里池附近。我们那里没有档子(官方存贮的文件,清代称为档子。见杨宾《柳边纪略》),古来传说,在布尔和里池,有三个天女恩古伦、正古伦、佛库伦来此沐浴。最小的天女佛库伦得到神鹊送来的果子,含在嘴里,进入肚里而受了孕,生下博克里雍顺。他的同族便是满洲国。那个布尔和里池周围百里,距黑龙江有一百二三十里。我生了两个儿子后,从布尔和里搬走,迁到了黑龙江的纳尔浑地方居住。

穆克什克讲的这个神话,同上述神话里的山水、人物、名称与故事情节一模一样,只有地点不同,一个在长白山,一个在黑龙江。然而,对我们来说,二者都有意义,而穆克什克讲述的神话尤有特殊意义。它证明黑龙江两岸才真正是努尔哈赤的祖先与满族的故乡。满族同东北固有的肃慎、邑娄、勿吉、靺鞨、女真等族有悠久的历史渊源。白山黑水之间的广阔地域,无疑是这些古老民族生息的摇篮和活动的历史舞台。

最先把原在黑龙江地区女真人中流行的神话移植到了长白山,把它作为真实的历史而载入史册,是太宗时所修《清太祖武皇帝弩儿哈奇实录》。这个神话的演变,实际上反映了努尔哈赤的祖先由北向南迁徙的结果。神话中出现的三姓,应当是来源于黑龙江的三姓(今依兰县),鄂多里即斡朵怜,也是黑龙江地区早有的女真部落。努尔哈赤的祖先就属于这个部落。长白山东北的布库里山、布勒瑚里(圆池),是他的祖先南迁以后,仿照故乡的名称,给这些山水重新命的名。鄂谟辉,当指朝鲜境内的阿木河,现在可以看到一条几乎干涸了的河道,称弱流河。这条河可以通向图们江,远到朝鲜会宁。据史书记载,努尔哈赤的祖先确实曾到过会宁。这就是说,长白山东北的这个地理条件,不但有具备了仙女洗澡的天池,而且还有布库里雍顺乘舟远航的河流和三姓的居民。至于佛库伦吞食的朱果,更属长白山的特产。笔者曾亲临其地作过考察,所见地理方位、环境、景物及朱果,都与《实录》所载吻合。因此,太宗为其祖先起源而构筑的神话不是没有根据的。

清太宗利用这个神话,强调他的祖先为上天所生,其用意是显而易见的,无非是宣扬他的祖先和他自己都是天生的君主,君权神授。借此神话,不仅给祖先戴上一层神圣的光圈,也使正在同明朝进行争夺的后金提高其权威性。

从历史的角度看问题,神话中所说的"满洲国",只有清官书这样认同,但历史事实是,它只能是民族部落的名称,并不是我们现代人所理解的国家政权。因为布库里雍顺作为原始社会时代的人物,是不可能建立一个阶级统治的"满洲国"的。连乾隆皇帝也予以否认。他在钦定的《满洲源流考》中,明确指出:"满洲本部族名。"满洲被定名为民族的专称,是在努尔哈赤统一建州女真、海西女真及兼并其他各部女真的过程中逐渐形成的。随着本部族的不断扩大,进而建立金(后金)政权,使各部女真迅速凝聚,开始形成一个新的民族共同体,给她赋予一个新的民族专称就十分必要了。于是,天聪九年(1635),清太宗颁发谕旨:我国原有满洲、哈达、乌喇、叶赫、辉发等名,向者无知之人,往往称为诸申。夫诸申之号,乃席北超墨尔根之裔,实与我国无涉。我国建号满洲,统绪绵远,相传奕世。自今以后,一切人等止称我国满洲原名,不得仍前妄称(《清太宗实录》卷二五)。满洲由部落名字变成一个民族的专称,标志着满族的正式形成。现今所称满族,是对"满洲族"的简称。

剥开神话的神秘外衣,努尔哈赤的祖先实属金代女真。女真这个名称出现于五代(马端临《文献通考》)。他们是由尧舜时代的息慎即肃慎之后不同时代的邑娄、勿吉、靺鞨发展而来,约在十一世纪初,女真完颜部在阿骨打的领导下,创建了金王朝。它崛起于东北,挥师南下,占有黄河以北的广大土地,领有半壁江山。在金朝统治的一百二十年中,女真人的社会取得了长足的进步;同时,进入东北南部特别是进入华北地区的女真人,逐渐同汉族融合,以至完全被同化,成了汉族的一部分。

元朝灭亡金朝后,女真人受到极大的摧残,除了在战争中被消灭,还有部分女真人被驱逐回东北故乡。元朝实行民族歧视政策,把女真人列入"汉人"之中,身份低于蒙古和色目人。在元朝统治时期,女真人散居东北各地。元在东北设辽阳等处行中书省,其下开元路,设于今吉林省农安,管辖古肃慎之地。后来,又从开元路分出合兰府水达达等路,专管松花江和黑龙江下游南北地区。另设桃温、胡里改、斡朵怜、脱斡怜、孛苦江等五个军民万户府,"分领混同江南北之地,其居民皆水达达女直(同真,避辽兴宗耶律宗真讳)之人"(《元史》卷五九)。元代东北女真人的生产与生活水平较东北地区南部汉族农业地区低下,主要是在东北部黑龙江流域、乌苏里江及松花江下游与黑龙江交汇地区,这里的女真人"无市井城郭,逐水草为居,以射猎为业"(《元史》卷五九)。

在元朝统治下,金代女真人的辉煌已经成为过去,由一度叱咤风云,威震中原,变为漫长的沉寂。他们在东北这一肥沃又十分荒凉的土地上继续繁衍生息,缓慢地积蓄力量,等待历史的机遇再度降临!

努尔哈赤的先人们就生活在广大的女真人之中。他们在历经种种磨难后,终于走上了为他们的子孙带来灿烂前程的创业之路。

仙女佛库伦吞食朱果而生布库里雍顺的神话故事,蕴含着极其丰富的历史内容。我们从中引出努尔哈赤祖先及其所属的女真族变为满族的真实历史,破解清朝统治者编造的神话,恢复历史的本来面貌,是十分必要的,对于我们来说,是不可或缺的。

二、女真望族

自清太宗始,清朝把布库里雍顺奉为"始祖"。据他们说,在布库里雍顺建国立号之后,国家就兴盛起来,经过了数代,由盛转衰。因为他的子孙暴虐,部属纷纷叛变,攻破了鄂多理城,把他的子孙都杀死了,唯一幸存者是个小孩,名叫范嚓。他从城里逃到野外,眼看被追兵撵上,恰巧有一只神鹊飞来,栖落到他头上,追兵误以为鹊落到了枯树上,就停止追捕,返回城里。范嚓幸免一死,从此隐姓埋名直到去世。满洲后代以鹊保护祖宗之功,将之奉为神明,从不加以伤害。到范嚓的孙子孟特穆时,家族重新振兴起来。孟特穆为人机智勇敢,为祖先报了仇,家族才得到拯救,日渐兴旺。后来,他定居在赫图阿拉(满语,汉译"横岗"的意思),一代一代传下来,直到努尔哈赤出世。

在孟特穆之前,有关祖先的历史还属传说的性质。前有神鹊送来朱果,使仙女佛库伦怀孕,降生始祖;后有神鹊救范嚓,得以保留繁衍之根。可以认为,这个故事应是前一个神话的延伸或继续,所以,还不能看作是真实的历史。

努尔哈赤祖先的历史,有据可查的是从孟特穆开始的。太宗时,首尊孟特穆为"肇祖原皇帝"。"肇"和"原"两个字,都是开始的意思。祖宗由他开始,当皇帝也由他开始。显然,太宗编纂《清太祖武皇帝弩儿哈奇实录》时,对孟特穆以前的老祖宗都说不准,只有借助已有的神话传说,来说明他的老祖宗由来已久。生活在太宗以后的子孙们,就更是无法说清远祖的历史了。

他们把孟特穆奉为家族和大清朝的真正始祖,是有充分根据的。自此,努尔哈赤祖先及家族由传说而进入真实历史的时空,在浩瀚的中国史册中,留下了愈来愈明显的痕迹。

孟特穆,又称猛哥贴木儿,在中国历史记载中不仅实有其人,而且还是元明之际建州女真中赫赫有名的人物之一。太宗以后,他的子孙们之所以都尊崇孟特穆,是因为他率领本部族从遥远的黑龙江迁到了朝鲜境内,并接受明朝的任命,做了明朝的边臣,然后才又有了迁徙赫图阿拉之举,为未来的努尔哈赤崛起创造了条件。但是,《清太祖武皇帝弩儿哈奇实录》(以下简称《武录》)对孟特穆的记载甚少,语焉不详,尤其是隐去了孟特穆为明边臣的重要史实,又称他定居于赫图阿拉,这与史实不符。的确,孟特穆的南迁,是这个辗转流离的家族的又一次重大转机,对努尔哈赤前程关系甚大。因此,有必要把孟特穆的历史予以澄清。

还在元朝末年时,孟特穆已被任命为斡朵怜军民万户府的万户(官名),建州女真的另一个著名领袖阿哈出为胡里改军民万户府的万户。他们的原居地,一在松花江与黑龙江汇合处南岸的富锦(今属黑龙江省),一在松花江与牡丹江合流的依兰。元末,天下大乱,朝廷无暇顾及东北,其统治迅速衰弱,失去对东北尤其是黑龙江流域的强有力的控制,女真各部间的矛盾和冲突日益激烈,生活难以安定下来。在这一背景下,约当元明之际,孟特穆便率本部族开始逐渐南迁。大约在明洪武末,他们已迁到朝鲜北部的庆源与镜城地区,在这里安顿下来。阿哈出也率部族南迁,辗转到了奉州(今吉林省吉林市南)。他们跋涉数千里,其艰难可想而知。

元明交替之时,女真人社会的大变动,改变了原先布局,使东北广大地区遍布着女真人。明朝按照女真人居住的地区和生产发展水平,把他们分为三个大部分,即建州女真、海西女真和"野人"女真。明人所说的建州女真,主要是指居住在牡丹江流域的女真人。海西是指松花江的一段(称海西江),居住在松花江下游的女真人就称为海西女真。还有一部分女真人居住在黑龙江下游两岸,生产水平低下,生活十分落后,明人贬为"野人"女真。

朱元璋在南京称帝,正式建立明朝后,很快便下令进军东北,招抚元朝余部,将东北地区置于他的统治之下,着手建立具有军事组织性质的卫所和都司。到永乐时期,已在女真人居住的地区先后建立了一百八十多个卫所(见《明史·兵志》卷九十)。永乐七年(1409),在今黑龙江下游的特林创设"奴儿干都指挥使司"(简称奴儿干都司),统辖松花江下游、牡丹江、黑龙江及乌苏里江东至海的广大地区的女真人。该都司是本地区各卫所的最高行政机构。

明朝对东北女真人的统治,采取"以夷制夷"的传统办法,朝廷不派命官,而是任命他们的各部酋长或头领为都督、都指挥、指挥、千户、百户、镇抚等,由朝廷赐给敕书、印信,即授权给他们,管理本地女真人。敕书很重要,上面开列领取者的姓名、官衔、颁发日期等项。被任命的人必须妥善保存,不能丢失,不许涂改。这张敕书,就是他们行使权利的凭证。另一个重要用处,就是他们定期到明朝京师朝贡时,沿途所经关口,都要按敕书检验,没有敕书,或敕书与本人不符的,都不能放行。

顺便指出,明朝在东北还有一个特殊地区:北起开原,南达旅顺,西起山海关,东至鸭绿江畔,称为"辽东",相当于今之辽宁省境的地方,也设都司、卫所。与女真人地区不同的是,它的官员均由朝廷委派,还派兵驻守,实行直接统治。

明朝统一东北后,一面建卫所,一面招抚女真人,任命其酋长。洪武时建置建州卫,阿哈出便当上了第一任建州卫指挥使。居住在朝鲜北部的孟特穆也受到了招抚。永乐三年(1405),明太宗向他发出一道敕谕说:你可亲自前来京师朝见,我给你官职和赏赐,让你管理当地军民,打围、放牧,一切自便(《李朝实录·太宗》卷九)。孟特穆接受招抚,即于当年九月首途南京。明太宗对他的到来,很是高兴,履行诺言,授予他建州卫指挥使,赐给印信、金带,另赐给他妻子衣服、金银等物(《李朝实录·太宗》卷十一)。孟特穆又把家族迁到了建州卫地。

努尔哈赤的祖先为明朝统治女真的地方官,始于孟特穆。永乐十年(1412),明朝又建立了建州左卫,明太宗命他当上了该卫第一任指挥使。永乐十四年(1416),他赴南京朝贡,太宗设宴款待。这一切,都表明孟特穆同明朝的关系是多么密切!

元朝余部撤到长城以北后,分据各处,同时与明处于交战状态。北方延至东北,都很不安定。孟特穆与族人也受到蒙古骑兵的骚扰,遂于永乐二十一年(1423),再次迁徙,进入朝鲜境内阿木河地方。但他仍是明朝的边臣,继续效忠,得到朝廷的赏识,提升他为建州左卫右都督。宣德八年(1433),明宣宗命他为出使朝鲜执行任务的使臣裴俊提供保护。他忠实地履行了自己的职责。很不幸的是,途中遭到"野人围射",孟特穆竭力冲杀,裴俊得救了,他却与自己的儿子权豆及所属都遭到了杀害(《李朝实录·世宗》卷六二),也算为明朝尽了忠。

孟特穆父子遇害后,家族的境况很凄惨,他们的部属四分五散,各自谋生。

孟特穆的弟弟凡察与孟特穆的另一个儿子董山一起艰难地生活了十多年,很想带余众一起返回祖国,却苦于无处落脚。这时,有个叫李满住的帮了大忙。李满住是建州卫军民指挥使司的第一任指挥使阿哈出的孙子,是建州卫中最著名的女真首领。他率领本部族积极发展生产,加强同各部落之间的联系,变得十分强大。他也屡经迁徙,最后率家族迁到了浑河上游的灶突山下(《明英宗实录》卷四三)。原来,他跟凡察一家有亲戚关系:董山是李满住的女婿,而李满住又娶了孟特穆之子权豆的寡妻。李满住为帮助他们,主动提出,请他们迁到他的居地。经过朝廷的批准,凡察叔侄及余众历经艰辛,终于来到灶突山下,与李满住合居一处。

灶突山即烟筒山,满语称为"呼兰哈达",现在隶属辽宁省新宾县地域。笔者曾多次前去考察,这里四周皆山,中间是方圆二十多里的平川,苏子河从烟筒山下流过,穿越平川,水量充足,浇灌着这块肥土沃野。因为重重山岭阻隔,在军事上也利于防守。

努尔哈赤的祖先从遥远的黑龙江,最终在烟筒山下落户,几经波折,走过了漫长的道路,也付出了重大代价,才实现了具有历史意义的迁徙。这是爱新觉罗家族的重大转折。从此,他们在这里聚居,不断发展,凝聚女真人,为满族的形成也为清王朝的"龙兴",奠定了稳固的基础。

当初孟特穆遇害时,其子董山时年尚幼。这时,他的叔父凡察掌握建州左卫的实权。当董山长大成人后,便与叔父凡察产生了矛盾,并很快在争卫印的问题上爆发了。原来,在一次动乱中,建州左卫的卫印丢失了。经请示,朝廷又给了凡察一个新印。而董山向朝廷报告说:旧的建州左卫印没有丢失,还在他手里。明朝下令,将新铸的卫印交上来,防止一卫两印,乱了朝廷的体制,但凡察拒绝上交卫印;朝廷又命上交旧印,董山也不交。叔侄两人都想掌左卫大权,双方争执不下,各不相让,闹得朝廷也没办法。朝廷不希望此事闹大,宁肯尽快平息,以利边境安宁。于是,朝廷采取一个变通的折中办法,即从建州左卫中又分出一个建州右卫。正统七年(1442),命董山为左卫都督同知,凡察为右卫都督同知,分别掌左、右卫,再加上原有建州卫,合称建州三卫。这便是"三卫"的由来。明朝对女真"分而治之",使他们互不统属,相互制约,有利于朝廷的统治。

又过去了二十余年,李满住和董山的势力已发展起来。他们不满足于对奴隶的剥削,还企图掠取更多的奴隶和财富,经常率部到汉族地区和邻近的朝鲜境内进行骚扰,任意掠夺,因而引起朝廷震怒。成化三年(1467),明朝与朝鲜联合出兵围剿李满住与董山。明朝出动五万兵马,朝鲜出兵一万,共六万,分路进攻,来势凶猛,女真人难以抵挡。只经一个月的剿杀,建州女真被杀千余人,所有积蓄,荡然无存(《全辽志》卷六)。董山被明将诱捕,关押在广宁(今辽宁北镇)处死。朝鲜军攻到了兀弥府(今辽宁桓仁县境),李满住父子与属下数百人被杀(《明宪宗实录》卷五十)。明朝称此次作战为"犁庭扫穴",因为是在丁亥年,又称为"成化丁亥之役"。

经过此役,建州女真包括努尔哈赤祖先的家族,元气大伤,长久积蓄的财富和实力毁于一旦,对于他们来说,实在是又一次空前大劫难,很难在短期内得到复苏。不过,明朝于剿后又抚,允许李满住与董山的后人承袭官职,同明朝保持隶属关系。

继董山之后,他的长子妥罗为建州左卫指挥使,在明弘治年间,曾五次赴北京朝贡。妥罗去世,其子脱原保承袭父职,他也曾五次入京朝贡。

董山还有一子,排行第三,名叫锡宝斋篇古,也于明正德元年(1506)袭升其叔父与从兄之职,任为都指挥佥事。按血缘承续关系,锡宝斋篇古为孟特穆之孙,即是努尔哈赤的四世祖。

关于这位四世祖的情况,几乎难以见到文字记载,知之甚少。他仅生一子,名叫福满,即努尔哈赤的曾祖父,后被他的子孙们追尊为"兴祖直皇帝"。《武录》中称他为"都督福满",显然"都督"是官职名号,无疑是明朝给的。

福满多子,共生有六个儿子,长子德世库、次子刘阐、三子索常阿、四子觉昌安、五子包郎阿、六子宝实。他们兄弟六人,分居六处,称为"六王",对努尔哈赤来说,"乃六祖也"。其中四子觉昌安(《武录》写作"觉常刚"),是努尔哈赤的祖父,他住在祖居的赫图阿拉,其他五弟兄所居,距此近者不过五六里,远者不过二十里。

觉昌安所居赫图阿拉,为满语称谓,"赫图"意为"横","阿拉"意为"岗",合起来就是"横岗"的意思。前叙凡察、董山所居"灶突山下"即指此地。

六祖时,家族势始盛,显示出再度复兴的新气象。其中觉昌安表现最为突出,是家族中最有才智的卓越人物。他承袭建州左卫的都指挥,率领全族的人奋力开拓。当时,附近有两个强悍的部族,一个是硕色纳,一个是加虎,他们"恃其强勇,每各处扰害",六祖也深受欺凌。觉昌安率英勇善射的长子礼敦,统领全族的人,一举消灭了两姓仇敌,成为苏子河(即苏克苏浒河)以西二百里内的部落首领(《武录》卷一)。后来,觉昌安以努尔哈赤的祖父的地位,被清朝尊奉为"景祖翼皇帝"。

觉昌安生有五子,即长子礼敦、次子额尔衮、三子界堪、四子塔克世、五子塔察篇古。塔克世,又写作"他失",他就是努尔哈赤的生身父亲,也相继承袭过明朝建州左卫的都指挥。清朝奉他为"显祖宣皇帝"。

努尔哈赤的祖先,从孟特穆到塔克世,凡六世,按顺序是:孟特穆—董山—锡宝斋篇古—福满—觉昌安—塔克世。除董山、锡宝斋篇古,其余四祖都被清朝追认为皇帝。六世所历,凡二百年。这是女真发展与变化的重要时期。努尔哈赤的祖先们在这个时期走过了艰辛备尝的漫长而曲折的道路。好像是命运的安排,种种机遇和偶然,最终把祖先引到赫图阿拉——为诞育一代伟人而准备好了的"龙兴"之地!

历数努尔哈赤的家族史,二百年间,他的家族始终是大明的臣民,而且六世相沿,一直袭任建州卫(左、右卫)的官职,为明朝守边、"看边",堪称是明朝的"边臣世家"。

努尔哈赤,甚至于皇太极,对其祖先的来历是比较了解的。萨尔浒大战中,后金俘获了助明参战的朝鲜将军姜弘立。为表示友好,努尔哈赤不但不杀,还予以盛情款待。他给朝鲜国王写去一封信,邀之共同攻明。朝鲜国王委托平安道观察使朴烨代他致书努尔哈赤,说:"惟我两国俱是帝(指明朝)臣,同事天朝者二百年于兹……"(《燃黎室记述》卷二一)。努尔哈赤对此不予否认。皇太极(太宗)时,屡次要求同明朝和谈,罢兵息战。明崇祯帝在答复中提到,后金原是明朝的臣民,后来起兵背叛。太宗对此也不予否认,回答说:"我们原为明朝臣民,不仅皇帝您这么说,即我也不否认。"(《清太宗实录》卷一九)史载,从努尔哈赤到太宗都保留了明朝赐给其祖先,包括给努尔哈赤的大量敕书,这就是隶属关系的明证,也是他们的祖先世代接受明朝官职的可靠证据。直到崇德四年(1639),太宗才下令将保留的所有敕书在笃恭殿前全部烧掉(《清太宗实录》卷四七)。但是,历史事实是无法,也永远不会抹掉的。清入关后,历朝都不愿承认他们的祖先世代承袭建州左卫的历史,极力回避,力图抹去同明朝有过的长期隶属关系。因为他们一再宣称清朝得天下是"光明正大"的,并非是对明朝的背叛。抹去隶属关系,自然就不会得"叛逆"的恶名。而今,当我们书写努尔哈赤本人的传略时,对这段为清朝所避讳的历史,不能不揭示其历史真相,还其祖先的本来面貌。

三、浪迹辽东

在清朝早期文献中,努尔哈赤写作弩儿哈奇,后改为规范写法,写作努尔哈奇,现今通行写作努尔哈赤。奇与赤两字,汉字写法不同,而满语读音相近似。故两字通用,并无本质区别。明朝人称为奴儿哈赤,而常用"奴酋"以代之。明清之际的史家著述,如谈迁著《国榷》,则又称为"建酋"。这些称呼,均有贬意。朝鲜人又有自己的独特称谓,把努尔哈赤称之为"老乙可赤",或"老酋",亦含贬意。

父亲塔克世共有五子一女,努尔哈赤排行老大,生母名叫额穆齐,姓喜塔喇氏,是阿台,又称阿古都督的女儿。后她又生有二子:速尔哈赤,按齿序,排行第三;其次是雅尔哈奇,排行第四。塔克世仅有一个女儿,也是喜塔喇氏所生。他的另一个妻子,为李佳氏,是古鲁礼之女,生一子,就是穆尔哈奇,排行第二。喜塔喇氏去世后,塔克世又续娶一妻纳喇氏,名肯姐,是哈达万汗(此为名)所养的本族女。她生育一子,即排行第五的巴雅喇。努尔哈赤开创了大清朝,他的生母自然受到尊崇,后被追认为"宣皇后"。

据说,母亲喜塔喇氏怀孕十三个月后,才生下努尔哈赤。他一降生,有一长者就预言:"满洲必有大贤人出,戡乱致治,服诸国而为帝。"(《武

清太祖高皇帝(努尔哈赤)谥册

录》卷一)这都是牵强附会之言,无非是说天降"圣人",不足为据。《武录》对努尔哈赤的外貌和品格做了这样的描述:长得凤眼大耳,面如冠玉,身体高耸,体格健壮;善于辞令,说话声音响亮,直爽明快;为人聪明敏捷,凡听过不忘,一看就明白。他"龙行虎步,举止威严",意志刚强,练就一身武艺,骑射样样精通,没有人能赶得上他(《武录》卷一)。

这些描绘,充满了赞美之辞。验之后来的一系列事实,大体尚可,也有些夸张或不尽如实之处,如谈他"身体高耸",是形容他身体高大、魁伟。其实,努尔哈赤的身体并不高大,仅属中等身材罢了。身体未必高大,但孔武有力、强健。

努尔哈赤出生时,家族的势力开始衰微,财富不多,比起大富户,就显得寒酸。有件事很能说明问题。福满的第六子宝实,即努尔哈赤祖父觉昌安的六弟,其次子阿哈纳至萨克达部,看中了其部长巴斯翰巴图鲁的妹妹,请求巴斯翰把妹妹嫁给他。巴斯翰断然拒绝,说:你虽是六王的子孙,家里却很穷,我妹妹不能嫁给你。阿哈纳不甘心就此罢休,割下自己的头发,留掷而去。可是,巴斯翰并未因此改变态度,他爱栋鄂部长克彻富有,便把妹妹嫁给了克彻的孙子额尔机为妻(《武录》卷一)。可见当时努尔哈赤的家族处境困难,受到社会的轻视。

后来由此事又引出一场仇杀。原来,额尔机从巴斯翰家回到阿布塔力岭,途中被托莫河处额杜阿禄部下九人截杀。九人中正巧有一个人与阿哈纳同名,他们互相呼名唤姓,被路上行人听见,到处盛传阿哈纳杀了额尔机。克彻信以为真,发恨说:"宝实的儿子阿哈纳想娶我儿媳,因为她的哥哥不同意,我儿才娶了他的妹妹。如今杀我儿子的一定是此人!"哈达万汗闻听此言,派使者向克彻传达他的话:"你的儿子并不是宝实之子所杀,而是额杜阿禄部下的九个人杀的。我把这九个人抓住给你,你应当归顺我。"克彻反驳说:"我儿被杀,为什么又让我投降你?我们两家都是土地相连的邻居,如果宝实的儿子未杀我儿,何不把金帛馈送哈达汗,擒住九人,与我面对质?我儿若为贼人所杀,我当加倍偿还金帛。"觉昌安听到这些消息,便心生一计,诡称:"你子是我部下两个人谋杀的,你如把金帛给我,我就把这两个人杀掉。"克彻说:"哈达万汗说是额杜阿禄部下九人杀的,你却又说是被你部下两个所杀。这一定是你设下圈套来骗我的!"两家遂成了仇敌,克彻派出军队攻克了六王东南所属的两处地方。六王支持不住,聚到一起商议:"我们都是同祖所生,今分居十二处(包括六王的子孙分居),甚是涣散,何不聚到一起,共同防守?"大家都同意,唯独觉昌安的二侄武太(努尔哈赤的叔伯兄弟)不同意:"我们都住在一起,牲畜难以安排。我现在就去岳父哈达万汗处借兵复仇。"果然,哈达万汗借给他们兵,向克彻进攻了两次,夺取数寨。"自借兵后,六王之势渐衰。"(《武录》卷一)从这件事反映出努尔哈赤家族的势力已衰落,所以才受到强邻的欺侮。

努尔哈赤十岁那年,母亲喜塔喇氏不幸去世。父亲塔克世又娶了继母纳喇氏,继母待他刻薄寡恩,经常向父亲进谗言。父亲受到继母的挑唆,就在明万历五年(1577)努尔哈赤十九岁时,让他分家另过,只给他很少的一份家产。后来,父亲不忍心,又分给他一些家产。努尔哈赤很有志气,谢绝了父亲的好意。

在努尔哈赤起兵复仇以前,有关他青少年时期的情况,史书记载很少,我们仅从个别记载中,知道他少有大志,勤奋好学,喜欢读书,像《三国演义》、《水浒传》等汉文典籍,都是他最喜欢读的书,还反复读,把书中讲述的军事谋略、兵法,都默默地记在心里。在他起兵后,直到同明朝展开大规模的战争,他都熟练地应用《三国演义》里的谋略,总是取得一个又一个胜利。

赫图阿拉这个地方,有肥土沃野,适于农业耕作;周围的山岭林立,再往远一点地方,还是绵延不断的山,层峦叠嶂,又有茂密的森林,如同莽莽林海,一望无际。大小溪水、河流纵横交错,遍布林间谷底。这个自然条件,很适合打猎、网鱼,而且山上生长种类繁多的奇珍异宝,诸如人参、蘑菇、松子、榛子等,以及飞禽走兽,无所不有。生活在这里的女真人,早已过渡到以农业生产为主的阶段,农业成为他们的衣食之源。但是,他们并没有放弃或改变女真人射猎的古老习俗。无论是围猎,或者是网鱼,都是他们生活的重要组成部分。冬天进山射猎,夏天打鱼、采集等,是他们生产活动的内容之一。为了从事这些活动的需要,骑射便成了女真人不论男女都掌握的一项基本技能。尤其是男子,负有打仗、保卫的职责,更需弓马骑术娴熟。不掌握骑射的本领,就难以生存下去,成为一个被人耻笑的无用之人。这里的女真人,充分利用赫图阿拉得天独厚的自然条件,亦农亦牧,亦渔亦猎,互为补充,以维持生计。

努尔哈赤自幼就生活在这个环境中,不仅受到熏染,而且必须参加这些活动,跟随父兄练习骑马、射箭,即使富有的贵族子弟也不例外。按一般人理解,以为贵族之家都有大量奴仆,主人可以什么都不做,就像内地的官僚地主,不事农桑,全靠奴仆侍候。须知,生活在遥远边疆地区的少数民族,生产水平低下,生活条件甚为艰苦,文化落后,甚至连文字都没有。他们为了生存,即使家蓄奴仆,也要做其中部分的工作。赫图阿拉的女真贵族,就像努尔哈赤一家,居住的房屋,也不过是泥草房,外围木栅。努尔哈赤称汗时,所谓金銮殿,也只是土石结构的墙,房顶盖青瓦,间有泥草混用。这与进居沈阳所建宫殿是不能相比的,若与北京的紫禁城相比,更是天壤之别!

从女真人的习俗来说,骑射是每个人必备的技能,除了靠父辈传授,主要还是通过实践来训练出高超的水平。打猎就是一项最基本的实践活动,也是很苦的一件事。每到冬季,冒着严寒,进入深山,爬冰卧雪,纵马追逐野兽,不知要付出多少辛苦!身带口粮,如现今所食的炒面,或干吃,或用水冲开食用。行猎时,都有严格的组织和规则,养成了高度的组织纪律观念,这些用于战争,便发挥出强大的战斗力,是制胜的重要条件之一。努尔哈赤屡胜明军,确是得益于女真人精于骑射和严密的组织。这些便是来源于女真人善骑射的传统优势。

努尔哈赤从实践中练就出骑射高超,武艺精通,体格健壮,意志坚强。

仅举一例,就很能说明他的高超的射箭本领。那是在明万历十六年(1588)努尔哈赤三十岁那年,他率部前往哈达,迎娶哈达贝勒扈尔干(虎儿罕赤)的女儿为妻。抵达"洞"这个地方,就坐在旷野上等待送亲的人。这时,有一个人骑着马,身带着弓矢,从努尔哈赤面前经过。努尔哈赤问左右人:此人是谁?回答说:他是栋鄂部的人,名叫钮翁锦,善射,在栋鄂部没有谁能超过他。努尔哈赤想试试他的箭法是否比自己强,就把钮翁锦召唤到跟前,要求同他比试箭法。他们就选定相距百余步的一棵柳树枝为目标,由钮翁锦先射。他挽弓连发五箭,只射中了三箭,位置有上有下。努尔哈赤也连射五箭,皆中目标,而且几乎都射中一处,最远相差也不过五寸!说明其精湛的技能,完全得益于从小的严格训练。

对努尔哈赤的成长具有关键作用,并对他一生产生深远影响,是在他与父亲分家之后,开始走上了独立生活的道路。那时他已十九岁,按中国历代的一般规定,男人到了十六岁,就视为"成丁",就是说,已长大成人,为国家承担义务,如服劳役、应征入伍、缴纳丁口税等。努尔哈赤已经超过"成丁"的年龄,而且在家时,已受到各种骑射的训练,从事家内外劳动,完全能够独立生活。

努尔哈赤从十九岁到二十五岁起兵前,约六年多,是他浪迹辽东,独自"闯世界"的时期。为了生存,他必须自谋生计。长白山蕴藏的奇珍异宝是他的生活来源之一。他不惜冒着风险,历尽千辛万苦,进入深山密林,采挖山宝——人参;同时也以娴熟的箭法,追杀猎物,如貂、猞猁等动物,因其皮毛为世间珍贵之物。另外,采集大量蘑菇、木耳、松子等。他靠着自己的劳动,每次都大有收获。他携带这些东西赶到抚顺马市出售。当时,明朝为了从蒙古人、女真人中换取马匹及其他土特产,也方便这些少数民族对铁犁、铧子、铁锅、布匹及食盐等生产生活用品的需要,特在辽东与蒙古人、女真人交界地方开设"马市",开展贸易。明朝这样做,亦含有安抚和笼络边疆少数民族的深意。他们不能生产铁器、丝织、布匹,全仰赖汉人提供,只有通过贸易的渠道来解决他们生产与生活的必需品。当然,也不时地发生抢夺,甚至发动战争来获取他们所需要的东西。为防止这类事件的发生,安定边疆,朝廷特设"马市",不仅解决了汉人与蒙古人、女真人互补的经济需要,而且在政治上也发挥了稳定人心的作用。

明朝先后开设的马市,有镇北关,因此处在开原北,而称北关;广顺关,因其地在开原东南,又称南关;新安关,此地在开原西之庆云堡。它们合起来概称"开原三关"。开原城在明代被称为东北"极边"(《辽左见闻录》),它的北、东、西三面与蒙古人、女真人居地接壤,环开原设马市,以其地近便于开展贸易。明万历初年,又应建州女真的需求,开放抚顺、清河、叆阳、宽甸(今属辽宁省境)等处为马市。

当时的"马市",相当于今日的"农贸大集",一般每月开市两次。每当开市之日,东北各地少数民族与汉人蜂拥而来,近者数十里、上百里,远者从几百里甚至千里之外赶来。为了不错过开市日期,人们往往在开市前一二十天或一个月前就动身,以便在马市开始之日赶到。马市每次期限五至七天,过了日期,便停止贸易。起初,马市是由官方控制的官市,后来逐渐变为民间贸易的市场,日趋繁荣。据《明世宗实录》所载,每次前来参加贸易的东北各族人民,都达到万人至几万人的规模,最多时几近十万,可以想见当时马市之盛。《全辽志》有一首诗写道:

> 累累推髻捆载多,拗辘车声急如传。
> 胡儿胡妇亦提携,异装异服徒惊眴。
> 朝廷待夷旧有规,近城廿里开官廛。
> 夷货既入华货随,译使相通作行眩。
> 华得夷货更生殖,夷得华货即欢忻。

这首诗以质朴的语言,真实地描述了马市交易的繁荣景象,以及各民族欢欣的心情。

抚顺关马市距赫图阿拉较近,规模也较大。努尔哈赤经常来这里从事贸易活动,已经习以为常。有时还到开原、辽阳这些繁华的城市,贩卖人参、貂皮及其他土货,生活却也不愁,似乎比在家时还要好些。这些经济活动,对努尔哈赤来说,不只是解决生计问题,更为重要的是,他广泛地接触了社会,深入地了解到各民族的风情、历史与文化。因为他的贸易对象主要是汉人,其次是蒙古人,尤其是同广大汉人交往,受到汉人文化的熏陶,通晓汉语、蒙古语,再加上他的本民族的女真语,使他的知识迅速积累,得到实际的应用,经受了各种锻炼。他能读懂《三国演义》、《水浒传》，说明他的汉语和对汉文化的理解已达到了相当高的水平。诸如汉高祖刘邦从一个身份低微的亭长，变为赫赫有名的皇帝；明太祖朱元璋由一个放牛娃、和尚也当了皇帝，他都十分熟悉。他在后来创业中，一再用他们的业绩来教导他的子弟，训诫群臣。这些知识，都是他在青年时期同汉人的广泛交往中得到的。在当时女真人中，努尔哈赤是个比较有文化素养、出类拔萃的青年。

在明清之际所遗史籍中，主要是明人的著述，如《东夷奴儿哈赤考》（载《筹辽硕画》）、《辽夷略》、《山中见闻录》、《辽筹》等书，以及清人著《叶赫国贝勒家乘》等个别著作，都有努尔哈赤起兵前的少量记述，而且互有歧异，难以互证。归纳起来，一是少年时的努尔哈赤离家投奔外祖父，一是为明辽东总兵李成梁所收养。应该说，这两件事都是努尔哈赤青少年时期最为重要的一段历史。可惜清朝文献都不载，说得更明确些，是努尔哈赤的子孙们把他这段历史给隐掉或略去了。尽管有关努尔哈赤的这段历史迄今仍迷雾重重，但还是应值得一叙。

说努尔哈赤投奔外祖父，仍有事实可据，顺乎情理。他的外祖父叫阿台，阿台的父亲是威名远扬的王杲。阿台的女儿嫁给塔克世，努尔哈赤为其所生。努尔哈赤的祖父觉昌安的长子为礼敦，而礼敦的女儿又嫁给了阿台为妻。他们是亲上加亲，关系极为密切。当王杲父子称雄建州时，努尔哈赤的父、祖均隶属其下为部将。努尔哈赤十余岁时，因不愿受继母的苛待，一气之下，领着比自己小四岁的同母弟速尔哈赤，投奔外祖父家。王杲、阿台收留了他们。

王杲父子坚持"反明"，经常入边抢掠，杀害了多名明朝边将。明朝命令辽东总兵李成梁出兵反击。王杲被彻底击败，本人被俘，押到北京，斩首处死。还在明兵追杀时，机警的努尔哈赤见势不妙，便领着弟弟来到李成梁的马前，哭诉自己的遭遇。李成梁原与他的父、祖关系很好，一听说是塔克世的儿子，很同情他们的处境，就把他俩留在了军中，让努尔哈赤做了他的侍从，"每战必先登，屡立功，成梁厚待之。"（《山中见闻录》卷一）还有的说："成梁雏畜（努尔）哈赤，哈赤事成梁甚恭。"（《建州私志》）李成梁及祖上世居辽东铁岭（今辽宁调兵山），又任辽东的最高军事长官，手握兵权，掌数万劲旅，威震辽东，周边少数民族无不畏服。他是个著名的人物,当时及其稍后明人都说他收养了努尔哈赤。更有民间《关于老罕王的传说》一书,把这段秘史说得绘声绘色,充满了传奇的色彩。努尔哈赤何时因何离开李成梁?传说认为,李成梁发现努尔哈赤是"危险"人物,企图把他害死。成梁妾不忍心,偷偷把他给放跑了。但明人则说,他十九岁时,父亲传信来,要他回家成亲。于是,他辞别李成梁,回到赫图阿拉完婚,妻子是佟佳氏。自此与父母分家另过。从史载他二十岁时长女东果格格出生来看,他十九岁成婚是可信的。

努尔哈赤投奔外祖父,入李成梁军,也是他浪迹辽东的个人历史的一部分。综合各方面记载分析,这段秘史具有一定程度的可信性。清朝官方(主要是指他的那些当了皇帝的子孙们)不愿意公布祖宗的秘史。在他们看来,这有损祖宗的形象,尤其不愿说祖宗曾被明将所收养这一事实,这也在情理之中。

十五岁到二十五岁,是一个人的思想、性格形成的重要时期,它将奠定人生事业的基础。在这宝贵的十年之间,努尔哈赤奔波于长白山麓、辽河东西,穿行于汉人、女真人、蒙古人之间,生活的锻炼和考验,已使他成熟起来,他相信自己的能力,对未来满怀信心。

光辉的前程就在他面前展开。历史的机遇终于把他推上了政治的舞台。不久,他就成了舞台主角,演出了一幕幕历史的活剧来!

第二章　初创基业

一、父祖被害

当努尔哈赤即将登上历史舞台之际,正是女真社会发生重大变革、群雄并起之时。

自元末明初,约当十四世纪下半叶,至十六世纪初,女真人沉寂了近二百年,但女真社会却在缓慢而稳步发展。随着财富的长年积累,与外部联系的扩大和日益密切,女真人重新分化组合,形成众多的带有政治联合性质的部族集团,或按血缘、地缘,或按利害需要,逐渐组织起来,对于财富、土地、牲畜和人口的追求,不断刺激他们彼此争夺不已。在争夺中,弱者灭,强者存。其结果是,女真人由分散重新集聚,进而朝着全面统一的方向发展。事实证明,这是一个不以人的意志为转移的必然之势。

自李满住、董山被"犁庭扫穴"之后,建州女真遭到致命打击,一蹶不振,以至过了五六十年尚未恢复元气。在建州女真还在默默无闻时,海西女真却显示出一种空前的活力,打破了东北大地的沉静,涌现出一代强有力的人物,开始登上历史舞台。

海西女真,清朝称之为"扈伦"(呼伦),又写作"胡笼",均系同音异写。这部分女真人分布甚广,自辽东开原以北,直至松花江至黑龙江的广大地区,都是他们的栖息与活动之地。自明正德(1506—1521)至嘉靖朝(1522—1566),海西女真先后出现了祝孔革、速黑忒等著名领袖。明朝授予祝孔革都督的职衔,授予速黑忒塔山前卫左都督的职衔。他们都以忠顺朝廷而得到奖赏。速黑忒部女真处南关即广顺关外,并由此入贡,所以明人以"南关"而代其称。他与明朝关系最为密切,忠顺看边,明朝则利用他的力量来屏藩辽东,制约其他各部女真,故对他的赏赐独厚。他之后,长子王忠袭职,势力又较父亲为盛。他攻杀了叛服无常的祝孔革,明朝又提升他为都督佥事。他去世后,他的侄儿也是速黑忒的孙子王台袭职。他同祖父、叔父一样忠顺于明朝,被授予"龙虎将军"的职衔。这在女真诸部中是第一个人得到如此崇高的荣誉。朝廷有意扶持他,允许他"树其党类,使自成一部落,恢复祖宗故地,亦中国一藩篱也"(以上见《建州私志》)。王台的势力最盛时,"东尽灰扒(即辉发)、兀喇(乌喇,今吉林),南尽汤河(今辽宁本溪西南)、建州,北尽逞、仰二奴,延袤几千余里。"(《万历武功录》卷十一)从嘉靖末年,经隆庆至万历初,王台威行这一广大地区几近三十年。所说"逞、仰二奴",是指逞加奴(即清佳砮)、仰加奴(即杨吉砮)二位女真首领,他们是祝孔革的后代,居镇北关即北关外,亦以"北关"代称。他们的势力远不如王台强大。

与王台同时,建州部女真也兴盛起来,先后有王杲、王兀堂等风云人物控制建州部女真。王杲曾任建州左卫都督,他很有才干,深谋远虑,精通汉语,在建州女真中享有很高的威望。王兀堂任建州左卫都督,控制清河(今辽宁清河)以南,直抵鸭绿江一带的地区。

如前已指出,是时,努尔哈赤和他的父、祖默默无闻,依附在亲戚王杲、阿台父子的势力之下。

经过长期的分化,势力的消长,女真重新凝聚成四个大部和十余个小部族,他们是:

建州部,包括苏克素护河部、浑河部、完颜部、栋鄂部、哲陈部;

长白山部,含有讷殷部、鸭绿江部;

东海部,包括窝集部、瓦尔喀部、库尔喀部;

扈伦(呼伦)部,包括乌拉部、哈达部、叶赫部、辉发部。

这些大大小小的部落,分布在从苏子河到浑河,从鸭绿江到松花江、黑龙江到乌苏里江直至大海的辽阔的东北大地。除了地居偏远的部族(主要是"野人"女真),多数都已进入阶级社会。他们为了占有更多的土地、财产和奴隶,展开了激烈地争夺、兼并,弱肉强食,都想消灭别人,扩大自己的势力,甚至连亲骨肉都不能幸免。所谓"各部蜂起,皆称王争长,互相战杀,甚且骨肉相残,强凌弱,众暴寡"(见《武录》卷一),就是当时形势的真实写照。

女真各部的争夺,主要集中在建州部王杲与海西部王台两大势力的较量上;在海西部,有清佳砮、杨吉砮所主叶赫部与王台所主哈达部之间,也成水火不容之势。

明朝对女真一贯采取"分而治之"的政策,不能允许女真各部争夺,以免打破平衡的关系;另一方面,它又拉拢与明朝关系密切的部族加以扶持,用以制约不驯服的部族。换言之,借用一部分力量,压制另一部分力量,让他们在女真内部"拥明"或"反明"这一原则问题上作出选择。实际情况表明,建州部王杲与叶赫部清佳砮、杨吉砮是"反明"的,而哈达部的王台则是坚定的"拥明"派。

由于"拥明"与"反明"的不同态度,加之明朝直接介入女真事务,因而进一步加剧了女真部的斗争,出现了不同的结局。王台先人杀了祝孔革后,祝的两个儿子清佳砮与杨吉砮渐渐长大,他们怨恨王台,时刻想为父报仇,矛盾日益激化,势不两立。他们"反明"尚欠实力,只待时机成熟。王杲与阿台以其实力雄厚,经常武装侵扰抚顺到鸭绿江近处的汤站一带。万历初,张居正操朝政大权,任用李成梁,加强了辽东的守卫。万历二年(1574)七月,王杲率部到抚顺关贡市,乘机将明抚顺备御裴祖诱出边外,残忍地杀害了他。入冬后,王杲继续抢掠。李成梁率明军出边,包围了王杲的营寨,用大量火器轰击,又纵火焚烧,王杲的五百多间房屋及所有粮草都化为灰烬。王杲只身逃到了王台处避难。王台忠顺朝廷,遂与其子扈尔干(虎儿罕赤)等合谋,将王杲逮捕,送交明朝处死了(《万历武功录·王杲传》)。

此时,清佳砮、杨吉砮逼死王台,企图进攻王台的儿子扈尔干,要求把明朝给的敕书七百道还给他们,扈尔干予以拒绝,以死相守。因得明朝帮助,清佳砮、杨吉砮无可奈何,转而纠集诸部女真入边攻明,被李成梁击败。他们又四处攻掠其他女真小部落,闹得四邻不安。明朝命令清佳砮、杨吉砮悔过自新,照旧贡市。但他们不听劝告,声称要进攻开原、铁岭、沈阳。明兵以火炮严备,清佳砮、杨吉砮未敢深入。朝廷提出停战政策,称如不接受,就以精兵消灭之。而他们提出,如给重赏,他们就息兵停战。

明朝官员表示同意,让他们来镇北关谈判。同时,在城内布下伏兵,如其不驯,即当场捉拿。清佳砮、杨吉砮果然不驯,伏兵涌出,炮声如雷,顿时把清佳砮、杨吉砮包围起来,经激烈战斗,清佳砮、杨吉砮两人被斩于军前。早已埋伏在中固(今辽宁中固,距开原四十里)的李成梁听到炮声,马上率精兵前去迎战,斩杀一千二百五十余人,俘获马匹一千零七十三匹。明兵追到清佳砮、杨吉砮所居之地,将其地包围起来,寨中女真人出寨请降,表示再也不敢入塞侵扰。这是万历十一年(1583)发生的一件大事。清佳砮、杨吉砮被杀,所属诸部势力顿衰。

王杲死后,他的儿子阿台等并未改变"反明"的立场。阿台痛恨王台父子出卖了王杲,伺机报仇。

万历十一年二月,阿台纠集阿海等女真酋长及大批部众,分路闯入明边墙内,深入到了沈阳城南浑河。李成梁率部疾驰至虎皮驿(沈阳市南十里河)增援。阿台转至抚顺,饱掠而去。李成梁感受到了阿台的严重威胁,如不及时剿灭,将给辽东造成巨大危险。于是,决定进行讨伐,意在一举剿灭。

努尔哈赤祖父、父亲虽与王杲、阿台有亲戚关系,但并不赞成他们"反明",相反,仍忠于明朝,还帮助明朝消灭阿台!觉昌安父子哪里会料到他们的生命将与阿台同归于尽呢?努尔哈赤无论如何也不会意识到即将发生的悲剧,将对他的一生会产生怎样的影响。

就在李成梁率部救援虎皮驿之后,又迅速出兵,从抚顺王刚台出塞百余里,直趋阿台的住地——古勒山寨(今辽宁新宾县上夹河乡胜利村)。古勒山山势十分险峻,三面是悬崖峭壁,人马不能过,唯一面可通,以重兵把守,真是一夫当关,万夫难开!山寨四周筑壕堑,也难飞渡。阿台依山势筑寨,借助天然的障碍,层层设险,严密布防,自以为固若金汤,万无一失。如果明朝将领是庸懦无能之辈,只能望寨而兴叹,无所作为,必败无疑。但李成梁不同于那些庸将,他是一个富有韬略的大将军,世代居于辽,对这里的山川地形无不悉知,况且他多年同女真人战斗,积累了相当丰富的作战经验。他下决心剿灭阿台,做了充分准备。其中,他特别起用女真人尼堪外兰做向导,为他提供咨询。

李成梁把军队分作两路:他自率一部攻阿台所据古勒山寨,另一路以辽阳一名副将为帅,专攻阿台的同伙阿海酋长的营寨。阿海不堪一击,明兵一到,其部属纷纷逃遁,很快将城寨攻克,击杀了阿海,就回军赶至古勒山,与成梁军汇合。但李成梁的进攻很不顺利,山城易守难攻,明军多次强攻都没有奏效。阿台十分骁勇善战,屡次亲自出马,绕山寨冲杀,明兵伤亡很重。

觉昌安一听说古勒山寨遭到明军进攻,很担心他孙女的安全(嫁给阿台为妻),就约儿子塔克世急忙赶来搭救。父子俩抵达古勒山下时,明军已开始发动攻击,呐喊声、枪炮轰击声混杂在一起,震天动地,令人心惊肉跳。觉昌安命塔克世在寨外等候,他先进去,打算将孙女接出来。他进了城寨,说明意图,不料,阿台坚决反对,不许他孙女出寨;劝他投降,他更是暴跳如雷。等在城外的塔克世,迟迟不见父亲回来,放心不下,急忙赶到寨里。

明兵久攻不下,而且损失甚多,李成梁责成尼堪外兰对寨内人招抚,放下武器。按清朝官方史书的说法,原来,尼堪外兰仅是图伦城的一个小酋长,却很有野心想当建州主。他的势力很小很弱,不足以对付强大的部族,便想利用明朝的实力来消灭他的劲敌。李成梁进攻阿台,就是他挑唆的结果。所以,李成梁已损兵折将,迁怒于他,想把他抓起来。尼堪外兰很害怕,愿前去招抚。于是,他进至寨边,向寨里喊话,欺骗说:"天朝大兵既然来此,岂有放弃而班师之理?你们不如把阿台杀掉,归顺天朝。李将军有令,谁能杀阿台,就叫他当此城的城主。"城里的人信以为真,群起而将阿台杀死,向明朝投降。但李成梁违背诺言,将投降的人引诱出寨,然后,不分男女老幼全部屠杀(见《武录》卷一)。据明人载,此役斩首二千余级(《建州私志》卷上)。

此役给努尔哈赤一家带来的最大不幸,就是觉昌安与塔克世父子在混乱中被明兵杀害了。对于明朝来说,消除阿台这个劲敌,灭绝一股"反明"势力,是符合明朝的根本利益的。但是,觉昌安父子被杀,不管是有意,还是误杀,其后果是严重的,其影响是深远的,以此事为契机,最终把努尔哈赤推上了历史舞台。这是任何人所始料不及的。

从这个意义上考察,李成梁攻杀阿台而导致努尔哈赤的父、祖被害,是当时重大的历史事件。有关这一事件的内幕及其全部过程,向为史家所重视。以上所重现的历史真相,是据清朝官书的记载来描绘的。明人的记载则不尽相同,特别是在重要的情节上差异颇大。如《东夷考略》认为,李成梁征阿台,觉昌安、塔克世"从征",担任"向导",死于"兵火"。《东夷奴儿哈赤考》载:先是,阿台将觉昌安传来,令其归顺,合谋犯明以报父仇,觉昌安予以拒绝,阿台将他扣留不放。当李成梁来攻时,塔克世因父亲在内,慌忙前去救护。在混乱中,觉昌安被烧死,塔克世被明兵误杀。《建州私志》记叙此役:成梁用火攻其中坚,经两昼夜,射死阿台,等等。根据这些说法,可以认为:觉昌安、塔克世一向"忠明",且与李成梁关系密切,他们父子被召来"从征",做"向导",并利用他们父子与阿台的亲戚关系,动员或劝告阿台放弃抵抗,接受招抚,可收不战而胜之效。这些都是合情合理的,因而是完全可能的。清人主要是他们的后人不愿把祖宗曾助明人而叛亲戚(阿台)之谊的史实传之于世,以此有损名声,故为之曲笔,将觉昌安父子先后入城说成是为救自家人而导致被杀。至于尼堪外兰这个人物,在明人所著史书中几乎完全不载。实在说,此人在女真中是个小人物,他参与征阿台之役,挑拨唆使的细微情节,属秘史末节,明人未必知道,难免将此漏载。事后,努尔哈赤对父、祖之死,穷追不舍,要问个明白。自然,就会调查清楚,其父、祖之死,是因尼堪外兰的挑拨和唆使,进攻的明军不问青红皂白,致有不幸的事发生。

总之,不管怎么个说法,努尔哈赤的父、祖死于此役,而且纯属误杀,是明清双方都承认的历史事实,这就够了。唯其父、祖被杀,才点燃起努尔哈赤的复仇怒火,由此踏上了一条漫长而曲折,却是创一代光辉的事业之路。

二、起兵复仇

觉昌安、塔克世被杀的噩耗传来,努尔哈赤悲痛欲绝。他十岁丧母,如今父亲和祖父又死于非命,他的极度悲痛的心情是可以想见的。战后,事实真相大白,纯属误杀,李成梁命寻找他们的尸体,只找到塔克世的尸体(一说觉昌安被烧死,尸体无存),令其部下伯插领回,交给努尔哈赤安葬。努尔哈赤上疏朝廷,质问:"我父、祖无罪,何故被杀?"朝廷已得到李成梁的军情报告,答复说:"你的父亲与祖父实是误杀。"作为补偿,朝廷命将攻古勒山城时所得敕书三十道,另拨给马三十匹,一并赠送给他,还允许他承袭都指挥使职衔,颁给敕书(《东夷奴尔哈赤考》)。

父、祖无辜遇害,在努尔哈赤的人生道路上是一个重大的转折点,他从一个无名的小卒,一跃成为建州左卫的都指挥使,而以此次事件为契机,迫使他一步步走上同明朝对抗的道路。

朝廷以为事情已经了结,给了很优厚的待遇,足以补偿努尔哈赤一家的损失。但是,努尔哈赤并不这样想,他的意志倔强,绝不答应他的父、祖白白死掉,一定要把事情搞个水落石出。他通过调查,了解到尼堪外兰是杀害他父、祖的罪魁祸首,决心要报仇,为父、祖雪冤。于是,他再次同明朝交涉,向明朝边臣提出他的严正要求。

努尔哈赤质问边臣:"父、祖无罪,为什么要杀?"

边臣答复说:"你的父、祖实被误杀,尸体已经交还,还给你敕书三十道、马三十匹,又赐给都督敕书。"

努尔哈赤把问题进一步挑明:"杀我父、祖的原因是尼堪外兰的唆使,你们把他交给我,我也甘心了。"

边臣很不耐烦地说:"你父、祖的死,因是我兵误杀,所以才给你敕书、马匹,让你袭职,这事已经了结。现在你还如此无休止地要求,我们不能接受,我们将要帮助尼堪外兰在嘉班筑城,让他当满洲国主(实际是建州左卫的首领)。"(《满洲实录》)。

明朝断然拒绝了努尔哈赤的要求,甚至向他发出了威胁,施加压力,企图把这件事压下去,不再向他们找麻烦。努尔哈赤交涉没能得到结果,他怀着愤慨的心情回到了赫图阿拉。

明朝的政策,是利用女真人内部矛盾,支持"忠明派",打击"反明派"。它一方面允许努尔哈赤袭父、祖之职,一方面又扶持尼堪外兰,利用他来控制建州女真,制约努尔哈赤的势力得到发展。明朝公开声明支持尼堪外兰,很多部族、部落都转向尼堪外兰,依附在他的势力之下。就连本族的人都反对努尔哈赤同尼堪外兰作对。五祖的子孙竟对天发誓,要杀掉他,准备归服尼堪外兰。而尼堪外兰有恃无恐,威胁努尔哈赤向他投降。努尔哈赤无所畏惧,斩钉截铁地回答:"你本来是我父亲的属下,反让我服从你,岂有此理?没有百年不死的人,我们走着瞧吧!"(《武录》卷一)。

努尔哈赤没有别的选择,只有靠自己的力量,去同尼堪外兰斗争。他意识到,同尼堪外兰的一场较量,是报仇,也是同明朝的斗争,风险极大,他在所不辞,决意起兵复仇。

明万历十一年(1583)五月,努尔哈赤时年二十五岁,以父、祖仅遗留的十三副铠甲,集结志同道合者不足百人,宣布起兵,为父、祖报仇!

努尔哈赤起兵时,力量十分弱小,非常孤立,这同王杲、王忠、王台、阿台、清佳砮、杨吉砮动辄调动千军万马、各部族听令,是无法相比的。当时,女真人各部的斗争如波涛汹涌,努尔哈赤的起兵,至多是波涛中掀起的一个小小的浪花,并没有引起人们的注意,包括明朝在内。而且这种复仇的举动,在女真各部族中也是司空见惯之事,本不足以惊奇。所以,人们把努尔哈赤的起兵仅仅看作是部族间的仇杀,没有什么深意。的确,努尔哈赤起兵是个不大惹人瞩目的事件。但从努尔哈赤的一生及其所创立的事业来考察,此时起兵,其意义实在重大,怎样估计都不过分。所谓"千里之行,始于足下",正好说到努尔哈赤的事业如同

努尔哈赤起兵后经常以身作则,冲锋陷阵,不断取得以少胜多的战绩

万里长征,起兵就是他进行万里长征迈出的第一步。换句话说,这是他登上中国历史舞台的开始,创立大清王朝的发端,满族形成的起点。一句话,努尔哈赤起兵,为明清(后金)历史的伟大变革拉开了序幕。

努尔哈赤起兵时,处境异常困难,几乎没有一支可以联合的同盟军。刚刚得到本族外一个同盟者,尚未向尼堪外兰发动进攻,却又背他而去。他就是苏克素浒部之萨尔浒部酋长卦喇弟弟诺米纳。他与尼堪外兰原有矛盾,就串连本部落内三名小酋长,共四人密商,决定联合努尔哈赤,共同对付尼堪外兰。他们要求努尔哈赤不要把他们与普通的"编氓"一样看待,应视为兄弟一般。努尔哈赤当即表态,表示同意,双方对天盟誓,约定时间,联合进攻尼堪外兰。

不料,这个联盟刚建立就遭到了破坏。从中破坏的人,恰恰是努尔哈赤三祖索长阿的第四子龙敦,他不怀好意,先去挑拨诺米纳的弟弟鼐喀达说:"现在,大明打算支持尼堪外兰,将在嘉班筑城,让他当'满洲主',连哈达万汗也帮助他!你们为什么还去投靠淑勒贝勒呢?"努尔哈赤因为聪明睿智,号称淑勒贝勒。鼐喀达把龙敦的话转告了他的哥哥,也劝他不要同努尔哈赤联合,免得招来大祸。诺米纳害怕了,便背叛了同努尔哈赤对天所许下的诺言。

约定进攻的时间已到,却不见诺米纳如时赴约!努尔哈赤知道情况有变,当机立断,独自采取军事行动。他率领不满百人的一支小队伍,直取图伦城。尼堪外兰闻讯,异常恐惧,只携带妻子儿女逃跑,逃到嘉班躲避。努尔哈赤抵达图伦,一举攻克。初战告捷。这是努尔哈赤有生以来,第一次独自用兵,第一次取得胜利。虽然战斗规模不大,但对努尔哈赤却是个巨大的鼓舞。

同年八月,努尔哈赤向嘉班城发起攻击。还没等努尔哈赤兵到,尼堪外兰已弃城逃跑。他一口气跑到抚顺东南的河口台,明军阻拦,不准进入"边里"即明朝所统治的辽东地区。努尔哈赤率追兵赶到这里,见此情景,误以为明朝军队帮助尼堪外兰,就下达命令,停止追击,迅速撤军。

这时,有尼堪外兰部下一人,投奔努尔哈赤,披露了一个重要情况。原来,诺米纳与鼐喀达事先给尼堪外兰通风报信,先已逃出嘉班,使努尔哈赤扑了个空。努尔哈赤痛恨诺米纳兄弟,不意诺米纳兄弟又派人前来送信:"浑河部的杭嘉与扎库穆两处不许侵犯,栋嘉与巴尔达两处是我仇敌,可以去攻打。不然的话,我要拦截道路,不准你们通行。"努尔哈赤气极,不胜忿恨。他拟定了一个消灭诺米纳的计划:假装同意他们的要求,但条件是,诺米纳与他合攻巴尔达城,并须先出兵。努尔哈赤明知诺米纳不会同意这个方案,故意将他们的军,然后才能提出下一个方案,使他们上套。果然,诺米纳兄弟拒绝了第一个方案,努尔哈赤马上提出下一个方案:建议诺米纳把盔甲、器具借给努尔哈赤使用,他才能率领部队进攻巴尔达城。诺米纳以为有利可图,不出兵,仅借给武器便可消灭仇人,却不知是计,很痛快地答应了努尔哈赤的要求,把他们手中的武器和有关打仗用的器械,如数交了出去。武器一到手,努尔哈赤只下了道命令,就轻而易举地将诺米纳兄弟逮捕。留下此类不坚定、反复无常的人没有好处,当即把他们兄弟俩杀掉。萨尔浒城及其部属,都归努尔哈赤所有。

努尔哈赤不停顿地追逐仇人,明朝对此持消极态度,既不干涉努尔哈赤的行动,也不给尼堪外兰以任何帮助。这引起尼堪外兰的部族及先已归附的部族的怀疑,他们聚到一起,说:"尼堪外兰前不久为敌兵(指努尔哈赤)所逼,正值危险之时投奔大明,大明尚且不收容他,将来还肯在嘉班筑城,让他当'满洲主'吗?这些都证明朝廷以前所说是欺骗我们!"于是纷纷脱离了他。尼堪外兰惶恐不安,就带着妻子儿女和亲属逃到鄂勒珲地方,筑城居住。

努尔哈赤为父、祖复仇,也是形单力孤,没有谁肯帮助他。对他特别不利的是,他本族的一些不肖子孙不但不帮助他复仇,还很妒忌他,不惜设计各种阴谋加害于他,给他的复仇设置障碍。努尔哈赤不得不把这些"拦路虎"逐个消除。

努尔哈赤六祖宝实之子康嘉,是父亲塔克世的叔伯兄弟,按辈分,努尔哈赤应称他为叔。努尔哈赤刚击败诺米纳兄弟,这位本家叔父便与人合谋,请来哈达部的兵,由浑河部兆嘉城主理岱引路,劫夺了努尔哈赤所属的瑚济寨。理岱他们在返回的中途,正在分配抢夺来的人畜时,努尔哈赤派十二名精兵追到,突然杀入,当场击毙四十余人,将被掠的东西如数追回。努尔哈赤被理岱的抢劫深深地激怒了,遂于他起兵的第二年即万历十二年(1584)正月,发兵征讨理岱。当时正是严冬季节,天下起了大雪,行至噶哈岭,山险路难行。本家的叔辈与兄弟都劝他回兵,鉴于天气恶劣,应另择进兵的机会。努尔哈赤不为劝告所动,坚定地说:"理岱本是我的同族人,却能忍心引导别人的兵来加害于我,我能无动于衷吗!"挥师继续进兵,路难走,就凿山作磴,人鱼贯而上,把马用绳拴好往岭上拽,直抵理岱的城下。三祖之子龙敦早已报信给理岱,理岱已做好了迎战的准备,当努尔哈赤一到,理岱已聚兵登城。努尔哈赤的部众很惊讶,不无担心,劝道:"城内有备,怎能攻下?不如撤兵!"努尔哈赤却信心十足,说:"我明知他们已有准备,根本不想收兵!"他下令攻城,不多时,就将城攻破,活捉了理岱,却没有杀他,把他养起来。努尔哈赤胜利归来。

谋害努尔哈赤的阴谋活动还在继续。

努尔哈赤长祖(德世库)、次祖(刘阐)、三祖(索长阿)、六祖(宝实)的子孙们共同在庙中,面对神灵起誓,同心谋害努尔哈赤。在一个天气晦暝的深夜,他们竖起长矛,登上城。此刻,努尔哈赤只觉得心神不宁,难以入睡,便披衣起身,带上弓矢,持刀登城察看动静,却与偷袭者相遇。他们顿时惊慌失措,以为有备,不敢停留,纷纷转身跳下城,逃跑了。

两个多月后,他们又在一天深夜袭击努尔哈赤。他们拨开努尔哈赤住宅外面的栅木,潜入到住宅跟前,不想惊动了看家的狗"汤古哈",狗狂叫起来,在寂静之夜震人心弦。努尔哈赤被狗吠声惊醒,从炕上一跃而起,迅速地把他的两个儿子和一个女儿抱起,藏到柜子下面。他手执刀,大喊:"是何处贼敢来犯我?你不进来,我马上出去,你不要退缩!"故意用刀柄击打窗户,作出由窗户冲出的样子,却悄悄由门冲出来,刺客见努尔哈赤出势勇猛,不敢搏斗,转身逃跑了。

事隔未久,又发生了努尔哈赤的妹夫噶哈善被害的事件。这一悲剧又是龙敦策划和唆使的。他教唆努尔哈赤的庶母所生子萨木占,说:"你妹现在我家,你与我同谋,将噶哈善杀掉。"萨木占听信了他的话,带领族人埋伏于噶哈善经过的路上,把他给杀害了。努尔哈赤得到这个不幸的消息,不胜悲痛,打算找几个人去寻找尸首。他的兄弟都与龙敦同谋,竟没有一个人愿意去!尼玛兰城的首领梭敦是努尔哈赤的族叔,他出面劝阻说:"族中很多人怨恨你,所以才杀了你妹夫。你不要去,恐被别人陷害。"努尔哈赤大怒,披甲跃马,登城南横岗,弯弓盘旋,向怨恨他的人示威,再返回城里,大喊:"有敢杀我的,站出来!"本族那些恨他的人吓得没有一个人敢出来应战。努尔哈赤收回噶哈善的尸首,以礼厚葬。

噶哈善原是萨尔浒部嘉木湖寨的首领,最早投奔努尔哈赤,为人无比忠诚,得到努尔哈赤的赏识,把亲妹妹嫁给了他。在安葬两个月后,努尔哈赤领兵四百为噶哈善报仇。参与谋害的有纳木占、萨木占、纳申、完济汉等。他们盘踞在玛尔墩山上(辽宁新宾县玛尔墩岭)。山势陡峻,易守难攻。努尔哈赤命三辆战车并进,至路狭处,三车鱼贯而行。城上飞出檑木滚石,前车被毁,后车继续上。又有一车被击毁,士兵们不敢进攻。努尔哈赤奋勇当前,在距城一丈多远的地方,隐蔽在木桩后面,对准纳申一箭射中,纳申倒地而死,再射其他三人,都把他们射毙。强攻不易,努尔哈赤命令士兵稍稍后撤,将城包围起来,断绝敌兵退路。连续战斗了三天,到第四天夜里,努尔哈赤密令士兵赤着脚,登山偷袭,一举攻占了这座山城。

谋害努尔哈赤的事仍是接连不断。在起兵的第二年四月,一天深夜,努尔哈赤被脚步声惊醒,马上起床,持刀佩弓,先把子女藏到一僻处,让妻子故意到厕所解手,他则躲在其身后,至烟囱处停下,先把自己隐蔽起来。天阴得很厉害,眼看要下雨,电闪不绝。努尔哈赤借闪电的光,发现一刺客已走近,遂快速出击,用刀背将其击倒,喝令家人上前把他抓住。家人说,应当把刺客杀死。努尔哈赤很冷静,想到此刺客必受主人指使,如杀掉,他的主人就以我杀人为借口,必然来进攻,而自己兵力少,难以取胜。想到这里,便改口说:"你是来偷牛的!"刺客也就顺水推舟承认偷牛。家人不信,坚持说:"此贼就是来害我主的,诈言偷牛,可杀不留。"努尔哈赤装作不相信家人的看法,还是说:"此贼实系偷牛,大概不会有别意。"说完,就把刺客给释放了。

从这件事,已看出努尔哈赤足智多谋,善于应变,且有急中生智的能力,确非一般人所能理解。这在另一类似的事件中又得到了印证。

又是一个夜晚,有一侍婢尚未就寝,在灶前点灯。只见灯光忽燃忽灭,努尔哈赤猛地闪过一个念头,心中生疑,随即将短甲穿在衣服里层,手持刀弓,轻轻开了门,来到烟囱处,仔细观察,见院一排栅木空处,隐隐约约有一个人形,再细看,人形已不见了。忽然一道闪电,发现一个贼已逼近,努尔哈赤迅速射出一箭,那人很机灵,侧身躲过,未及逃,紧接着第二支箭又射来,箭矢直穿贼人的两只脚,努尔哈赤飞速赶上,用刀背猛击他的头部,贼人昏倒在地,束手被擒。努尔哈赤的族人闻讯赶到,都主张把行刺的贼杀死。努尔哈赤想到前不久释放刺客的事,说道:"我若把他杀了,他的主人就会以此为口实,必来进攻,掠夺我粮食,如粮食被掠,部属无食,就会离散,我们就更孤立,对方乘虚来攻,而我们弓箭、器械不足,用什么对敌?我还担心别的部落会议论我杀人招祸,不如释放为好。"他说服了众人,把刺客又释放了。

努尔哈赤的一席话,反映他当时处境相当困难,实力弱小,不得不极其谨慎从事,应用正确的策略,以保护自己。

努尔哈赤兴兵征讨仇人尼堪外兰,从一开始,就遭到来自家族内部和外部各部落的强烈反对,设置重重障碍,极力阻止,千方百计地破坏,甚至屡次派出刺客来刺杀他。他们为了各自的利益,不希望看到新的势力出现在他们面前同他们竞争,也不愿意看到努尔哈赤的起兵,打乱他们的生活秩序。努尔哈赤的族人不再像祖辈那样和谐地生活在一起,各有自己的利益,彼此亲族的关系已变成利害的冲突,这也说明女真社会已发展到了一个新阶段,原有的平等关系已被打破,为弱肉强食所替代。开始,他们害怕努尔哈赤进攻尼堪外兰给本族招来灾难,因为尼堪外兰有明朝的支持,攻他就是对明朝的冒犯,后果严重。他们不愿为此受到牵连。但是,他们看到明朝并不真的支持尼堪外兰,而努尔哈赤的势力明显地日益壮大时,便心怀妒忌,唯恐努尔哈赤成了气候,会损害他们的利益。因此他们屡次联合密谋,必置努尔哈赤于死地而后快。

面对内外强大的反对势力,努尔哈赤毫无惧色,不退缩,不让步,勇敢地朝着既定的目标前进。为了复仇,铲除仇人尼堪外兰,他被迫暂缓对尼堪外兰的追击,而向阻止他复仇的各种势力及部落展开坚决的斗争。有两三年间,努尔哈赤东征西讨,谁阻止或破坏,他就消灭谁!同时,他也粉碎了一次又一次谋害他的阴谋诡计,胜利接踵而至。他的力量在斗争中迅速发展。

万历十四年(1586),这是他起兵的第四个年头。这时,他拥有的已不是初起兵时不满百人和十三副遗甲,而是千人左右的一支精干的队伍。

他感到机会已经来临,便不失时机地再次向尼堪外兰发动进攻。

同年七月,努尔哈赤率部向鄂勒珲进军。沿途皆是"仇敌",但谁也无法阻拦,努尔哈赤昼夜奔驰,直抵城下,发起猛攻,将鄂勒珲城攻克,寻遍全城,仍不见尼堪外兰的踪影。还在攻城前,城外曾有一支四十余人的队伍,纷纷带着家眷向外逃。为首的一个人,身穿青棉甲,头戴毡帽,被努尔哈赤发现,以为是仇人尼堪外兰,不及招呼其他将士,就单身一人闯入四十人之中,展开激烈战斗。四十人将他围在中间,内有一人用箭射中努尔哈赤胸部一侧,穿透肩膀,从肩后露出箭头。他带伤奋战,连续射死九人,刀斩一人,其余人畏惧,不敢再战,都逃跑了。其实,为首的一人并不是尼堪外兰。经了解,尼堪外兰已逃入明边,被明朝边臣保护起来了。努尔哈赤将中箭受伤的六个人带到面前,逐个用力把箭深深刺入他们的体内,命他们带箭向明朝传信:"要交出尼堪外兰,不然,我就派兵征讨!"此时的努尔哈赤对明朝也不再害怕,下了通牒,就看明朝边臣肯不肯把尼堪外兰交出来。

明边臣很快把答复返回给努尔哈赤,说:"尼堪外兰既入明境内,岂有送出去的道理?你可自己来杀他。"努尔哈赤不肯轻信,说:"你们的话不足信,莫非是欺骗我?"前来交涉的使者又说:"你不能亲自去,可以派少量兵去,我们就把尼堪外兰交给你。"努尔哈赤表示同意,命斋萨带领四十人前去索取。

斋萨一到,就被尼堪外兰发现,他想登台躲藏,而台上有人把梯子给撤走了。尼堪外兰无路可走,束手就擒。斋萨当场就把他给杀掉了。仇人授首,怨仇已报。努尔哈赤复仇,终于如愿以偿,适可以告慰父、祖在天之灵。四年中,他出生入死,表现出勇敢、胆识和才能,皆超群不俗,初现一代创业之君的风采。历史将推动他继续前进,完成历史赋予他的伟大使命。

三、统一建州

当努尔哈赤因复仇而登上明末的政治舞台时,历史给他提供了千载难逢的机遇,当时女真社会正在由分散走向统一,换言之,统一是女真社会发展的要求。努尔哈赤的先辈们,诸如李满住、董山、王杲、王忠、王兀堂、清佳砮、杨吉砮、阿台等,都曾为此作出过巨大努力,试图统一建州女真、海西女真各部。很不幸的是,他们群雄荟集,生活在同一个时期,形成龙虎争斗的局面,互相制约,抵消了他们各自的努力,也消耗了他们自身的力量,宏图未展,即如流星一般,仅闪了几下光辉,便永远消失了。在努尔哈赤起兵前,建州部女真最后一个强有力的人物阿台也退出了历史舞台。这些强有力的人物,称雄一代的精英的消失,使女真社会出现了政治真空。社会发展的要求是,社会需要某个人物时,就一定会有这个人物出现;如没有,社会就会创造出来!当女真社会呼唤新一代强有力的人物时,努尔哈赤便应运出现了。这是他的幸运,因为他已经没有更强大的对手,这促成了他的历史性的成功。对于他的先辈来说,生不逢时,个个都以悲壮或凄惨的结局而结束其一生。他们的结局或谓之不幸,却又是跟明朝的盛衰息息相关。

在努尔哈赤的先辈们激烈活动的时期,遇到了明朝方面的有力遏制。这正是明神宗在位之时。他在位四十八年,是明朝十六帝(不包括南明)中在位最久的一个。神宗即位之初,还是个十岁的孩子,由名相张居正柄政。他以内阁首辅的身份,推行一系列的社会改革,加强中央集权,严格考核官员,澄清吏治,打击大地主豪强,抑制土地兼并,丈量全国土地,扩大税收来源,推行"一条鞭法",巩固边防。在明朝统治江河日下之际,他力挽狂澜,一时收到了富国强兵的效果。辽东名将李成梁就是在张居正的扶持下,走上了同蒙古人、女真人激烈斗争的辽东战场。他于万历二年(1574)走马上任辽东总兵官。当时,西有蒙古插汉(即察哈尔)土蛮父子、兄弟,势力方张,又有泰宁部长速巴亥、炒花及朵颜部长董狐狸等蒙古兀良哈三卫的首领为其辅佐,他们地近辽西(指今辽宁省境辽河以西的地区),时常引导土蛮,侵犯内地。东边则有王杲、王兀堂、清佳砮、杨吉砮等,分别是建州和海西各部女真的首领,约自嘉靖三十二年(1553)以后,"海(西)、建(州)诸部日强,皆建国称汗"(《明史·张学颜传》卷二二二)。辽东为蒙古人、女真人所包围,受到严重威胁。他们极富掠夺性,或联合,或单独行动,不时进犯辽东,西自锦州、广宁(北镇),延及宽甸、抚顺,南至辽阳、沈阳,至于海州等州县(均在今辽宁省境),均受其害。明军腐败无能,屡战屡败,十年之间,辽东的三任总兵官均战死。李成梁受命于危难之时,锐意进取,重新整顿,加强战备,军声大振。炒花、董狐狸等屡次大规模进犯,均遭李成梁军重创,速巴亥于万历十年(1582)被射杀。前叙王杲、其子阿台及清佳砮、杨吉砮等人,都死于李成梁之手,而王兀堂入犯,也遭到毁灭性打击。后又有清佳砮之子布(卜)寨、杨吉砮之子纳林布禄(又作那林孛罗)为乱,再次被成梁军重击,其势顿衰。李成梁镇辽二十二年,其武功最盛时为万历最初的十年,如《明史》所赞:成梁"师出必捷,威振绝域",此为有明二百余年无人与之伦比!

李成梁镇辽的前十年,是明在辽东统治最盛的时期。海西、建州女真各部都被其削弱,他们的著名领袖,不是被击毙,就是一蹶不振,个别的以年老而终。他们昙花一现,匆匆而去。这就为努尔哈赤崛起准备了条件。

对努尔哈赤有利的另一个条件是,明朝的统治已转向衰亡,辽东已呈大乱之势。普遍存在的腐败,又加速了辽东的衰落。

明朝之亡,始自神宗。万历十年,即努尔哈赤起兵复仇的前一年,张居正去世,神宗亲政,政局急转直下。这个腐败透顶的皇帝,贪财好货,沉醉于花天酒地之中,根本不理朝政。张居正所行新政,尽被破坏,他怠政、惰政,一连二十年不上朝召见大臣,所有章奏不批不答,只顾过着荒淫无道的生活。他一次采办珠宝用银二千四百万两,相当于全国六年赋税的总额;他举行大婚,竟动用边防军费九万两银,用作织造费。在他的影响下,官场贪污盛行,政治一片黑暗。更有甚者,万历二十年(1592),神宗向全国派遣大批宦官充任矿监税使,到处公开劫夺百姓。所谓开矿,不是真的开矿,而是指良田美宅下面有矿脉,逼令纳税,强行勒索,否则就掘良田,毁其住宅。他们都是皇帝的钦差,在地方上建矿税衙门,一个矿税使带有成千上万的随从和爪牙,狐假虎威,横行霸道,他们走到哪里,就把灾难带到哪里,哪里的百姓就起而反抗。派遣矿监税使,是神宗时期的一大虐政。

神宗的种种虐政,造成了辽东大乱。本来,到明中叶时,辽东的经济生活已很困难。明为防御蒙古和女真人,从西北到东北,设有"九边"之防,辽东居"九边"之首,常年驻军十余万,过去靠屯田维持庞大的军费开支。但屯田很快遭到破坏,加之灾荒连年,军饷不足,不断激起民变、兵变,辽东进一步陷入破败的窘境。万历初短期的恢复迅速地被神宗的虐政毁坏殆尽。造成这一恶果的罪魁祸首之一,就是太监高淮。他被任命为辽东矿税监,神宗给的头衔是:"大明国钦差镇守辽东等处协同山海关事督征福阳店税兼管矿务马市太府高。"他从万历二十七年(1599)来到辽东,到三十六年(1608)被当地军民驱逐,共在辽东作恶十年。他到处搜括,凡有百金上下之家,尽数劫夺,上缴神宗部分,大部分被他一人私吞。辽东军民受害,非死即徙,非徙而贫,无一家不遭其害(《明经世文编》卷四六七)。辽东人谚语:"辽人无脑,皆(高)淮剜之;辽人无髓,皆淮吸之。"这两句谚语,反映高淮对辽东所犯罪恶之重,令人发指!

为害辽东的另一人,就是李成梁。他镇辽的最初十年,是在名相张居正柄政时期,能够尽心任职,战绩辉煌。但张居正去世后,他失去控制,在明朝政治江河日下的情况下,他也走向反面。他的爵位崇高,加官太傅、太保兼太子太保,封为"奉天翊卫宣力武臣宁远伯",官名总称"钦差征虏前将军提督军务镇守辽东等处地方兼备倭总兵官",食禄一千六百石,其种种赏赐无以复加(《李氏谱系·李成梁》)。因李成梁的关系,他的五个儿子都当上了总兵官的高职;他的兄弟,连他的仆隶们也一个个得到高官厚禄和荣华富贵。贵极而骄,奢侈无度,是对李成梁一家生活的真实概括。万历十九年(1591),李成梁已经六十岁,上疏乞休获准。可是,过了十年,到万历二十九年,他以七十六岁的高龄,竟然东山再起,复出第二次镇辽。所作所为,毫无建树,相反,进一步加速了辽东的破坏。

李成梁的一个重大错误是放弃宽甸等六堡。六堡本来是他第一次镇辽时提议修筑的,于万历四年(1576)建成,至三十四年(1606)已拓疆八百余里,与建州女真接壤,形成与辽东的缓冲地带,于防边、扩展百姓生计皆有利。此时,六堡已聚集民户达六万四千余户,李成梁等人却以此地"孤悬难守"、人口日增、不便管理、终为我害为由,建议放弃,居民内迁(《建州私志》卷上)。百姓不愿迁,几酿成暴动。此地放弃后,为努尔哈赤所得。李成梁第二次镇辽时,恰好高淮也已到了辽东,于是,两人狼狈为奸,逞凶作恶。明朝中有识之士指出,辽东大坏的根源就在总兵官李成梁、税监高淮和巡抚赵楫三人身上,称他们为"辽左(即辽东,以处京师之左侧,故称)三患。"(见《明经世文编》第六册)他们只顾搜括民财,坐享富贵,辽东之事岂能不坏!

努尔哈赤起兵复仇,正值李成梁第一次镇辽,至第二次镇辽期间,努尔哈赤已统一建州,进而同海西女真争夺。李成梁并没像对待王杲等女真首领那样大张挞伐,既未阻止,也没有进行一次干预,实际是纵容。如努尔哈赤与仇人尼堪外兰的矛盾势不两立,明开始许诺让尼堪外兰当"满洲主",结果没当成,这与李成梁倾向努尔哈赤有密切关系;努尔哈赤追击尼堪外兰到明边以内,明将未加任何阻挠,还允许他派人来擒斩尼堪外兰,显然是李成梁对努尔哈赤的纵容。努尔哈赤在报了仇之后,继续大动干戈,挑起那么多战争,李成梁有意向朝廷隐瞒,任其所为,不理不问,努尔哈赤才大胆用兵,不受任何干扰,保证了战争的顺利进行。李成梁何以至此?原因很简单。早年,李成梁就与努尔哈赤父、祖的关系密切,努尔哈赤在李成梁帐下服侍数年,关系非同一般;从父、祖到努尔哈赤"反明"前,都对明朝很忠诚,没有任何"犯顺"的事发生。如王杲等人,屡屡内侵,侵犯朝廷,故受到征伐。努尔哈赤的不同之处是,在他实力未集之前,他决不"反明",还表现出很"恭顺",李成梁不会对他动武,还很赏识他的忠诚,并企图利用他来保卫辽东。李成梁根本没有认识到努尔哈赤的迅速发展对明朝日益临近的威胁,而是放纵、退让(如放弃六堡等)。此时的李成梁已年届八十,当年锐气全无,多一事不如少一事,昏昏然,得过且过,只想尽情享乐,不想明朝在东北的安危了(以上参见《满族崛起与明清兴亡》)。在萨尔浒之战后,朝中大臣纷纷指责李成梁父子应负有全部责任,说"奴酋作逆",而"养虎贻患","致有今日者,李成梁父子也。李氏所贻之患,自当责李氏收拾"(《筹辽硕画》卷一一一)。话虽这样说,实际上谁也没有回天之力,努尔哈赤之势已壮大,阻止他前进的任何努力,都证明是徒劳无益的。

明朝自神宗后全面衰败,辽东一片混乱,这正给努尔哈赤崛起带来了大好机会。他在尼堪外兰授首、家仇已报的情况下,马不停蹄,人不息肩,继续战斗下去。

努尔哈赤的目标,首先对准了建州女真各部,各个击破,最后达到完全的统一。

统一的一个最基本的前提条件,就是具有共同的地域、共同的经济生活,以及对共同利益的一致要求,等等。建州卫、建州左卫和建州右卫,地处同一个经济区域,无论是生产生活方式,还是阶级结构,都完全相同。按学术界通行说法,从李满住、董山以后,建州女真已属奴隶制社会,所称"贝勒"或"额真",都是奴隶主即统治者,"阿哈"是从事劳动的奴隶。在这两者之间,还有一个阶层即自由民,称为"诸申"、"伊尔根"。他们同奴隶主同属于统治阶级,但社会地位不如奴隶主高,财产也不多。为维护共同的利益,争取新的更大利益,只有联合起来,形成强大的力量,才能做到。特别是各部蜂起,争夺日趋激烈,女真人对联合的要求尤为迫切,更希望出现一个强有力的首领,成为他们的利益包括生命的保卫者。所以,能有这样的人物实现他们的愿望,都受到他们的拥护。像李满住、王台、王杲等都实现了建州女真或海西女真的局部统一,因而享有很高的威信。

努尔哈赤是继先辈之后,在复仇过程中,兼并邻近部落,实质就是统一。他不像先辈那样只做暂时的联合,或满足于表面的服从,即实际上仍是松散的联合,各行其是。他是"恩威并行,顺者以德服,逆者以兵临"(《满洲实录》卷一),并把他们组织起来,置于统一管理的系统之中,具有国家政权的性质。因此,努尔哈赤所实行的联合,是更高层次的政治统一。这是建州女真社会发展的需要,这顺应了历史发展的大趋势,才取得了历史性的突破,把女真社会推向前进,满族共同体得以形成。

应当承认,努尔哈赤追杀尼堪外兰,起初还仅仅限于复仇,消灭反对或阻止他复仇的邻近小部落,尚未明确长远的目标。但复仇的烈火一经点燃,无法停止前进的脚步时,他就由复仇逐渐变为自觉地为统一建州女真甚至为统一整个女真各部而战斗。这还是他复仇起兵的第二年,即万历十二年(1584)九月,他主动进攻栋鄂部,已开始萌发统一的意识。在此之前,栋鄂部诸酋长曾谋划:当年六王族人借哈达兵,掠我数寨,如今他们已与哈达的关系破裂,我等应乘此机会前去报仇。事后,栋鄂部已做好了进攻的准备,内部却发生了祸乱,计划告吹。努尔哈赤听到了这个消息,对诸将说:"栋鄂部已自乱,我们就乘机攻取。"诸将感到取胜没有把握,都劝谏:"兵不可轻入他人之境,取胜,当然好,若有闪失,怎么办?"努尔哈赤独有见解,说:"我不先发制人,等对方重新和好,一定会来进攻我们的!"努尔哈赤率兵五百,兵临其境,栋鄂部长阿海居齐吉达城,聚兵四百,关闭了城门抵御。努尔哈赤派兵将悬楼和城外房屋全部烧毁,眼看就要攻陷全城,天降大雪,遂下令罢兵。这一战,虽没攻下其城,但给栋鄂部的打击是很沉重的。

接着,努尔哈赤进攻栋鄂部的瓮郭洛城,这时他已表现出强烈的统一意识。努尔哈赤与该城女真人并没有怨仇,却因王甲部一个小酋长孙扎秦光滚的请求而动武。据这位小酋长说,他被瓮郭洛城的人打败,请求努尔哈赤借兵,助他报仇。努尔哈赤的想法是:我既已兴兵至此,不如乘此机会平定一方。他答应了对方的请求,命令部队连夜进兵。

孙扎秦光滚的侄儿戴杜与其叔不和,把努尔哈赤进兵的消息密报给在瓮郭洛城的栋鄂部队,守军马上收兵入城,严阵以待。努尔哈赤赶到,立即下令攻城,将其悬楼及周围的房屋点火燃烧。努尔哈赤登上一座房屋顶,向城内射箭,却被城内一神箭手鄂尔果尼偷袭,一箭正中努尔哈赤头部,箭矢透盔而刺入头颅,他一手将箭拔出,血流不止。他发现射他的人正躲在一烟囱处,即以所拔之箭回射过去,穿透那人腿部,此人应弦而倒。努尔哈赤不顾伤痛,继续战斗。这时,城内还有一射手,叫罗科,箭法高明。他借浓烟的掩护,暗发一箭,箭穿透护颈的销子甲,正中努尔哈赤的脖颈,直刺入肉中,努尔哈赤一抬手,将箭拔出,因为箭头有双钩,连肉一起扯下两块。诸将见努尔哈赤受伤,都争抢登上屋顶,扶他下来。他连忙制止说:"你们都不要靠前,恐被敌人发觉我受伤,于我不利,待我自己从容下来。"他一手捂住箭眼,一手拿弓,从屋顶上下来,扑倒在两人肩上,昏厥过去。夜里,又昏迷数次,至次日血才止住。诸将都很懊悔此次出兵,这次幸好努尔哈赤保住了性命,只好退兵。努尔哈赤的伤养好后,再次兴兵,一鼓作气,攻下了瓮郭洛城,俘获了射他的两个射手。诸将要求处死他们,努尔哈赤却另有见解,说:"他们两人射我,乃各为其主,谁不想取得胜利?现在我释放他们,将来打仗,岂不为我拼命吗?像这样有才能的人,死于锋镝之下,尤为可惜,我何忍心因伤我而要杀他们呢!"当场释放鄂尔果尼和罗科,赐给两人牛录的爵位,给予优厚的待遇。努尔哈赤气度宏阔,惜才如命,于此亦见一斑。

伴随着胜利的不断到来,事业日益兴隆,努尔哈赤的思想为之一变,由以往的被动,变为主动出击,由近及远,渐次兼并建州女真各部。

万历十三年(1585)四月,努尔哈赤与弟弟穆尔哈奇领兵五百,西征浑河流域的哲陈部。正赶上浑河发大水,只留下八十人,披绵甲的五十人,披铁甲的三十人,其余都回去。嘉哈的首领苏库赍呼暗中告密,托漠河、章佳、巴尔达、萨尔浒、界藩五城得此消息,一致同意五城联合对抗。有一后哨章京(官名)能古德侦察敌情,飞报努尔哈赤,却走错了路,没能把敌情及时传到。努尔哈赤因为有后哨,没有严加防备,只顾继续深入。不料敌兵八百余忽然出现,已在浑河至南山布阵。努尔哈赤的五祖之孙扎亲、桑古理二人看到敌兵的强大阵容,万分恐惧,把身上穿的铠甲解下来,送给别人,不敢上阵。努尔哈赤非常生气,斥责说:"你们平日在家,每每称王称霸,现在遇到敌人,为什么怕到这种程度,还把铠甲解给别人?"说完,举着大旗往前冲。敌人按兵不动。努尔哈赤下马,将马赶回去,与弟穆尔哈奇,带两个随从,四人步射前进,直入敌人重围,奋勇杀死敌兵二十人,敌人大败,争抢渡浑河逃走。努尔哈赤稍事休息,重整盔甲,率兵追杀敌兵四十五人。战斗结束,收兵回营,努尔哈赤高兴地说:"今天仅以四人败敌八百人,真是天助我啊!"(《满洲实录》卷二)。

当年九月,努尔哈赤又攻破了苏克素护河部的安图瓜尔佳城。第二年五月,攻克浑河部拔义浑;七月,攻哲陈部托漠河城。万历十六年(1588),攻克完颜城,杀其酋长岱度墨尔根;再攻洞城,招降其城主加海。酸(地名)地酋长率本部军民来归附,他的儿子费英东被命为大臣;又有栋鄂部酋长克辙之孙,叫何和礼,也率本部兵马归附。努尔哈赤把他的大女儿嫩姐嫁给何和礼,授为大臣。费英东、何和礼都成了努尔哈赤的最得力的大将、治国的能臣,创造了辉煌的战绩,是清开国勋臣之一。

到万历十六年,建州部所属的苏克素护河部、浑河部、完颜部、栋鄂部、哲陈部,或兼并,或招徕,基本上归于统一。《武录》总结这一历史性的成就时说:"环满洲而居者,皆为削平,国势日盛。"

努尔哈赤从万历十一年(1583)起兵复仇,到万历十六年,共花了五年的时间,统一了建州各部。这是努尔哈赤完成全部统一女真大业的第一步。他从最初的不足百人,仅有十三副铠甲,发展到领有数千人的军队;从只占有赫图阿拉的方圆十余里之地,到占有整个建州的土地,已扩大了数十倍、上百倍,这一切,都充分地证明他的事业取得了惊人的进展。努尔哈赤起兵,表面看是为了复仇,其实,处在奴隶制社会的发展阶段,各部落奴隶主为争夺土地、奴隶,展开了激烈的兼并战争。这才是努尔哈赤起兵的真正动力。父、祖之死,为之报仇,是个偶然的因素,它对努尔哈赤个人的情绪、意志和信念起着鼓舞和激励、催化的作用。因此,他复仇的过程,也就是他开始统一的过程。应当指出,努尔哈赤起兵创业,进行统一战争,具有进步意义。他把分散的、割据的女真各部落和部族统一成为一个整体,形成经济、政治和文化的共同体,为新的民族——满族的形成创造了条件,也为大清王朝的诞生奠定了一块坚实的基石。

自元初以来,女真人已沉寂了二百多年,他们终于再度复兴,重新登上了中国历史舞台,创造出远比先辈更为辉煌的业绩。

四、笼络明朝

努尔哈赤从起兵,统一建州,进而统一海西,直到建国称汗前(将在下文详叙),在长达三十余年的时间里,他面临着,而且必须解决的一个重要问题,就是他与明朝的关系。前文只是顺便提到,努尔哈赤对李成梁的恭顺,李成梁对他的纵容,至多是在地区发生的局部关系。实际上,努尔哈赤是从全局来思考他与明朝的关系的。迄今,这个问题尚未引起学术界的重视,一些错误说法尚未得到纠正。它的重要性,从近的方面说,是努尔哈赤的命运与事业成败的一大关键;从长远来说,实系明清(后金)兴亡。对这个问题的忽视,还涉及如何正确评价努尔哈赤。诸多有关论文、著作,树立了努尔哈赤军事家的形象,而淡化了其一代政治家的本色;同时,因为研究不足,也难以揭示努尔哈赤成功的秘密,终竟不能完整、准确地认识努尔哈赤;再深一层探讨,清何以兴,明何以亡,难免失于浮浅。因此,研究努尔哈赤,撰写他的传记,对他与明朝的关系及其策略,是不可或缺的。

努尔哈赤起兵,从根本上与明朝维持辽东的安定与统一是矛盾的。但是,他与先辈的做法大不相同,他不跟明朝作对,在自己羽翼未丰之时,他绝不触动明朝的统治。他的先辈们,如前文提到的,有王杲、王兀堂、阿台、清佳砮、杨吉砮等,之所以个个失败,下场可悲,一个重要原因,就是没有处理好与明朝的关系,相反,他们刚得势,就屡次进犯明朝直接统治的区域——辽东"边内",激怒了明朝,受到征讨。又遇到李成梁这样强劲的对手,致使他们统一女真的事业半途而废,或刚开始,就受到强有力的遏制,结果是昙花一现,转瞬之间,化为乌有。

努尔哈赤汲取了先辈们的严重教训,制定了正确的政策和策略。一方面,他进行统一女真的兼并战争,东征西讨,却不出边,绝对不进犯明朝"边内"地区,严格地限定在明朝的"边外"活动,使明朝感受不到他的直接威胁,一句话,他想方设法,极巧妙地避开与明朝的直接军事冲突;另一方面,他保持同明朝的隶属关系,千方百计笼络明朝,表现恭顺,借以麻痹明朝,掩饰他真实的政治意图。

努尔哈赤起兵数十年间,坚持一条基本原则,就是臣属明朝,不侵不叛,按时朝贡,对明朝忠诚不贰。

朝贡是历代中央政权向少数民族征收赋税、行使国家主权的一种制度,是对政治上隶属关系的明确规定。少数民族的朝贡一经中止,双方的关系就转化为敌对。明初以来,在东北女真人居住地区设立卫所时,已做出女真各部朝贡的具体规则,要海西、建州女真每年遣人朝贡,一般都在每年十月初验放入关,十二月停止。如果迟于第二年正月以后到达边关的,需由边臣请示皇帝旨意后,才能准许进关。朝贡的人数,也有严格规定,初期定为每卫百人,万历以后,海西增至千人,建州增至五百人。贡品是当地土特产,如:马、猞猁狲皮、貂鼠皮、海东青、兔鹘、人参、阿胶等。向中央王朝进贡,是少数民族应尽的义务。作为回应,朝廷颁给优厚的赏赐,诸如彩缎、绢、靴袜等物,按女真酋长的级别,数额不等。赏赐之外,还为他们举行宴会,称为"宴赏"。当这些活动和仪式结束,允许"开市"三天,即进行贸易活动,出售他们自带的土特产品。所以,女真人每次朝贡,除了向朝廷缴纳贡品,另携带各种产品投入市场交易,换回他们所需要的生产与生活用品。这种朝贡活动,不只是表现为臣属的关系,实质也是一次经济与文化的交流。

朝廷把朝贡看得很重,在他们看来,朝贡与否,是政治上反叛或臣属的标志。努尔哈赤为顺利进行统一女真的兼并战争,深深懂得同明朝保持朝贡的重要性。建州、海西女真长期保持朝贡姑且不论,就努尔哈赤个人进京朝贡已非一次。据《明神宗实录》、《国榷》等所载,从万历十八年

(1590)到万历四十三年(1615)建国前夕,共二十五年间,就有八次进京朝贡的记录。这八次分别是:

万历十八年(1590)四月,努尔哈赤率一百零八人进贡到京;

万历二十一年(1593)十一月,努尔哈赤等至京朝贡;

万历二十五年(1597)五月,努尔哈赤等一百人进贡"方物"(土特产);

万历二十六年(1598)十月,努尔哈赤等入京贡方物;

万历二十九年(1601)十二月,努尔哈赤等一百九十九人进贡;

万历三十六年(1608)十二月,努尔哈赤等三百五十七人入贡;

万历三十九年(1611)十月,努尔哈赤等二百五十人"补贡";

万历四十三年(1615),建州、海西夷"进贡"。

明官方《实录》所记努尔哈赤朝贡,大都在他的名字前加上"夷人"两字,每次都照例"贡赏如例"、"宴赏如例",是说都按例行规定赏赐与宴请一次。

据考,万历四十三年是最后一次朝贡,明官书仅记"建州、海西夷'进贡'",却没写上努尔哈赤的名字。是时,努尔哈赤即将建国称汗,与明朝的矛盾已经明朗化,他本人是否还去朝贡,大成疑问。从上列八次朝贡,有七次出现努尔哈赤的名字,可以肯定,他七次进京,当无疑问,最后一次,他没有去,似也无疑问(以上参见《满族崛起与明清兴亡》)。

不论努尔哈赤本人是否每次都亲自朝贡,他作为建州部的首领,后来又领有海西女真大部,在长达二十五年的时间里,仍以建州部的名义按例朝贡,就是忠于明朝的表现,在同明朝决裂前,始终保持同明朝的隶属关系。这正是努尔哈赤的高明之处。

努尔哈赤一面大刀阔斧地对女真诸部进行统一战争,一面又向明朝进贡,而明朝满足于努尔哈赤的"恭顺",对他在女真内部进行的战争不予干涉,换言之,容忍了他的所作所为。努尔哈赤报以更忠诚、更驯服、更亲近,不时地以自己的行动,向朝廷表达他的忠心。在万历十一年(1583)努尔哈赤起兵,到万历十七年(1589)统一建州女真期间,他不断地为明朝立新功。比如,女真人经常掠夺汉族人口,他却把掠来的人口送到抚顺堡地方,交还给明朝的地方官。有木扎河部女真酋长,叫克五十,率众抢掠了柴河堡,杀害了明朝指挥刘斧。朝廷命令努尔哈赤剿灭克五十。他服从命令,即斩克五十以报朝廷。他约束建州、毛怜等卫,"验马起贡",被明朝看作是为朝廷"保塞",与他的父、祖一样,有功于大明王朝(《东夷考略》)。

根据努尔哈赤的表现,明朝屡次给他加官晋爵。万历十一年时,他承袭了祖父的都指挥使之职,六年后,即万历十七年,明提升他为都督佥事。按《明史·职官志》,明朝的都督分为三等,第一等是都督,又分为左都督、右都督;第二等是都督同知,第三等是都督佥事。努尔哈赤从都指挥使变为都督佥事,是一次重要的提升。明朝主要根据他送还被掠的汉族人口,击斩"叛夷"克五十,还有父、祖为国殉职等,有此功劳,不提升官职不足以酬谢他为明"保塞"的贡献。

万历二十三年(1595),努尔哈赤又一次也是最后一次得到提升:被封为"龙虎将军"。在明朝的官阶中,龙虎将军为武官"散阶"之一,正二品,职阶崇高。这是有明一代给予女真酋长的最高封号。到努尔哈赤时,只有海西女真酋长王台得到过这个封号,因为他对明最忠,才被授予这一高贵的封号,与王台同时期或稍后的海西、建州诸部酋长,都是对这个封号可望而不可得。努尔哈赤是得此封号的第二人,但在建州女真酋长中,他又是第一个人。努尔哈赤在任都督佥事后,继续为明朝"看边"效力。万历二十年(1592),发生了倭寇大举进犯朝鲜的事,因为发生在壬辰年,史称"壬辰战争"。朝鲜紧急向明朝求援。努尔哈赤闻讯,提出请求,他要率部"征倭报效"。明朝没有同意,但很赞赏他的忠心,之后以"忠顺学好,看边效力"和保塞有功为由,特授其为"龙虎将军"的最高封号。这使努尔哈赤的身价涨十倍,极大地提高了他的威望。

努尔哈赤对自己得此封号颇为得意。他被封为龙虎将军的第二年,朝鲜使臣来访,他表白说:"保守天朝(明朝)地界九百五十里,俺管事后十三年,不敢犯边,非不为恭顺也。"(《李朝实录》宣祖卷七三)他说"管事后十三年",是指他于万历十一年(1583)袭都指挥使后,到他同朝鲜使臣说此话时,即万历二十四年(1596),正好是十三年。他再次承认他仍是明朝忠实的臣属,他的职责是为明朝保护和看好所辖九百五十里边界,他从不"犯边",不能说自己不恭顺。

努尔哈赤三次受朝廷封官晋爵,七次亲自进京朝贡,都证明了他同明朝的臣属关系。他不侵不叛,为明朝擒斩"叛夷",保持他为之"看边"的千里疆界的安定,又是他忠于明朝的明证。值得重视的问题是,他之被封官和屡次朝贡,都是在他起兵以后的事。他执行两面政策或双重政策而并行不悖,正是他的巨大成功的奥秘。

前已指出,努尔哈赤起兵,特别是后来,他不断扩大战争的规模,并由建州推进到海西,必然危及明朝的根本利益。但是,他一再恭顺明朝,却抵消了明朝对他的军事行动所产生的忧虑,明朝不但没有感受到其咄咄逼人的威胁,反而误认有努尔哈赤这样的强有力人物,有利于它对女真人的统治,因为这符合它的"以夷制夷"、"分而治之"的政策。前提是,努尔哈赤必须忠于朝廷。努尔哈赤这样做了,明朝还有什么怀疑的呢?努尔哈赤起兵时,只反对尼堪外兰,恨他、追杀他,都是针对个别人,而对明朝不动毫毛。明朝对他的行动,听之任之。他成功地灭掉尼堪外兰,由此打开了统一局面。他用臣服和忠诚,不断换得明朝的大量封赏,反过来又加强了他在女真人中的地位。他顶着明朝的都指挥使、都督金事、龙虎将军的头衔,征讨女真诸部,无疑具有某种合法性,而且明朝不予干涉,实际是支持他对女真诸部的征讨。他师出有名,好像他是明朝的代表,"替天"讨伐,显而易见,他把明朝作为后盾,为他的统一战争服务。

努尔哈赤以极大的耐心和毅力,长期坚持同明朝保持友好的关系,沉着、稳步地发展自己的力量,不到完全有把握时,他绝不同明朝破裂,更不能同它进行较量。但是,他的行动,终于在某一天引起了明朝的警觉。那是在他起兵后的第二十个年头,他灭掉了忠实于明朝的哈达部,明朝开始感到问题的严重,它不能置之不理,它以中央王朝的权威,向努尔哈赤发号施令,命令他从哈达退回去,恢复其地位。努尔哈赤乖乖听令,遵旨照办。即使到了万历四十一年(1613),他的实力已很强大,仍不敢轻举妄动。叶赫部向朝廷告他的状,万历皇帝命令努尔哈赤今后不许侵犯叶赫。努尔哈赤写了一封信,为自己辩解,但也不敢再发动战争,直到他同明朝决裂后,才灭掉叶赫。这都是后话,留待后面详写。

毫无疑问,努尔哈赤与明朝关系,在破裂之前数十年间,是建立在中央与地方、统治与被统治的基础之上的。努尔哈赤承认并顺从这种关系,而不予以打破。关键的问题,就在于双方力量悬殊,即使明朝逐渐变得瘦弱,但毕竟是个庞然大物,努尔哈赤虽领有建州,乃至海西大部土地,却仍是偏居一隅之地的一股地方势力,若与"天朝"大国的明朝抗衡,自感力量远远不足。发之过早,就将使他在名分上被置于反叛的地位,从而使自己陷入孤立。因为当时哈达、叶赫等女真各部皆忠于明朝,在老一辈强有力人物相继消失之后,相对而言,已变得衰弱,无力再同明争夺,唯有依附明朝,才是他们生存之计。如果努尔哈赤公开反叛明朝,女真诸部就会群起而攻之,已归附的女真势必纷纷叛离,他的统一事业会随之瓦解。努尔哈赤的远见卓识,就是他巧妙地利用了他与明朝的和好关系,避开同明朝的矛盾,从容地兼并女真诸部,明朝却没有干扰和妨碍他的行动。

尽管努尔哈赤以臣服的忠诚姿态来笼络和麻痹明朝,但却因一些纰漏而被明朝的一些有识之士看破。前叙努尔哈赤朝贡事,朝廷视朝贡与否是忠与不忠的标志。努尔哈赤却于万历三十五年(1607)不贡,至次年春"尚无消息"。辽东总兵李成梁与辽东巡抚赵楫上书,报告朝廷:"奴酋不肯进贡",还扬言:"抢了罢!"这引起了朝廷的警觉。礼部侍郎杨道宾指出:"努尔哈赤与其弟速尔哈赤"皆多智习兵,信赏必罚,兼并族类,妄自尊大",看来"此其志不小"。另一官员杨宗伯一语道破努尔哈赤的真正意图,说:"建酋奴儿哈赤则意在自外,能贡而敢于不贡者也。"这是说,努尔哈赤欲脱离明朝而独立,所以,应该朝贡却敢于不贡!他列举努尔哈赤种种不法事实,认为他的"逆形"已露,罪恶已昭著,不可等闲视之。但李成梁、赵楫等为努尔哈赤辩护,否定了他的意见。同时,于万历三十六年(1608)六月,他们把努尔哈赤、速尔哈赤召到抚顺,阐明不贡的后果,将对他们不利。努尔哈赤兄弟两人感到事态严重,马上向明朝"盟誓",表示将过去二年所欠贡赋补齐。当年冬,他们果然履行诺言,进京补两贡年,修复与明朝的和好关系。李成梁、赵楫等上书,称:努尔哈赤已"盟誓补贡,则外夷已是回首而革面,中国(明廷)何必吹毛而索瘢!"(以上见《明经世文编》卷四五三)。

朝廷中对努尔哈赤已形成两种意见,而昏庸的神宗皇帝以为天下太平,并没把努尔哈赤放在心上,一意信任李成梁,以努尔哈赤已补贡,事即了结,不予追究,也无防范措施。努尔哈赤放心大胆地继续进行着对女真的统一事业。

第三章　威震东北

一、独战群雄

在努尔哈赤基本完成对建州女真的统一后,开始向建州以外的女真各部用兵,首先攻取的目标是长白山鸭绿江部。该部在栋鄂部的东南,因居鸭绿江沿岸而得名。比起建州女真,它是个比较弱小的部落,攻取并不难。万历十九年(1591),努尔哈赤派兵前往攻取,一举攻克,将该部并入建州。

在短短的几年里,努尔哈赤连续不断的胜利,以及所取得的巨大进展,已在女真内部引起强烈的反响。特别是海西女真的诸酋长,都以惊恐的目光注视着努尔哈赤的一举一动。他的每一次胜利,都会使他们深感不安,担心他们会一个个被吞并。自感实力相当的叶赫部首领纳林布禄(又写作那林孛罗)很不服气,特派部属伊勒当、阿拜斯汉二人前往,向努尔哈赤发出警告,说:"乌拉、哈达、叶赫、辉发、满洲,都是同族一家,难道还有五个王之理?你们人多,我们人少,可将你们的额勒敏、扎库木两个地方,任选一处让给我们。"在警告与威胁之后,两人又提出土地要求,努尔哈赤岂能俯首听命?他争辩说:"我们是满洲,你们是呼伦,你们部族大,我们不该要你们的土地;我们部族大,你们也不应该强要。况且国家(部族)的土地,比不得牲畜,哪有随便分给别人的道理!你们两人都是执政之臣,不能极力劝谏你们的主人,还有什么脸面把这些非理的话转告给我?"

努尔哈赤说完,很客气地把两位使者打发走了。

纳林布禄的威胁没有奏效,索要土地的要求也遭断然拒绝,他十分生气,不甘心此事就此罢休,便召集哈达、辉发二部女真酋长开会,决定三方各派一使者,共同向努尔哈赤施加压力,迫使他屈服。

三方使者同来赫图阿拉,努尔哈赤以礼相待,设宴欢迎。

酒宴正在进行中,叶赫的使者图尔德首先发言,阐明此行的目的。他预料会激怒努尔哈赤,便挑明说:"我受主人的委派,向您转达他的想法,想说又怕触怒您,受到责备。"

努尔哈赤很不以为然,说:"你的主人的话与你无关,为什么要责备你呢?如果你的主人口出恶言,我也以恶言相回报。"

图尔德不再客气,开门见山,说:"过去,我们要您的土地,您不给;让您归顺,您又不从。如果两家化为仇敌,只有我们的兵能踏践您的土地,而您的兵敢踏上我家的土地吗?想必是不敢吧!"

果然,图尔德的一番话把努尔哈赤给激怒了,他愤然站起身来,抽出刀,照准桌案,一刀断为两截,愤怒地说:"你主兄弟两人,什么时候和人打过仗,交马接刃,碎烂甲胄?往年孟格布禄、歹商叔侄自相残杀,像两个小儿争吃骨头一样,你们趁火打劫,你们根据什么把制伏我也看得那么容易?你们的四境,真的有高墙可以阻挡我吗?我即使白天不去,晚间也能去,你们能把我怎么样?你们口出狂言,虚张声势,究竟想干什么?当年,我父被大明误杀,给我敕书三十道、马三十匹,送还尸首,坐受左都督金事,续封龙虎将军大敕一道,每年给银八百两,蟒缎十五匹。你的父亲也被大明所杀,他的尸首,你们收取到了吗?"

努尔哈赤义正辞严的反驳,图尔德等自然无话可说。努尔哈赤余怒未息,命人把刚才自己说的话写成信,派人送到叶赫。行前,他对使者发出指示:"你到了叶赫,要当面念给他们听;你若胆小,不敢念,就留在那里吧,不要再来见我!"信是送去了,但因被纳林布禄的弟弟布寨事先制止,使者没有当面诵读。努尔哈赤这样做,无非是极力表现出他的勇敢和自信,以及对强大的扈伦诸部的蔑视。

当时,不仅叶赫这样大的女真部落反对努尔哈赤的统一,并屡次发出挑战的信号,就连一些小的部落的酋长也不愿失去自己的"天堂"而归属努尔哈赤。长白山部所属朱舍里、讷殷二部,本是两个弱小的部落,他们也敢先发制人,共同勾结叶赫出兵,将建州东部叶臣所居的洞寨劫去。消息传来的时候,努尔哈赤正坐在楼上,他思虑实力不足,难以对付叶赫同各部的联合对抗,一时无可奈何,但却充满信心地说:"任凭他们掠夺好了,哪有水能穿透山、火能越过河水之理?朱舍里、讷殷是我同一部族,竟敢投靠遥远的异国叶赫,劫掠我寨!我说:水必下流,千条小河终究要归大海。朱舍里、讷殷二部必为我有!"(以上详见《武录》卷一)。

其实,努尔哈赤与哈达、叶赫早已结为姻亲,做了两部的女婿。万历十六年(1588)四月,哈达王台的孙女、扈尔干的女儿,由她的哥哥歹商亲自陪送到洞这个地方,交给努尔哈赤,与之成亲;同年九月,努尔哈赤又娶了叶赫已故酋长杨吉砮的小女儿为妻,她的哥哥纳林布禄,亲自送她与努尔哈赤成婚。她就是未来的皇太极的生母。

在当时的政治格局中,南关哈达部自王台,经其子扈尔干,再传至其孙歹商,三代相沿,忠于明朝;北关叶赫并不驯服,前叙清佳砮与杨吉砮兄弟俩,已被李成梁斩杀。从此北关势力被削弱。清佳砮之子布(卜)寨、杨吉砮之子纳林布禄不得不屈从于南关的势力。南关哈达部出现内争,其势也有所削弱。原来,王台有五子,他死后,由第五子孟格布禄袭爵龙虎将军、左都督,明朝予以承认,发给他敕书,命他约束布寨和纳林布禄及所属部众。哈达本与叶赫也有亲戚关系。王台的妻子之一温姐,是清佳砮和杨吉砮的妹妹,孟格布禄即为其所生。王台死后,他的另一子康古鲁便与后母温姐结了婚。他们都亲近北关叶赫,既与其长兄扈尔干因争财产而矛盾很深,又结伙共同对付歹商。明朝支持歹商,因禁了康古鲁,兴师讨北关,布寨、纳林布禄只好"乞哀"认罪(《东夷考略》"海西")。

努尔哈赤与两部先后通婚结亲,目的是想保持同海西女真的和平友好关系,而集中力量统一建州。这也是远交近攻的策略。哈达与叶赫两部同努尔哈赤结亲,目的是笼络建州的这个新人物,借以牵制他的发展。

当努尔哈赤把统一目标逐渐扩大到建州以外,叶赫等部不能坐视了,先以威胁、索要土地为政治手段,企图使努尔哈赤就范。遭到拒绝后,叶赫等部转而采取军事手段,企图给努尔哈赤一次毁灭性打击,也因此酿成了古勒山大战,即努尔哈赤与叶赫等部联军的一场决战。

明万历二十一年(1593)六月,叶赫布寨、纳林布禄不顾亲戚之谊,先纠集哈达部酋长孟格布禄、乌拉部酋长满泰、辉发部酋长拜音达里等四部兵马，向建州部发动进攻，夺取了户布察寨。努尔哈赤率兵反击，攻入哈达部，在富尔佳齐寨与哈达兵相遇。努尔哈赤令兵先行，他独身殿后，引诱敌兵入伏围歼。敌兵冲至前面的有一骑，举刀照努尔哈赤砍来，后面还有三骑赶来助战。正在千钧一发之际，努尔哈赤迅速发出一箭，正射中前面第一骑的马腹，马惊而逃；后面三骑一齐杀来，努尔哈赤坐骑惊悸，狂跳不止，几将他掀下马来，幸亏他的右脚紧紧扳住鞍镫，才没有掉下来，重新稳住身子，随即发出一矢，射中其中一骑，马仆倒在地，把马上的人也摔了下来。此人正是哈达酋长孟格布禄，他的家人冲上前，将自己的马给他，他翻身上马，逃命去了。努尔哈赤只率三名骑兵、二十名步兵同哈达的追兵激战，斩十二人，获甲六副、马十八匹而回。

叶赫布寨兄弟纠集四部兵马小试锋芒，并未伤及建州的根本。他们决心与努尔哈赤决一胜负。至九月，除了六月间参加军事行动的四部，又联合另外五部兵马，他们是：嫩江蒙古科尔沁首领翁阿岱、莽古、明安；锡伯部、卦勒察部、朱舍里部首领裕楞额、讷殷部首领搜稳塞克什。乌拉部首领满泰没有来，派他的弟弟布占泰参加这次军事联合行动。女真与蒙古共九部，结为同盟，集兵三万，分三路向建州发动大规模进攻。

形势十分严峻。这是努尔哈赤起兵以来所遇到的最为严重的威胁。以往，他取得过不少胜利，但是，对付如此之多的敌人，毕竟是第一次。不言而喻，此战之胜负至关重要。对于努尔哈赤来说，命运攸关，生死存亡，很大程度上要取决于这次大战的结局。

努尔哈赤得到九部同盟的报告后，并未惊慌。先派人侦察，掌握准确的情报，再作部署。他派人先向东面侦察，约行百里，不见敌人踪迹，只见乌鸦成群噪叫，料知敌人非从此路攻来。转向西路探视，入夜，赶到浑河附近，突然发现在北岸兵营密集，"火如星密"。受命侦察的人，将所见敌情详细做了报告。努尔哈赤说："人都传言，说叶赫不久就会发兵来，现在果然来了。我兵今夜不动，免致城内百姓惊慌，等天亮再出兵。传谕诸将知道。"

努尔哈赤指示完毕，回到家里就睡觉。妻子富察氏把他推醒说："现在九部兵马攻来，你怎么还睡大觉？是糊涂，还是害怕？"努尔哈赤从容不迫地说:"畏敌的人一定睡不好觉,我因不怕敌人,所以我能熟睡。以前传说叶赫兵来攻我,不知道他们什么时候来,所以我心神不定。现在,他们已经来了,我的心倒安定了。我若有欺骗,天必怪罪我,我便感到害怕;但我按上天的意愿,各守国土,他们不让我安心,反而无故纠集九部之兵,欺害无辜,天能保佑他们吗?"说完,继续睡觉养神。

第二天,吃过早饭,努尔哈赤做的第一件事就是先率诸将臣属谒庙拜神,请求天地万灵神祇,令敌人垂首,我兵奋扬。通过拜神,努尔哈赤对将士进行精神鼓励。然后,他把兵马带到拖索寨,自己站在渡口处,命令兵士解开"臂手"、"顿项",都留在此地,说:"我兵轻便,必获全胜!"所谓"臂手"和"顿项",都是打仗用的防护手臂和脖颈的装备。把这些东西卸下来,减轻士兵身上负担,便于轻装作战,增加取胜的机会。士兵们卸下这些装备,努尔哈赤率领他们行军至扎喀关。守将奈虎、山坦报告:叶赫兵于早晨攻关未果后,转向赫济格城去了。努尔哈赤又命探子反复侦察,知道敌兵甚多。恰巧,从叶赫营中逃来一人,详细而准确地报告了九部兵数三万。兵士们听后无不感到忧虑,有的怕得很,失去了夺取胜利的勇气。

这时,努尔哈赤一点也不惊慌,先安慰说:"你们大家不必忧虑,我不会让你们白白送命的。"原来,他胸有成竹,已想出破敌的妙计。随后宣布他的作战方略:第一,诱敌深入。我据险要,诱彼来战,彼来我迎;诱而不来,我则四面分列,步行徐徐进攻。第二,专攻头目。敌兵九部,首领很多,杂乱不一,不过是乌合之众,退缩不前,若领兵前进者,必定是首领、头目,我兵见之,一定要全力攻打,只要伤一二个头目,敌兵必乱而败走。第三,集中兵力。我兵少,但集中力量,并力一战,必能获胜。将士们领会了努尔哈赤的作战方略,军心顿时安定下来,信心倍增。

努尔哈赤并不急于寻找九部联军决战,他要引诱敌人再深入一些,而他据险以逸待劳,选好战机,一战而胜之。一天又过去了,好像什么也没发生。次日晨,努尔哈赤率领将士出发,向赫济格城方向前进。

叶赫兵临赫济格城下,攻击了一天多,还没攻下。努尔哈赤率将士来到,却不同叶赫兵交战,而是占据赫济格城对面的古勒山,分布险要处,命诸将士、大臣各领所属分头准备,列成联为一体的阵势。部署完毕,命猛将额亦都只率一百名士兵前去挑战。叶赫兵果然放弃攻城,转而迎战额亦都。两军一交锋,叶赫兵就有九人被杀,锐气受挫,稍稍退缩。此刻,布寨、金台石(纳林布禄之弟)与蒙古科尔沁三头目联兵进攻一处。布寨一马当先,突入阵中。忽然,他的马被木桩绊倒,努尔哈赤手下一士卒,叫武谈,迅速出击,一跃上前,骑在布寨身上,顺势将布寨一刀结果了性命!

正如努尔哈赤所预料,布寨作为叶赫的一酋长、纳林布禄的兄长被杀,叶赫兵皆号啕大哭,马上丧失了战斗力;所有同来的各部头目,闻风丧胆,谁也不顾自己所属兵马,自个儿逃命去了,各部联军大溃乱,努尔哈赤抓住战机,纵兵追杀,到处留下了尸体。蒙古头目之一明安,他的马被陷,便弃鞍赤身,体无片衣,骑一匹瘦马,侥幸逃得一命。努尔哈赤的兵一直追杀到哈达境内,直杀得敌人尸满沟渠。

激战一天一夜,九部联军惨败,努尔哈赤大获全胜。

第二天,战斗已经结束,有一士兵俘获一个人,前来见努尔哈赤。努尔哈赤问他:"你是什么人?"被俘者叩头说:"我害怕被杀,不敢明说。其实我就是乌拉国主满泰之弟布占泰。今被擒,生死只在您了。"努尔哈赤感到意外,没想到把这样一个重要人物也给俘虏了!他心中一阵惊喜,免不了对布占泰先是一顿斥责:"你们会合九部兵马欺害无辜,上天都抛弃了你们。昨天,布寨已被杀死,当时如捉到你,你必死无疑!"说到这里,话锋一转:"今天既然见到你,怎能杀你?俗话说:生人之名胜于杀,与人之名胜于取。"说完,命侍卫给他松绑,当即赐给他一件猞猁狲裘衣。按公历折算,当时已经是十一月初旬,天气很冷,赏给他这件贵重毛皮裘衣,既实用又表示格外优待。布占泰自然很感激努尔哈赤法外施恩。努尔哈赤没有让他回乌拉,而是把他留在了佛阿拉养起来。谁都明白,努尔哈赤的做法,实际是把布占泰当作人质扣留,以便制约乌拉部同叶赫等部的再度联合。

这次空前的激战,史称"古勒山大战"。战后检视战果,共歼灭四千人,获马三千匹、盔甲一千副。经过此战,"满洲自此威名大震"(《满洲实录》卷二)。

努尔哈赤在孤立无援的危机情势下,独战九部群雄,一战而胜之,打了一个前所未有的"翻身仗",他的声望、影响及实力与之俱增,迅速发展,势不可挡。九部联军被击溃,从此一蹶不振,再也不敢联合对付努尔哈赤了,相反,他们却自身难保,接连被努尔哈赤各个击破。这一后果,很快显露出来。

战争刚结束还不到一个月,努尔哈赤就招降了朱舍里部;接着,派额亦都等三将,领兵一千,攻围讷殷部所属佛多和山,历时三个月攻克,其首领搜稳塞克什被杀。万历二十三年(1595)六月,努尔哈赤亲自率兵出征辉发部,攻克多壁城,斩其守将,凯旋而归。努尔哈赤的势力向东北扩张,越出今辽宁省境,已达今吉林省辉南县境。

古勒山大战之后发生的另一个变化是,曾参加九部联军的蒙古科尔沁部贝勒明安采取主动,遣使向建州部表示友好,努尔哈赤很高兴地接受了他的诚意;蒙古喀尔喀部贝勒劳扎也首次遣使,与努尔哈赤建立了友好关系。在他们的影响下,蒙古各部长纷纷遣使向努尔哈赤靠拢。这正是努尔哈赤所需要的,他需要借用蒙古的力量,来同海西诸部展开斗争。

二、兼并二部

古勒山大战,是努尔哈赤第一次同海西四部整体力量的生死较量。他大获全胜,为他统一女真增强了信心,也为进军海西扫清了道路。地近建州的哈达、辉发二部,首先就成为努尔哈赤攻取的对象。

哈达部与乌拉部同出一祖,姓纳喇,其部原名扈伦,居于今黑龙江省呼兰河流域。后因女真动乱,南移至距开原四百余里的松花江一带,即今之吉林市附近地区。从始祖速黑忒,二传至克什纳,不幸死于家族内讧,克什纳的次子旺济外兰南逃至今辽宁小清河畔哈达地,收拾诸部,就在明朝广顺关外建城,自号本部为"哈达",他自称"哈达贝勒"。建国之时,正当明嘉靖朝中期。

在海西四部中,哈达最先强盛,称霸于海西,一度为四部盟主。哈达最忠于明朝,因而得到明朝的强有力的支持,这也是它能令海西女真的重要原因之一。在王台、扈尔干(虎尔罕赤)父子相继去世后,家族分裂、火拼,王台的第五子孟格布禄继任哈达贝勒,势力大衰,远不如昔日,在四部中已失去盟主地位,被正在迅速崛起的叶赫取而代之。虽说哈达境况不佳,孟格布禄还是积极地参与了九部联军进攻努尔哈赤的军事行动。在遭到失败后,哈达一蹶不振。

万历二十五年(1597),哈达、叶赫、乌拉、辉发四部酋长联合采取了一次和平行动,共同遣使要求同努尔哈赤重建和平友好关系,他们说:"因为我们不道,已经在古勒山败兵损名,从今以后,我们一定更守前好,互相结亲。"四部这样说,实际是向努尔哈赤赔礼道歉。他们又一次联合行动,表明四部继续共同对付努尔哈赤。但是,努尔哈赤也需要一段和平时期,积蓄力量,待机而动。他很痛快地接受了哈达等四部的友好表示,杀牛设宴款待。为表示和平的诚意,他们按照女真人的古老习俗,宰白马、削骨,设酒一杯、肉一碗、血与土各一碗,郑重举行仪式,向天地盟誓,他们各出自己的誓言,指天地为证,表述他们和平的决心。哈达四部各说一遍相同内容的誓言:"自今以后,若不结亲和好,就像这被杀的牲畜的血,被踩踏的土地,别削之骨而死;如实践誓言和好,吃了这肉,福寿永昌!"最后,轮到努尔哈赤宣誓:"你们履行盟言,一切都好说;如不然我可以等你们三年,果真不相好,背盟而弃誓言,我必统兵讨伐。"从努尔哈赤说话的口气看,他并不是平等地同他们共同承担义务和责任,而是要哈达四部向他做出和平的保证,他则充当了和平的监察人,以三年为期,作为考察的期限。如若违犯,他有权征伐他们。努尔哈赤的话,与其说是誓言,不如说是警告,施加压力,颇有威胁的意味包含于其中。

这次盟誓,实际是以哈达等四部为一方,以努尔哈赤为另一方。但对于四部而言,彼此也互相承担已做出的保证,同样具有约束力。他们的根本目的是鉴于古勒山大败,暂时无力同努尔哈赤抗衡,就必须修复已破裂的关系,稳住努尔哈赤,约束他不能继续发动进攻,他们将利用战后的暂歇,重新做好准备,以图东山再起。

事实很快证明,他们盟誓是玩弄政治把戏,是一次外交欺骗。因为是他们首先破坏了誓言,挑起争端,甚至发动战争。这涉及叶赫、乌拉、辉发的事,留待后面写。现在就说哈达与叶赫的纷争,结果导致了哈达的灭亡。

万历二十七年(1599),盟誓才过去不到两年,哈达便跟叶赫发生了军事冲突。本质的问题是,叶赫想吞并哈达,进一步想控制整个女真。哈达不甘心屈从于叶赫,以武力抗争,万历二十五年所定盟誓破坏无遗。

论实力,哈达无法同叶赫相匹敌,几战之后,连遭失败,而且难以为继,为求生存,被迫转而求救于努尔哈赤。作为交换条件,哈达酋长孟格布禄把自己的三个儿子交给努尔哈赤,押在佛阿拉做人质。哈达求援,为努尔哈赤进军海西提供了难得的机会,他毫不迟疑地答应了孟格布禄的请求,选派大将费英东、噶盖率两千兵力前往哈达支援。

努尔哈赤出兵援助哈达,对叶赫构成严重威胁。酋长纳林布禄筹划成一计,离间哈达与努尔哈赤的关系。他指使明朝开原"通事"(女真语或蒙古语的翻译)携带他的一封信给孟格布禄。信的大意是:你速住努尔哈赤派来增援的两名将领,以此要挟,把你的三个做人质的儿子赎回来,并趁机消灭两千援兵。你能这样做,你以前想要的女人我就送给你为妻,我们两国仍旧和好如初。在此关键时刻,孟格布禄权衡利害关系,又倒向了叶赫。他与叶赫约定,在开原举行谈判,命自己的两个妻子代表他前往商谈。

孟格布禄的做法,无疑是一种见利忘义的背叛行为,努尔哈赤闻讯,不禁十分气恼,即于万历二十七年(1599)九月率兵亲征哈达。其弟速尔哈赤踊跃请战:"可让我当先锋官,你看怎么样?"努尔哈赤便交给他一千兵马,在前面开路。抵达哈达城下,孟格布禄命将出城迎战,军容颇盛。速尔哈赤不免犹豫,按兵不战,还对努尔哈赤说:"他们出城迎战了。"努尔哈赤看出弟弟胆怯,很生气地说:"我们是因为哈达没做准备才来的吗?"他愤怒地命令速尔哈赤:"你兵向后,给我闪开!"说完,就亲率军队,环城而攻。城上守军一齐射箭,努尔哈赤的军队猝不及防,受伤甚多。攻城数日夜,终将哈达城攻克。大将扬古利生擒孟格布禄,努尔哈赤命令不许伤害。孟格布禄跪在努尔哈赤面前,努尔哈赤以礼相待,把自己用的貂帽和豹裘赏赐给他,给予恩养。

哈达城被陷,孟格布禄被俘,所属之城都放弃了抵抗,接受努尔哈赤的招抚,缴械投降。举凡受降的军士器械、民间财物、民户百姓,都秋毫无犯。至此,延续六十余年的哈达部灭亡。

海西或称为扈伦四部,哈达成了第一个被努尔哈赤消灭的牺牲品。

哈达部亡后,又发生了一系列戏剧性的事件。努尔哈赤本无意杀孟格布禄,还打算把自己的女儿嫁给他,联为亲戚,这对他的统一事业只有好处,没有坏处。也许是孟格布禄寂寞难耐,竟与努尔哈赤身边的"嫔御"私通;据说他又跟噶盖密谋,企图篡夺努尔哈赤的权位。阴谋败露,努尔哈赤忍无可忍,下令将孟格布禄、噶盖及通奸的女人一起处死。

哈达被兼并,孟格布禄被处死,消息传到北京,神宗很不满,下旨指责努尔哈赤:"你为何攻破哈达,掳其百姓?现在,命你让武尔古岱回去,恢复哈达。"武尔古岱是孟格布禄的长子。朝廷的旨意甚明,就是要恢复并延续哈达的存在,指令武尔古岱继为哈达贝勒。这符合明朝"分而治之"的政策。皇帝的谕旨,任何人都不得违抗。努尔哈赤自度实力不足以与明朝对抗,便乖乖听命,释放武尔古岱携其部民返回哈达。但努尔哈赤谋于深算,岂能轻易放弃哈达!他采取"和亲"之计,把原先许配给孟格布禄为妻的三女儿莽古姬,转嫁给武尔古岱,双方变成翁婿的姻亲关系,哈达不能不受努尔哈赤所控制。叶赫纳林布禄也一心想夺取哈达,屡次联合蒙古进犯。努尔哈赤上奏朝廷:"我已从命,让武尔古岱还国了,但叶赫屡次侵掠哈达,为什么把我所应获得的哈达,又受制于叶赫?"神宗置之不理。万历二十九年(1601)春,哈达闹饥荒,百姓挨饿,向明开原城借粮,遭到拒绝。哈达困难已极,从贵族到百姓,或用自己的妻子,或以奴仆、牲畜换粮食,苟活性命。努尔哈赤"见此流离",乘机重取哈达。哈达统绪自此永绝。努尔哈赤灭亡哈达,为他今后吞并整个海西女真打开了一个缺口,在统一的道路上又迈出了重要的一步(以上见《武录》卷二)。

这时,密切关注辽东局势的朝鲜李氏王朝,发出了惊呼:"老酋(努尔哈赤)声势已张,威行于西北(从朝鲜的位置看辽东),诸胡(指女真人)莫不慑(折)服,凭陵桀骜,已有难制之渐。"(《李朝实录》宣祖卷一四二)。

兼并哈达后,努尔哈赤与叶赫、乌拉矛盾日趋尖锐,军事冲突时起,双方关系接近完全破裂的边缘。努尔哈赤避开实力雄厚的叶赫与乌拉,把进攻的目标对准了较为虚弱的辉发部。

辉发部世居松花江下游、黑龙江岸的尼马察,入明朝后,隶属弗提卫。其始祖叫昂古里、星古力,姓益克得里氏。明中叶,该部族逐渐南迁,至张城地方居住。张城,地属今之吉林省伊通自治县磴场,当时则属扈伦部,与该地纳喇氏部族首领噶扬噶、图墨土二人结盟,自此改姓纳喇氏。自昂古里,七传至王机褚,收服诸部落,渡过辉发河,在临河险要之地扈尔奇山上,修筑一座坚固的城堡,自号辉发,是为建国之始。此城作为辉发都城,即今吉林省辉南县朝阳镇东北三十五里处,在辉发河畔。笔者曾亲临其地,山城遗迹斑斑可见,可以遥想当年的雄姿,何其壮伟!辉发辖地较为广大,据有关专家测定,它包括今吉林省的辉南、柳河、磐石、桦甸、靖宇、东丰、海龙诸县市的全部或部分,疆域仅次于乌拉(见《乌拉史略》)。辖境多山,河流纵横,物产丰富,地理条件得天独厚。从政治环境上说,它处海西与建州两大集团之间,有利的方面是交往便利,不利的是易受到攻击,尤其是若受两方的夹攻,将使它处于十分危险的境地。

在扈伦四部并立时期,辉发部没有什么引人注目的作为和建树。创建辉发部的贝勒王机褚死于万历初年。他的长子早于他去世,其孙拜音达里没及宗族推选,便发动政变,残酷地杀死了他的七个叔叔及其家属,夺取了权利,继任贝勒。他的所作所为,引起宗族和部民的强烈不满,为了躲避迫害,纷纷逃向叶赫避难,叶赫都予以收留。拜音达里慑于叶赫的强大,不敢索要逃众,可是心里却痛恨叶赫收容他们,使他陷于孤立。

拜音达里处叶赫与建州之间,首鼠两端,摇摆不定,朝秦暮楚,但其基本倾向还是倒向叶赫一边。前叙万历二十一年(1593)九月,他响应叶赫贝勒纳林布禄的号召,亲率三千兵,参加了九部联军对努尔哈赤的讨伐。此次讨伐失败后,他看到建州强大,又向努尔哈赤靠拢。万历三十五年(1607)九月,拜音达里将七大臣之子作为人质,交给努尔哈赤,换取建州出兵支援,维护他在本部内摇摇欲坠的统治地位。努尔哈赤即派兵一千前往辉发,帮助拜音达里镇压了反叛者,稳定了社会秩序。

叶赫贝勒纳林布禄看到辉发与建州关系密切,对他构成了危险。他又施用离间计,遣使辉发,欺骗拜音达里说:"你如果从建州撤回人质,我马上遣返你国逃来我国的族众。"拜音达里竟然相信他的话,还自鸣得意地说:"我将安稳地中立于满洲(建州)与叶赫之间!"他执行中立政策,不偏不倚,左右逢源,自以为很聪明,但事实与他的愿望相反,他两面讨好的政策,却加速了辉发的灭亡!

拜音达里从建州撤回作为人质的七大臣之子,又把自己的一个儿子交给叶赫做人质。纳林布禄自食其言,不遣返辉发部的逃众。拜音达里明知受骗,便再次投向努尔哈赤,遣派使者说:"以前我误信纳林布禄的话,现在,我仍然想依靠你为生。我请求你将许嫁给常书之子的女儿,赐给我为婚。"努尔哈赤为争取辉发,答应了他的请婚,取消同常书之子的婚约。不料,拜音达里背约而不娶。努尔哈赤遣使质问:"你曾两次帮助叶赫加兵于我,而今你又求我把女儿嫁给你,你却不娶,这究竟为什么?"拜音达里借故推脱,说:"我已把儿子交给叶赫当人质,等到他归来,我即迎娶,再与你共谋大事。"

拜音达里求婚,是为了讨好努尔哈赤;如真的结亲,势必得罪叶赫;而谢绝亲事,又是对叶赫的友好表示。他知道这样做,会得罪他们中的一方,可能招致战争。但他计无所出,只有加强防御以自固。于是,他将山城的城墙加修至三层,以为牢不可破,就不在乎谁敢来进犯了。

叶赫知道拜音达里同建州的关系已破裂,便将他的儿子遣返辉发。努尔哈赤再次质问:"你的儿子已经放回,你又作何打算?"拜音达里自恃城垣坚固,对努尔哈赤的质问不予理睬。

努尔哈赤受到戏弄,深深地被激怒了。这正好给努尔哈赤兴兵提供口实。万历三十五年(1607)九月九日,努尔哈赤亲率将士讨伐辉发,至十四日兵临城下,迅速展开攻击。拜音达里所筑三层城墙也挡不住勇猛的攻势,努尔哈赤只用了一天,就把辉发城攻克。实际上,如只靠强攻,再攻几天,也难以奏效。原来努尔哈赤早有准备,发兵前,他命士兵扮作商人,分批混入城中,约至百余人,至攻城之时,入城的人做了内应,制造混乱,乘乱打开城门,努尔哈赤挥军一拥而进,一举攻克。攻坚不如计取,这大概是拜音达里始料不及吧!

城破,拜音达里父子束手被擒。努尔哈赤痛恨他们父子反复无常,毫不怜悯地下令将他们处死了。守城的兵士都被屠杀,招服百姓,迁往建州。

自王机褚建辉发,只历两代,辉发部不足四十年而亡。

三、四战乌拉

扈伦四部,在短短几年里,已亡其二,剩下乌拉与叶赫两强,无论攻击哪一个,实非易事。当时的形势是,努尔哈赤同乌拉、叶赫两部的关系已处于交战状态,双方都剑拔弩张,等待着最后的决斗。乌拉与叶赫眼睁睁地看着过去的盟友哈达、辉发先后被吞并,却坐视不救,是不敢,抑或保存自己的实力?恐怕两方面因素都有。哈达、辉发的灭亡,不能不使他们感到震惊,不无恐惧,由此联想到他们的命运。

努尔哈赤吞并哈达、辉发后,对战胜乌拉、叶赫已经胸有成竹,较之数年前,信心倍增。限于兵力,他不能同时进攻两部,仍以各个击破的战略,把乌拉作为下一个攻击目标。

努尔哈赤同乌拉先后进行四次军事与政治的较量,命运再一次把他推上一段艰难而危险的历程。

在努尔哈赤进攻乌拉前,有必要补叙乌拉的自身历史。

在扈伦四部中,乌拉的历史较为悠久。早在明永乐初,它的始祖纳齐布禄已在后来的乌拉部本土洪尼勒城建立扈伦国,疆域大致涵盖扈伦四部的属地。传至第三代佳玛喀,明朝把兀者前卫都指挥使之职授给了他,其子都勒希时,又晋职都督。但都勒希死后,他的子孙与明朝的关系紧张,不时地率部侵入明辽东属地,诸部受到骚扰;更有蒙古骑兵的不断进犯,扈伦国所属各部卫纷纷脱离,自谋生存之路。扈伦国已呈瓦解之势。其中,它的另一支家族,由都勒希的三弟速黑忒(即纳齐布禄的第四代孙)统领,迁至塔山,任塔山左卫都督。他就是哈达部的始祖。故乌拉部与哈达为同祖同宗,同出一源。

扈伦国传至第七代布彦,已进入明嘉靖时期。所辖领地,仅限于都城周围的地区。布彦奋发有为,重新整顿,尽收乌拉诸部余众,于嘉靖四十年(1561),在乌拉河(松花江)洪尼勒城"称王",用蒙古名号,称"贝勒"。因居乌拉河岸,自号国名乌拉。是时,哈达、辉发、叶赫等部崛起,扈伦国已结束,开始了扈伦四部并存的时代。从布彦到其子布干,正值哈达部王忠强盛,处扈伦四部的盟主地位。王忠死后,哈达内乱,势力已衰,乌拉摆脱哈达而自立。

布干死后,由次子满泰即位贝勒。在叶赫的号令下,满泰派其弟布占泰率兵参加九部联军,遭到重创,布占泰被俘,扣留在佛阿拉。在布占泰被扣押的三年期间,乌拉未敢轻举妄动,基本保持中立。叶赫于败后,仍十分活跃,串通哈达、辉发与建州对抗。至后二部先后败亡,乌拉不为所动,意在争取建州释放布占泰以后再考虑新的对策。由于叶赫取代哈达而发挥主导作用,便形成以努尔哈赤为首的建州同海西女真诸部两大集团的矛盾和冲突。

满泰的堂叔兴尼牙是个亲叶赫派的首领。他屡次鼓动满泰出兵建州,名为救布占泰,实则是激怒努尔哈赤将他杀死。满泰予以拒绝。兴尼牙怀恨在心,阴谋策划夺权。据《武录》记载:满泰与长子撮胡里前往苏斡延湿兰(今吉林长春双阳)视察那里修筑边壕,奸淫村内两名妇女,其夫愤怒,乘夜潜入,将满泰父子杀死。这实际是兴尼牙设谋,把他们害死的,兴尼牙趁机夺了贝勒之权。

努尔哈赤得知乌拉内乱,迅速作出决定,释放布占泰回乌拉。努尔哈赤的意图是,让布占泰掌权,与乌拉建立联盟,对付劲敌叶赫。为防万一,努尔哈赤特派图尔坤煌占、博尔坤斐扬古两员大将护送。万历二十四年(1596)七月,布占泰抵达乌拉,叔父兴尼牙竟刁难,不准入城,又图谋将其杀害,无奈护送的两员大将防护甚严,兴尼牙无法下手。很快,兴尼牙的阴谋败露。城内宗族都支持布占泰,兴尼牙陷入孤立,无法立足,便携家眷投奔叶赫避难。布占泰得以立为乌拉贝勒。

努尔哈赤俘获布占泰不杀,"恩养"三年,此次又在努尔哈赤的扶持下,继其兄满泰为乌拉贝勒,给他"二次再生,恩犹父子"。布占泰感激不尽,在他回乌拉的次年(1597)十二月,将他的妹妹呼奈嫁给速尔哈赤为妻,送到之日,即设宴成婚。万历二十六年(1598)十二月,布占泰不忘其恩,带领三百人及厚重礼物,前往佛阿拉朝见努尔哈赤,表达感激之情。努尔哈赤作主,将其弟速尔哈赤的女儿额实太送给布占泰为妻,另赏盔甲五十副、敕书十道。万历二十九年(1601)十一月,布占泰将其兄满泰之女阿巴亥送给努尔哈赤为妃。双方关系显得十分亲热。

布占泰自返国后,与努尔哈赤友好往还,屡次结亲,给人的印象是,双方亲密无间,不存在任何问题。其实,这些都是布占泰做的表面文章,骨子里却是野心勃勃,处心积虑,力图振兴乌拉,扩张实力,有朝一日再与努尔哈赤争雄。但眼下布占泰自感力量不足,不得不曲意奉承努尔哈赤,行韬晦之计,暗中却勾结叶赫,秘密结盟,企图借用叶赫同努尔哈赤对抗。

布占泰一经掌握了乌拉部的权力,就开始着手实行这一战略和策略。他在万历二十五年(1597)与其他三部一起同努尔哈赤盟誓,言犹在耳,不久就暗通叶赫,将其嫂满泰妻都都库氏的珍玩铜锤,遣使赠送给叶赫首领纳林布禄;又把建州所属虎儿哈部的安褚拉库(今吉林安图县安图镇)、内河两处的三名酋长许给叶赫,让给叶赫招抚而收为属部。努尔哈赤毫不示弱,迅即派出长子褚英、大将费英东等领兵一千,收服安褚拉库,"获人畜万余而回"。努尔哈赤最初对布占泰暗中勾结叶赫,尚未察觉,所以,万历二十九年(1601)布占泰再次要求结亲时,努尔哈赤指令速尔哈赤的另一个女儿娥恩姐嫁给他,至万历三十一年(1603),派大臣送往乌拉完婚。

在同努尔哈赤保持亲戚的友好关系的同时,布占泰大肆向外扩张。前经其兄满泰的经营,至布占泰的扩张,乌拉部已达于鼎盛,疆域空前扩大。据考,西与叶赫接界,西南接辉发,东南抵今朝鲜北部,东北达俄罗斯远东滨海区,北至松花江下游的佳木斯(今属黑龙江省境)。在四部中,乌拉的疆域最大,人口众多。

当布占泰向外扩张时,在图们江地区,与努尔哈赤向该地区所派之兵相遇。布占泰毫不相让,以武力展开了公开地争夺。

在图们江两岸地带,中国境内包括今之珲春、图们、延吉、汪清、安图与和龙等县市以东地区;朝鲜境内包括庆源、钟城、会宁、稳城、茂山、庆兴等六处,称为"六镇"。夹图们江散居的女真人,他们既不属建州,也不属海西,史称"藩胡"女真人。很快,他们就成了乌拉与建州争夺的对象。前叙努尔哈赤征抚内河、安褚拉库两地,是"藩胡"女真人的一部分。接着,努尔哈赤又向东海女真(约当今吉林珲春沿海地带)进军,已触及乌拉的势力范围,引起布占泰的不安。他不愿把这一地区白白送给努尔哈赤,遂于万历三十一年九月率兵数千,亲征"六镇",年底又一次出兵,夺取了庆源、钟城、稳城等三镇,将夹江而居的大多数女真人收为乌拉属民。

这种利益的争夺,终于导致双方大规模的军事冲突。

万历三十五年(1607)春,原已归服乌拉的东海女真瓦尔喀部属蜚优城(今吉林珲春三家子乡古城村)主策穆特赫,表示愿意归顺建州。他谒见努尔哈赤说:"我们这里与建州相距路远,所以才归顺了乌拉国主布占泰。可他待我们甚苦,我们想投顺建州,请您派兵去接我们的眷属,以便前来归顺。"

蜚优城主背弃乌拉,主动投建州,努尔哈赤甚为高兴,便命其弟速尔哈赤、长子褚英、次子代善与大将费英东、扈尔汉、杨古利等率兵三千,前往蜚优城搬取。他们顺利地到达了目的地,招抚四周屯寨约五百户。返回时,先令费英东、扈尔汉等率兵三百护送。行至中途,不意一万乌拉兵出现在面前,拦截去路。

布占泰以蜚优城主归顺建州而气恼,竟派出万人大军予以拦截。他明知冒犯翁婿之情,关系破裂也在所不惜。

两部人马相遇之处,当地人称为乌碣岩,在今图们江畔朝鲜境内钟城附近。建州兵三千对乌拉兵一万,展开了一场力量对比悬殊的大战,史称"乌碣岩之战",是建州同乌拉的第一次实力较量。

在两军相遇时,扈尔汉等以众寡悬殊,急忙将护送的五百户转移到了山上安置,派一百名兵士守卫,另以二百名兵士"占山列营",环绕防御,同时派人给后续的速尔哈赤等送信,速来迎战乌拉兵。

两军相持一夜,至次日,乌拉兵列阵叫战。大将杨古利率兵二百奋力冲锋,击杀乌拉兵七人,乌拉因畏惧其来势勇猛,不敢交战,急忙后退,渡河登山扎营,畏缩不前,没有趁建州兵力单弱而及时进攻,错过了取胜的战机,等建州大队人马赶到时,等待他们的就只有失败了。

速尔哈赤、褚英、代善率全部人马赶到时,已经是傍晚。一夜休战,至第二天,褚英、代善对部下动员,鼓舞士气。他们说:"我父(努尔哈赤)能征善战,现在虽留在家里,我们二人领兵到此,你们不要害怕。布占泰是我国手下败将,曾被我擒捉,没有什么可怕的!他虽然兵多,但上天助我国之威,我父英名夙著,此战必胜!"众兵士大受鼓舞,齐声喊:"我等愿效死力!"褚英与代善兄弟俩,各率兵五百名,抢先渡河,分两路登山,直冲乌拉营寨,乌拉兵惊慌失措,四散奔逃。代善年少勇猛,冲杀在前,追击乌拉主帅布占泰的叔父博克多,飞马靠近,左手抓住他的头盔,一把将其扯下坐骑,随即飞起大刀,斩于马下。其子来救,随之被杀。乌拉的另两名大将常柱父子与胡里布被生擒。

在发起进攻时,速尔哈赤的勇气逊色于两位侄儿,他率五百兵在山下未动。至追杀乌拉败兵时,他才驱兵前进。

史载,此战乌拉兵被歼三千,损失马五千匹、甲三千副,都成了建州兵的战利品。可以说,建州大获全胜。乌拉兵众达万人,是建州兵三千的三倍还多。如果第一天就进战,又是建州兵三百人的一百倍。如消灭此三百人,士气大增,再战建州后续的二千多人,就容易多了。可惜主帅博克多失于谋略,又逊于勇气,竟使万名兵士成乌合之众,不堪一击。可见乌拉军队的素质和将领能力低下,人马虽众,也不足与同人数居劣势的建州军队相对抗。

从朝鲜人的记载中,我们看到这场战役的激烈程度和乌拉兵惨败之状:两军"大战于江边(图们江)",乌拉兵"不能抵敌,其北走之状","如天崩地裂","尽弃器械马匹,奔忙逃遁",死伤不知有多少!(见《李朝实录》宣祖卷二〇九)

速尔哈赤叔侄及费英东、扈尔汉、杨吉利保护蜚优城五百户,平安返回赫图阿拉,详细报告了乌碣岩之战的经过,并缴上丰厚的战利品。努尔哈赤所闻所见,大为兴奋,赐速尔哈赤为"达尔汉巴图鲁"(汉译,神圣的英雄)、褚英为"阿尔哈图图们"(汉译,广略)、代善为"古英巴图鲁"(汉译,特殊的英雄)等称号。

第二年即万历三十六年(1608)三月,努尔哈赤以长子褚英、侄儿阿敏为将,统兵五千,向乌拉发起进攻。这是对布占泰去年在乌碣岩拦截建州兵所做的军事反应。此次进攻的目标是乌拉部东南的军事重镇宜罕山城(今吉林市龙潭山古城)。守城的乌拉兵对建州兵的到来,事先一无所知,没做任何防御,褚英等率五千兵突然抵城下,迅速包围该城,与伪装混入城中的建州兵,里应外合,将山城攻克,杀死千余人,获甲三百副,并把其余居民与所有牲畜一并取走,押回赫图阿拉。布占泰闻讯,马上召集兵马,前往宜罕山城救援。但为时已晚,军队出乌拉城约二十里,遥见褚英所率建州兵撤离山城,正徐徐南归。布占泰看到建州兵的军容甚盛,感到难以对敌。他退却了,无功而回。

乌拉与建州两次军事接触,均以乌拉失败告终。布占泰已感到事态严重,继续进行军事对抗,对他不利,眼下唯一办法是与努尔哈赤缓和矛盾,进一步加强同叶赫的联合,等待转机。于是,就在宜罕山城被劫之后,布占泰遣使赴赫图阿拉,向努尔哈赤求和,并再次提出结亲的愿望。布占泰派使臣传达他的话说:"我屡次背盟,向恩父犯下了罪过,实在是没脸面再见恩父。现在,我如得到恩父的女儿为妻,我将永远依赖恩父的名下。"努尔哈赤明知此举不过是政治联姻,为了斗争的需要,他将计就计,慨然应允,满足布占泰的请求,将自己的第四个女儿穆库什嫁给他,遣侍臣护送至乌拉,与布占泰完婚。

此时,哈达、辉发二部相继灭亡,努尔哈赤以强大的实力周旋于叶赫与乌拉之间,实操主动权,见机行事。

布占泰娶了努尔哈赤之女,亲上加亲,关系更应密切,但他并没有改弦更张,仍然处处同努尔哈赤作对。他违背盟约,两次出兵进攻建州所属东海窝集部虎儿哈卫。尤使努尔哈赤不能容忍的是,他已给叶赫部下了聘礼,其首领布寨同意把女儿嫁给他。还尚未出嫁时,布占泰也向叶赫下聘礼,坚持要娶此女。不仅如此,布占泰竟然用骲箭(骲箭即鸣镝,为骨木合制,箭头无毒带响)射努尔哈赤的侄女娥恩姐。娥恩姐是布占泰的妻子之一,被当作靶子假射,虽无危险,却是有意侮辱。布占泰向叶赫示意,他无意同建州交好。

布占泰所为,报之赫图阿拉,努尔哈赤愤怒已极,忍无可忍,于万历四十年(1612)九月二十二日亲统大军征乌拉,向布占泰兴师问罪。随同出征的有他的第五子莽古尔泰、八子皇太极。顺便说一句,努尔哈赤对儿子的教育很严格,当他的儿子们一个个长大成人后,都要参加各种战役,从实践中得到锻炼,增长才干。这次随他出征乌拉,没有带长子褚英、次子代善,只带五子和八子,给他们带兵的机会,经受战争的考验。根据历史记载,皇太极是年二十一岁,首次出征。后来他继承父亲的汗位,再即帝位,为清朝进关夺权奠定了坚实的基础。

九月二十九日,大军进抵乌拉,沿松花江而行,连克鄂佛罗、宜罕山城、鄂谟、逊扎泰、郭多、金州等六城,并将大营安置在金州城,隔江相望,距布占泰所居乌拉城西面仅有二里之隔。努尔哈赤纵兵四出焚毁敌人粮草,外围据点逐个攻陷。布占泰白天率兵出城与之对垒,见建州兵盔甲鲜明,兵马雄壮,无不惊慌失色,失去了斗志,所以,不敢发动进攻,到夜晚入城休战。两军相持了三天,努尔哈赤并不急于攻其都城乌拉城。莽古尔

努尔哈赤率兵伐乌拉部

泰、皇太极沉不住气,急于想渡河进攻。努尔哈赤予以制止,耐心地开导说:"事情不像你们想的那样简单,你们说的,不能像到河面取水那么容易,要深入到里面去看看。比如,想砍伐一棵大树,怎么能骤然砍倒?必须用斧子一下一下砍下去,砍到树干微细了,自然就倒了。征伐一个相等的大国,势均力敌,欲一举而消灭,怎么可以办得到?应将它的附属城郭一一攻取,独留其都城,这如同额真(统治者)没有阿哈(奴仆),怎么生活?没有老百姓,还怎么能为君呢?"皇太极牢记父亲的教导,在他即位后,就采取"伐大树"的战略,慢慢"砍削"明朝,直至他"自仆"倒而为止(见《武录》卷二)。

努尔哈赤耀兵于松花江岸,乌拉仅剩下一座乌拉孤城及附属城富尔哈城。乌拉城,全称为"乌拉洪尼勒城",按汉文义,"乌拉"为"江";"洪尼"为"塞","勒"系语助词,合译为"江塞"之意。据现遗址测定,城分三道墙环绕,以中道墙来说,周长达八千六百四十米,呈方形,设东、南、北三门,西面临江作障,故不设门。除外墙外,内二道墙外侧均挖成护城河各一条。城内由里到外,分别称为紫禁城、内罗城、外罗城。这是民间俗称,以区分三墙限隔的城区罢了。从现今所见遗址,不难想见当年的宏伟规模。在扈伦四部,乌拉城不愧为第一大城(见《乌拉史略》)。

不论乌拉城多么宏伟,固若金汤,此刻,它已陷于孤立,随时都会遭到毁灭性的打击。

布占泰独守一座孤城,计无所出,想来想去,只有行缓兵之计,促使努尔哈赤先退兵再作打算。他派大臣乌巴海为使,乘船至江中喊话,恳求努尔哈赤退兵。如此三次,努尔哈赤不理不见。布占泰被逼无奈,硬着头皮亲自出面,带六员大将,乘船驶至江心,在船上遥向努尔哈赤叩头,以哀求的口吻说:"乌拉国就是恩父之国,焚粮的大火可以熄灭吗?"努尔哈赤披明甲,乘白马,率诸将,驰至江中,水及马腹处,勒马而立,厉声谴责:

布占泰!你先前在阵中被擒,本应处死,我却留下你,予以恩养,后释放回乌拉为贝勒,把三个女儿给你做妻子。而你欺蔑皇天后土,七次背弃盟言,二次劫掠我属虎尔哈路,又企图强娶我已聘的叶赫之女;还用骲箭射我侄女,我把她嫁给你异国,原为结成夫妻,何曾让你用骲箭射她?如果我侄女做错了什么事,你应该告诉我。天生爱新觉罗人,曾被何人斥责、羞辱过?你说说看!百世以前的事,你或许不知道,那么,十世以来的事你能不知道吗?以前果真有过羞辱我爱新觉罗的事,你射我侄女,就算你是正确的,我发兵来攻就是错误的。如果从来就没有这种事,你为什么射她?这受辱的恶名,我能藏在心里无动于衷吗?或者将来抱此恶名而隐没于九泉之下吗?古人说得好:"宁销其骨,莫毁其名。"我并非乐于战争,只因听到你用骲箭射我侄女的事,我才亲自领兵前来,问个明白。(见《武录》卷二)

努尔哈赤理直气壮,可谓义正辞严。表面看,他是为雪耻而来,实质问题是以此为口实,消灭乌拉,不言自明。

布占泰不肯承认以往的事实,极力狡辩,声称是他人进谗言,皆属子虚乌有。最后,努尔哈赤表示:"你果真没有射我侄女,没有娶我已下聘礼的女子,可以把你的儿子及大臣之子做人质,交给我,才见你的真心,否则,我无法相信你!"

江中一场对话,实际也是一场唇枪舌剑的谈判。之后,各自回营。时令已近严冬,努尔哈赤还不想马上攻灭乌拉,又不便久留于此,五天后,他率大军返回,留下兵士一千,驻扎于近处山上,在此过冬,监视布占泰的动向。

几个月过去了。努尔哈赤所提出的几项条件,布占泰一件也不办!相反,他策划将女儿、儿子与十七臣之子,都送到叶赫为人质,强娶努尔哈赤所聘布寨之女,幽禁努尔哈赤与速尔哈赤的两个女儿。布占泰又一次背弃诺言。看得出来,布占泰不想同自己的丈人努尔哈赤修好,宁肯为敌到底!

万历四十一年(1613)正月,正是一年中最寒冷的季节,努尔哈赤不顾严寒,也不顾怜自己已是五十五岁的年龄,亲率大军三万北上,所带大将有次子代善、侄阿敏及费英东、何和礼、额亦都、安费扬古、扈尔汉等一大批能征惯战的猛将,军容之盛,远远胜过数月前征乌拉,大有一举吞并乌拉之势。

布占泰计划在正月十八日,送儿子给叶赫做人质,不意努尔哈赤已提前一天即十七日赶到,首先攻克逊扎泰、郭多、鄂谟三城。布占泰的谎言已被戳穿,无理可辩,只有同努尔哈赤拼死一战了。十八日,倾国中之兵,亲率三万兵马,越过富尔哈城,在城南的开阔地带列阵,准备决一死战。

开始,努尔哈赤有些犹豫,担心与乌拉实力相当,难以一战而胜。但是经不住诸将一再请战,他的情绪顿时高昂而激烈,大声说:"我自幼战斗于千百军中,孤身突入,弓矢相交,兵刃相接,不知经历了多少次鏖战!今天,诸将要战,就奋力去战吧!"说完,披甲进战。诸将早已按捺不住了,听到努尔哈赤下达命令,皆欢呼腾跃,千军万马,欢声雷动,士气激越,急欲厮杀。

努尔哈赤决心此战夺城,消灭乌拉!他已定下破敌之策,传谕诸将按计行事。

布占泰三万兵士都弃马步行而列阵。努尔哈赤也令全军下马。两军对垒,相距不过百步。战斗一经开始,就达到白热化,"两军之矢,如风发雪落,声如群蜂,杀气冲天"。努尔哈赤冲入阵中,同将士们一起拼杀。将士们勇气倍增,无不以一当十,如潮水般冲了过去。乌拉兵本来斗志不高,很快就被冲乱了阵势,溃退下来,"抛戈弃甲,四散而逃",已经是"十损六七"。建州兵趁势夺门,占领了乌拉城。努尔哈赤登城,端坐西门楼上。布占泰尚不知觉,领败兵不满百人,奔城而来,一抬头,只见努尔哈赤的旗帜已飘扬在城头,大惊失色,回身就逃,正撞见代善率兵杀来,不敢对敌,冲出包围,落荒而逃,仅以身免,投叶赫去了。乌拉自此灭亡。

战斗结束,获马匹盔甲等战利品无数。乌拉部所属城邑全部归附。布占泰未及逃的六个儿子及部分妻室都投降了努尔哈赤。穆库什、额实泰、娥恩姐也都被救回赫图阿拉。

乌拉部地广人众,布占泰恃此有利条件,与努尔哈赤斗智斗勇,终因才拙而智短,策略失误,屡战屡败,最后一战而亡。乌拉全境为努尔哈赤所有,如虎添翼,北通黑龙江,东向东海诸部,畅通无阻,造成骎骎乎前进不已之势。昔日扈伦四部并立,而今只剩叶赫一部,不管它多么强大,在努尔哈赤面前,已显得渺小而微不足道。努尔哈赤携辉发、哈达、乌拉与建州本部之众,凭借雄厚财富,最后夺取叶赫,指日可待。

四、三征叶赫

叶赫同哈达、辉发、乌拉一样,其先人是女真人的一支,源出明海西塔鲁木卫,后迁移至扈伦国所属张地,灭纳喇姓部,因以为姓,再迁至叶赫河一带,故称叶赫。从第三代齐尔噶尼始授塔鲁木卫指挥佥事,时在明成化年间。至正德初年,齐尔噶尼因侵扰明边,被斩于开原城。其子祝孔革时,一度兴旺,与哈达部争衡,被该部酋长王忠擒杀。两部遂结下仇怨。至祝孔革两孙即清佳砮、杨吉砮并出,招抚诸部,势力复振。两兄弟据叶赫河山川之险,筑东西两城,兄弟分住,皆称贝勒。本部族始获稳定的居住地。史称"叶赫",实始于清、杨两兄弟。

叶赫所辖领地,或指为势力所及,大体是,北界蒙古科尔沁、郭尔罗斯部,东北与乌拉部相接,南邻哈达,东近辉发,西南邻近明朝边城开原。以现今疆域概算,相当今之吉林省四平、辽源、公主岭、梨树、伊通、双阳、梅河口地区,以及辽宁省北部的昌图、西丰、开原等部分地带。清、杨两兄弟所筑两城,坐落在今之吉林省梨树县叶赫满族自治乡治所叶赫镇,此处距西北方向的四平市三十余公里,东南距西丰、西南距昌图,都不超过百里。

过昌图而南不足百里,就是明代辽东地区的北部"极边"——开原。向明朝进贡,须取道镇北关,所以又称叶赫为北关。

叶赫所辖地,部分为今之东北大平原东部地段,大部是由大平原向东部山区过渡的半平原、半台地的自然状态。有此自然条件,可耕可牧可渔。它的优越性,是建州、辉发、哈达等部所不能比拟的。同建州一样,这里也是"屋居耕食,密迩边墙"(《明经世文编》卷三六三),是说人口密集于辽东边墙外,耕作与生活,跟汉人无异。叶赫据此优越的自然条件和地理环境,曾几度兴旺发达。明隆庆(1567—1572)时,清佳砮、杨吉砮掌政,经常统率二万余骑,逐水草至辽河上游(《万历武功录》)。兴旺景象,不言而喻。如前面已提到,他们叛服无常,屡遭明军的大规模扫荡,清佳砮、杨吉砮双双授首,叶赫一蹶不振。他们的儿子布寨、纳林布禄稍振叶赫雄风,后因参与哈达内部纷争,又招致明军镇压。万历十六年为明辽东总兵李成梁所击破,向明军投降,重置于哈达歹商的控制之下。数年之后,叶赫渐复元气,哈达势衰。叶赫由过去"反明"转变为"亲明",明朝也报以支持,使叶赫成为扈伦四部的盟主。后组织九部联军,遭到惨败,布寨死于阵中。过了几年,纳林布禄也郁郁而死。叶赫两城仍然分治,布寨之子布扬古继承西城贝勒;纳林布禄无子,由其弟金台石继任东城贝勒。他们面临的形势是,明朝在辽东的统治正变得衰弱,努尔哈赤一方势力正在迅猛崛起,在逐个吞并哈达、辉发、乌拉后,一步步向叶赫逼近。双方最后的决战,迟早将会发生。

说起来,努尔哈赤的建州与叶赫也是亲戚之国。早在努尔哈赤统一建州各部时,杨吉砮就把他的小女儿许配给努尔哈赤。杨吉砮死后,其子纳林布禄履行父亲生前的诺言,于万历十六年(1588)九月,亲自陪送妹妹到佛阿拉成亲。这年,努尔哈赤三十岁,这位新娘年仅十四岁。她以美丽、端庄、贤淑而深得努尔哈赤的欢心。

从万历十六年到三十一年(1603),叶赫纳喇氏同努尔哈赤朝夕相伴,亲密地生活了十五年。这期间,建州与叶赫友好相处,虽发生古勒山大战,有过短暂的冲突,但大战之后迎来了和平,双方保持友好关系不变。万历二十五年(1597),叶赫、乌拉、哈达、辉发四部与努尔哈赤盟誓时,布扬古答应将自己的妹妹许配给努尔哈赤为妃,金台石则答应把自己的女儿许配给努尔哈赤次子代善。努尔哈赤分别下了聘礼。双方不征不伐，关系还算正常。

万历三十一年秋，纳林布禄的妹妹叶赫纳喇氏忽染重病，已经没有康复的希望，很想最后见母亲一面。努尔哈赤答应满足她的要求，迅速派出使者疾驰叶赫，去请她的母亲前来。

女儿临危，要见母亲；母亲爱女儿心切，也要见上最后一面，本属人之常情，并不难做到。但是，此时建州与叶赫的关系已非往日可比，努尔哈赤的飞速发展，不是进一步密切双方的亲戚情谊，而是在政治上双方却分道扬镳，终至断送了这层儿女亲家关系。事实正是这样。使者到了叶赫，说明来意，当即遭到纳林布禄的断然拒绝。当年是他送妹妹出嫁的，如今妹妹病危，他却拒绝妹妹的要求，并且极力阻止母亲，不准她去看望，只派一名管家南太前往应付差事。这位纳林布禄政治上浅薄短见，在此极易触发感情的问题上向努尔哈赤示威，不仅于道义上说不通，就是从策略上考虑，也属下策，这就公开暴露了他对努尔哈赤的敌视，导致了努尔哈赤与叶赫关系的破裂。

果然，不出所料，努尔哈赤对此十分气愤，痛斥说："我没有做对不起你纳林布禄的事情。先前，你掠夺了我的寨子，后又率九国兵来侵犯我；你叶赫、哈达、乌拉、辉发因为联兵侵我，做错了事，业已承认，都同意互相结亲，宰杀白马，已向天宣读了誓言。今天，你叶赫背弃已许下的诺言，将我所聘之女另嫁给蒙古人；你妹病危，正当永诀之际，想着妈妈，你竟不容许她们母女见面，硬是阻挠，这就是同我绝交！既然如此，我何必讳言？自今以后，我们两家已成敌国，我将在你所属的地方筑城，占领它，每天都杀你的部属。"说完，将南太遣送回去。

努尔哈赤其中说的将他已聘之女嫁给了蒙古人，指的就是上文已写的万历二十五年（1597）布扬古答应将妹妹嫁给他的事。但布扬古不守誓言，单方面撕毁婚约，把妹妹改嫁给蒙古。努尔哈赤认为，此事是对他的污辱，自然忌恨在心。所以，努尔哈赤便在这次痛斥纳林布禄时一并发泄出来。

叶赫纳喇氏终于医治无效，去世了，时年才二十九岁。

对于爱妻的去世，努尔哈赤极为悲痛，同时也更加痛恨叶赫两兄弟绝情无义。过了三个多月,于万历三十二年(1604)正月初八日,努尔哈赤率兵进攻叶赫,攻克了张城与阿奇兰城,收两城七寨人畜二千余,即班师而回。此举是报纳林布禄不令母女相见之仇,以慰亡妻在天之灵。

这以后近十年中,双方没有再发生严重的军事冲突,保持着不即不离、不好不坏的关系。努尔哈赤把主力用于对付哈达、辉发、乌拉三部,同时又因顾忌明朝全力支持叶赫,不能不使努尔哈赤暂时放弃对叶赫的进攻。

万历四十一年(1613)以后,努尔哈赤与叶赫的关系已完全恶化,处于敌对状态。这时扈伦四部已亡其三,独存叶赫。努尔哈赤的力量已得到显著增强,感到有战胜叶赫的把握,决心向叶赫发动最后的攻击。

万历四十一年初,布占泰只身逃亡到叶赫,受到布扬古、金台石两兄弟的庇护。努尔哈赤闻讯,先后三次遣使,要求叶赫交出布占泰,但遭到拒绝。这正好给努尔哈赤提供了口实,遂于九月六日,亲统四万大军再征叶赫。大军抵张城、吉当刚城,因事先泄露了消息,叶赫已将两城百姓迁走,坚壁清野。努尔哈赤下令将两城毁掉,攻克了其他十九寨,收缴百姓,将房屋等设施焚毁。另有乌苏城放弃抵抗,向努尔哈赤投降,得降民三百户。事毕班师。

叶赫遭到了大规模进攻,布扬古、金台石紧急向明朝控诉:"哈达、辉发、乌拉部被建州取去,现在又来侵犯我地,他的目的是削平诸部,然后就来取大明,取辽阳为都城,取开原、铁岭为游牧之地。"应叶赫的要求,明朝派出军队一千,携带火器,前往叶赫防御。明朝还向努尔哈赤发出警告:"从今以后,不准侵犯叶赫。如听从我的话,是维护我的体统而罢兵;如不听从我的话,继续侵犯叶赫,就是对我大明的侵犯。"

明朝的强硬态度,使努尔哈赤暂缓对叶赫的进攻。他看到,在叶赫后面站立一个庞大的明王朝,必须从外交上离间他们的关系,取得明朝对他的理解,哪怕是一部分的支持,他都是需要的。于是,他亲自前往抚顺,将一封信交给明将游击(官名)李永芳。信中具体说明他进攻叶赫的原因,一是叶赫背信弃义,将已许之女嫁给他人;二是把他的仇人布占泰收留起来,拒绝交出。这些事都跟明朝没有任何关系,也无损明朝任何利益,明朝干预,防止事态扩大。

努尔哈赤为他对叶赫采取的军事行动辩解,自有他的理由和口实。在明朝方面,也有不同的反应。一种意见认为,努尔哈赤的军事扩张,正在威胁明朝的统治,主张援助北关(叶赫),才能保住辽东。蓟辽总督薛三才奏称:没有北关就没有开原的安全,没有开原就没有整个辽东的存在,而没有辽东为屏障,山海关谁能守住?奴酋之穷凶,日见猖炽如此(《明神宗实录》卷五〇七)。

另一种意见认为,虽然努尔哈赤东征西讨,但并不威胁明朝。辽东巡抚张涛就持此种意见。他说:努尔哈赤同北关结成怨仇,是因为北关藏匿努尔哈赤的女婿(布占泰),又夺去他的许嫁之女,因而相互仇杀,并没有对朝廷有"犯顺"之意(《明神宗实录》卷五一二)。他主张,应满足努尔哈赤的要求,就会和好。

朝廷讨论的结果,还是决定援助与扶持叶赫,以遏制努尔哈赤的军事扩张,阻止他进攻叶赫。

明朝的政策,使努尔哈赤看到,叶赫已完全投向明朝,向叶赫进攻就是同明朝交战。努尔哈赤采取现实主义的态度,在实力不足的情况下,不愿冒着同明朝交战的巨大风险,所以,他暂时停止进攻叶赫,也就是说,在明朝的命令下,他不得不有所后退。

但是努尔哈赤周围的将领、大臣们却无法容忍,他们被叶赫的傲慢和明朝的有意偏袒叶赫而激怒,极力主张出兵攻叶赫。努尔哈赤耐心开导:你们都把叶赫嫁给我的女子改嫁蒙古这件事看成是奇耻大辱,主张用兵,这当然不能反对,但为一件违婚约的事而动武是不值得的。就因为争夺这个女子,哈达、辉发、乌拉都灭亡了。她使各国不安宁,带来了兵连祸结。到现在,大明又帮助叶赫,这就是要挑起战争,使叶赫灭亡!他又进一步说明:我个人如因愤怒想去打仗,你们就该劝阻我。我已下了聘礼的女子,被他人娶去了,岂有不恨之理?我尚且置身于外,你们为什么还继续固执之见,非要打仗呢?你们不要再坚持,停止用兵吧!(《满文老档》太祖卷四)

努尔哈赤高瞻远瞩,英明决断,以时机不成熟,暂停对叶赫的进攻,也不触动明朝分毫,因而保持他既得利益不受侵犯和伤害。像当年王杲、清佳砮、杨吉砮等动不动就同明朝作对,招致明朝的大规模镇压。努尔哈赤却以极大的毅力忍耐到时机来临为止。策略不同,其结果各异。

五年过去了,已到了后金建国的第三年,即天命三年、明万历四十六年(1618),努尔哈赤已非昔日的建州首领,而真正成为了一国之主。他在政治、经济和军事上都取得了巨大的进展,他同叶赫的实力对比,已占有绝对优势,也有足够的力量可以同明朝抗衡。过去,诸将领和大臣屡次劝他进兵,他都坚决不同意,而现在他却提出:"今岁(1618)必征大明国!"言外之言,必亡叶赫。因为叶赫受明朝庇护,才得以生存,征伐明朝,就意味着断叶赫外援,其亡必然。第二年(1619)正月初二日,努尔哈赤亲统大军征叶赫,攻破克伊特城,一直推进至叶赫城十里外的地方。叶赫请来开原总兵马林率明兵前来助战。因见后金兵势甚盛难敌,马林退师。努尔哈赤担心受到叶赫与明兵夹击,也放弃了进攻。双方都很克制,没有接触,就结束了此次军事行动。

不久,就爆发了著名的萨尔浒决战,留待下面详叙。努尔哈赤取得了辉煌的胜利,明军遭到重创,无力反击,后金乘胜先取开原、铁岭,将明朝与叶赫隔开,彻底将叶赫孤立。最后灭亡叶赫的时机已经成熟,努尔哈赤毫不迟疑地向叶赫发起了一次致命的打击。

万历四十七年(1619)八月十九日,努尔哈赤亲统大军再一次也是最后一次踏上攻伐叶赫的征程。

后金兵分两路:代善、阿敏、皇太极与莽古尔泰等兄弟自率一军,攻布扬古据守的西城;努尔哈赤自率八旗将领及大军攻围金台石所据东城。两军星夜前进,尚未抵叶赫境内,已被哨探发现,飞报布扬古:"满洲(建州)大兵已经到了!"消息传开,叶赫百姓无不惊慌,各屯寨之民,近的入城,远的躲到山谷。

二十二日天亮时,代善一路后金大军首先出现在叶赫西城下。布扬古率兵出城,准备迎战。只见后金兵漫山遍野,如潮水一般涌来,"盔甲明如冰雪,旌旗剑戟如林"。军容盛大,锐不可当,令人望而生畏。布扬古不禁大惊失色,不敢对阵,急令叶赫兵进城,据险坚守。代善等挥军包围了全城。

当太阳东升时,努尔哈赤亲统大军抵达东城,迅即包围,攻破外城,即准备云梯战车,要向内城发起攻击,先下达通牒,命令金台石投降。金台石断然拒绝:"我可不是汉人所能比的!我是男子汉大丈夫,我也有两只手,岂肯投降你?唯有决一死战而已。"努尔哈赤发起猛烈进攻。两军均擅长骑射之术,在短兵相接之际,射箭成了主要的攻击与防御的手段。双方"矢发如雨",叶赫兵据城上,以高临下,比后金兵有利。后金兵推战车,拥盾牌,以抵挡雨点一般的飞箭。在他们的后面,一队队后金兵边射边冲锋,眼看进至内城边,上面又施放巨石,推下滚木,间有火药罐扔下,发出爆炸的巨响,伴随着呐喊声、惨叫声,搅得天地颤抖,如山崩地裂!后金兵拼死不退,纷纷抢上去拆城。努尔哈赤坐在山岗上,密切注视着战况的进展,由他的侍卫随时驰入各旗,传达他的命令。他指示,各旗拆了城之后,一齐入城。

城被拆毁,八旗将士涌入城内,叶赫兵四面皆溃,各奔自己的家。努尔哈赤立即分别派人执旗,举着他的全国汗黄盖,传下命令:不准屠杀城中军民,不准杀投降的人。城中军民得到这样的安民告示,纷纷投降。

最后只剩下金台石,他带着妻子、儿子龟缩在家中,死也不肯投降。他的家建筑在一方台地上,他是叶赫首领之一,其居地与众不同,为城内禁城八角楼,自有防御设置。后金兵将他的家包围后,在台下喊话:"赶快下来投降,不然就攻!"金台石回答说:"我放弃抵抗了,城已被攻克,现在被困于家中,即使同你们进行战斗,也不能取胜。我很想见见我妹妹所生的儿子皇太极,若请来一见,听听他说的话,我就下来投降。"

此刻,皇太极正与他的几位兄长率部猛攻西城布扬古。努尔哈赤命皇太极速来,当面指示说:"你舅有话,如见到你即降,你赶快去见他,他若践约投降,当然再好不过;如还不降,就拆他居住的台(八角楼)。"

皇太极遵父命,赶至台下,同舅父见面。金台石又提出新的理由,刁难后金诸将:"我从未见过我外甥皇太极的面,眼前站的这个人,谁知是真是假?"

金台石提出这个疑问,弄得后金诸将和皇太极一时解释不清,忽然想起一个人可以为皇太极做证,这个人就是金台石之子德尔格勒的乳母,她曾在赫图阿拉见过皇太极。于是,他们建议金台石把这位老妇人请出来辨认。金台石不好拒绝,又改口说:"何必用这个老妇人?我看此子(指皇太极)的面色,未得到他父亲要留养我的好话,是想骗我下台杀了我。

现在我困守于此,还能抵抗吗?但此地是我祖先住的地方,我宁愿死在这里!"

皇太极反复劝了多时,不见效果,表示马上就回去向父亲努尔哈赤报告。金台石忙说:"你不要走,待我的近臣阿尔塔什先去见你父亲,察言观色,他回来时,我再下来。"努尔哈赤一见到阿尔塔什,不禁发起怒来:"你挑拨我亲戚,使大明举兵四十万(夸大其数),不是你又是谁?现在,我既往不咎,赶快令你主投降!"阿尔塔什回来劝金台石投降,金台石又提出新的条件:"我听说我儿子德尔格勒受伤,已在你们那里,让他来见我,我再下来投降。"皇太极把德尔格勒带到台下来,同父亲见面。德尔格勒对父亲说:"城已陷落,我们已遭失败,为什么不降呢?"劝说再三,金台石仍然拒绝投降。皇太极很生气,就把德尔格勒绑起来,想处死他,向努尔哈赤报告,努尔哈赤不同意,说:"子招父降不从,是父亲的过错,应当处死,他的儿子不要杀。"

双方僵持已久,金台石的妻子携带幼子,自台上下来,表示投降。金台石拿起了箭,他的心腹侍从也重整盔甲,准备战斗。后金兵执斧猛砍楼台,金台石纵火自焚,霎时间,烈焰熊熊,但他却忍受不住痛苦,负伤下楼,被后金兵逮捕。努尔哈赤指示,留此人没有用处,用绳子把他绞死了。

努尔哈赤为保全亲戚之谊,对金台石做到了仁至义尽,但金台石顽固不化,提出种种条件刁难,到最后还是不肯降,举火自焚,却又缺乏勇气去死,可见此人名节不足取。努尔哈赤留其妻子与儿子,只处死他一个人,也算合于情理。

东城被围时,西城的战斗也打得很激烈,很艰难。当东城被攻破的消息传来,布扬古与布尔抗古兄弟都丧失了斗志,表示愿意投降,条件是:需要立下誓言,保证他们各回原来的城寨。指挥攻城的代善听后大怒,断然拒绝他们降后返回本城寨。布扬古兄弟把他们的母亲放出城,同代善谈判。这位老妇人还是代善的岳母,久别相见,按女真人习俗,互相搂抱,称"抱见礼",以表示亲热。岳母说:"你不说一句保证不杀的话,我的两个儿子害怕,所以不敢降。"代善斟满一杯酒,用刀划出一半,立下誓言:"如降后再杀,我必不得好报;如我已立下誓言,你们还不降,必得恶报,我攻下城后,杀无赦!"说完,将一半酒一饮而尽,另一半酒送给布扬古兄弟,他们饮后，才传令打开城门投降。代善领布扬古兄弟去见努尔哈赤。布扬古只屈一膝，不拜而起；努尔哈赤用金杯盛酒，赐给布扬古，表示慰问之意。布扬古只屈膝不拜，也不喝酒，不说一句感谢的话，不行规定的礼仪。努尔哈赤命代善把他的妻兄带到本城居住。

入夜，两城的战斗早已结束，再也听不到喊杀声了，变得格外寂静。努尔哈赤却辗转反侧，久久不能入睡，反复思虑如何处置布扬古："我既然不念旧恶，没有杀他，想把他留养起来，他应该感到很幸运，但他却没有一点高兴的样子，仍像个仇人一样，于叩首起拜之间，没有屈服的表示，这样下去，我还怎么恩养他呢？"最后，终于下定了决心，当机立断，命人当夜用绳子把布扬古绞死了，留下他的幼弟布尔抗古，交给代善收养。

明朝派游击马时楠率兵一千保护叶赫，也都做了牺牲品，全部被杀！

战后，努尔哈赤将叶赫军民全部迁往赫图阿拉，予以重新安置。叶赫与建州相持长达近四十年，自此灭亡。如今，叶赫东西两城，在经历了几百年的漫长岁月后，只剩下依稀可辨的残迹，淹没在碧草荒径之中。游人至此，遥想当年这里曾发生的一幕历史惨剧，平添多少感慨！

努尔哈赤灭亡叶赫，标志着扈伦四部时代的终结，明朝在东北对女真的统治宣告结束。《武录》卷三对此作出如下的总结：

满洲国自东海至辽边，北自蒙古嫩江，南至朝鲜鸭绿江，同一音语者俱征服，是年诸部始合为一。

努尔哈赤统一东北女真人的主体部分——海西女真，把分散而互不统属的女真人重新凝聚成一个整体，直接推动和加速了满族共同体的形成。进一步说，如果没有努尔哈赤的统一或兼并战争的胜利，就不会有满族的诞生，这一划时代的历史事件，意义深远，无论怎样估计，都不过分。

五、兵进绝域

古人把辽远而人迹罕至之地，称为"绝域"。努尔哈赤在统一扈伦四部的过程中，同时东征北进，向东海女真诸部、向黑龙江中下游次第进兵。这两个地区，都堪称是遥远而荒漠的绝域之地。他胸怀大志，不畏艰难，扩大统一事业,剿抚并用,既以和平的方式,招其归附,也以武力的手段予以兼并,取得了一系列进展。为叙述方便,首叙降服东海,次叙北进黑龙江。

在海西女真、建州女真以东的广大地区,约当松花江至乌苏里江,直达滨海地带;南自图们江,向北延伸至前苏联滨海地区以南,在这一区域内散居的女真人,统称为东海部女真。严格地说,居住在图们江、珲春河、绥芬河一带的女真人,应属于建州女真的一部分。但他们居地较远,交通阻塞,部分农耕又兼渔猎,特别是兴凯湖以北,东至滨海地区,基本以渔猎为生,所以,既不统属建州,也不统属海西。这一地区的女真人就成为海西与建州女真争夺的对象。

东海部又称窝集部,或写作兀哲部,此为满语"森林"之意。它包括瓦尔喀部和虎尔哈部。其中,瓦尔喀部分布在图们江一带,而图们江口以北,颜楚河等沿海地,称为库尔喀,又写作胡儿哈、呼尔哈、虎儿哈,这部分女真人:"水居,以捕鱼为生者也。"(《龙飞御天歌》五三章);自今黑龙江省宁安地区至绥芬河流域的女真人,称为窝集部。他们生活在山川纵横、森林密集的地区,以追逐野兽或网鱼为生。

东海部女真处"极东"地带,如《明会典》所说:"去中国远甚,朝贡不常。"所谓"去中国",意指离中原地区遥远,故又把他们统称为"野人女真"。这不只说他们生产水平低下,文化极其落后,按明人的观念,主要还是说他们离中原遥远,又不常向中央王朝朝贡。他们是否朝贡,明朝采取宽容的政策,"听其自来",如果入贡,"必假通海西"。早在永乐初,窝集部酋长始向明朝贡马,建立了政治上的隶属关系。自那以后,"贡市无常",但也不为"边患",二百多年来,都相安无事。随着建州、海西女真社会的大变动,内部的纷争、兼并,努尔哈赤异军突起,志在统一女真各部,于是,"深处野人"(以上所引,均见《明经世文编》卷四五三)再也不能照常生活下去了,他们也被卷入女真的纷争之中,并且成为努尔哈赤的属民,逐渐进入满族共同体,是她的当然成员之一。

努尔哈赤最早用兵东海部女真,始载《武录》。如前文已提到,戊戌年正月即公元1598年(万历二十六年),努尔哈赤派幼弟巴雅喇、长子褚英及大将费英东等率兵一千,征瓦尔喀部安褚拉库路(今吉林安图地区）。但乾隆朝修《八旗通志初集》内载《费英东传》，补充了一个重要史实：在征安褚拉库路之前，努尔哈赤已派费英东等征瓦尔喀部，取噶家路，杀其部长阿丘，将降人全部迁至佛阿拉安置。不过，此事记于"戊戌年"，与征安褚拉库为同年。但征安褚拉库是在该年正月，所以，费英东征噶家路只能在上一年或更前一年，约当万历二十四至二十五年（1596—1597）之间。这两年，正是努尔哈赤送布占泰回乌拉主政、扈伦四部与建州和好、盟誓、结亲的"蜜月"时期。努尔哈赤与扈伦四部的矛盾暂告缓和，双方息争，便趁此北边、西边（扈伦四部）无事之机，向东海部进军，扩张领土，掠夺人畜，厚增实力，以便等待时机，再同扈伦四部进行较量。这就是努尔哈赤东向开拓的战略目的。

努尔哈赤两次进军东海部，很快产生了巨大的政治影响。万历二十七年（1599）正月，东海窝集部所属虎儿哈路两酋长王格、张格率百人，前往佛阿拉，向努尔哈赤臣服，并贡黑、白、红三色狐皮及黑、白二色貂皮。从此每年一贡，建立了稳定的政治隶属关系。有一酋长叫博济礼和其他酋长共六人，向努尔哈赤求亲。努尔哈赤很高兴地接受了他们的请求，把六大臣的女儿分别许配给他们为妻。另一件有重大影响的事件，就是万历三十五年（1607）东海女真瓦尔喀部蜚优城（今吉林珲春三家子古城）主策穆特黑弃乌拉，主动归附努尔哈赤，由此而引发了乌拉与建州的乌碣岩之战。前文已有交代，这里不再赘述。

也有不肯和平地接受招抚的部落或部族，努尔哈赤就派遣军队征伐。同年（1607）五月，他命幼弟巴雅喇、大将额亦都、费英东、扈尔汉等率兵一千，征伐窝集部赫席赫、鄂漠和、苏鲁佛纳赫等三地（三处，约当吉林敦化与黑龙江宁安地区），取回人畜二千。

两年后，即万历三十七年（1609）十二月，努尔哈赤命侍卫扈尔汉领兵一千，征伐窝集部所属瑚叶路（以瑚叶河而得名，位兴凯湖以东至前苏联境内之刀毕河），获人畜二千而还。次年（1610）十一月，以额亦都为将，率兵一千，前往窝集部的那木都鲁、绥芬、宁古塔、尼玛察等四路（约当今之图们江以北，绥芬河、牡丹江一带），招抚了该部康果礼等九名酋长，令其举家迁往赫图阿拉。接着，又领兵袭击雅兰路（以雅兰河而得名，今属俄罗斯符拉迪沃斯托克东北），获人畜万余而归。

万历三十九年(1611)七月,努尔哈赤派七子阿巴泰、大将费英东、安费扬古领兵一千,征讨窝集部所属乌尔古辰(又写作兀儿孤沉,位兴凯湖东北之库尔布亨河流域)与木伦(又写作木冷,以穆凌河得名,位兴凯湖之西北)两路,尽夺其地,俘获人口一千。

同年十二月,命何和礼、额亦都、扈尔汉三人领兵两千,征伐虎儿哈部扎库塔城。本来,扎库塔的百姓已表示向建州归附,努尔哈赤赐甲三十副。但是,他们把铠甲三十副又转送给窝集部的察哈良居处之人,将其分挂在树上,作为射击目标,用箭射击。扎库塔城主的做法,无疑是对努尔哈赤的蔑视!同时,他们又倒向乌拉部一边,接受布占泰的招抚。努尔哈赤不能容忍扎库塔城的背叛,特派三员猛将率比往次征东海部多一倍的兵力征讨,由此看出努尔哈赤志在必胜的决心。何和礼等率兵至扎库塔城,将城包围了三天,劝其投降而无效,最后下令攻城。扎库塔城的守卫者进行了顽强的抵抗,至城陷之日,被杀一千人。可见,战斗的激烈程度,远远超过前几次的征讨。战斗结束后,获人畜二千,与其邻近的城寨,摄于建州的兵威,都接受招抚。在大军凯旋时,收取图勒伸、额勒伸二酋长及当地百姓五百户,返回赫图阿拉。

从万历三十五年(1607)建州与乌拉部战于乌碣岩后,到万历三十九年(1611),计四年间,建州与乌拉、叶赫无战事,努尔哈赤便趁此机会,频频用兵于东海部,每次都频频得手,无一不以获胜而还。自此次后,努尔哈赤与乌拉的矛盾日趋尖锐,忙于准备同乌拉的最后决战,而暂停向东海部的用兵。万历四十一年(1613)灭乌拉,次年(1614)十一月,继续征讨东海部。此次只派兵五百,史籍不载领兵将领,可知所命领兵将领并不重要。征讨的对象是南窝集部雅兰和锡林等地。雅兰前已被征讨,此次再兵临其地,大抵是讨其降后而不恭。锡林,又写作石临,以锡林河而得名,约当符拉迪沃斯托克以东,雅兰河之西,两河南注日本海。雅兰与锡林属东部沿海地区,是名副其实的东海部之一。此役,收降二百户,获人畜一千,照数携回赫图阿拉。

万历四十三年(1615)十一月,遣兵二千征窝集部的额赫库伦城。此地约当乌苏里江以东,东海部的北部。行至顾纳喀库伦,向守城的兵民发出招降的通告,遭到拒绝后,即展开攻战,拆其防御的木栅,越过三层壕堑,将城攻克,歼灭八百人,俘获万余人,收降五百户。万历四十五年(1617),努尔哈赤刚建国的第二年,派兵四百,前往东部沿海地区,收取沿海散居的女真人;因处海岛中,该地女真人凭险而不降,后金兵则乘舟将其全部收降。

努尔哈赤对东海降民的政策,十分优厚,不惜以丰富的物质待遇吸引他们归后金。有一件很有戏剧性的事颇能说明问题。万历四十六年(1618)十一月,努尔哈赤得到报告:东海虎儿哈部长纳哈达率民百户前来归降。他很高兴,命令出二百人前去途中迎接。八天后,降民百户平安到达。努尔哈赤立即升殿,接见全体降民,然后设宴款待。宴毕,努尔哈赤指示:全家来归者,站在一边;故居尚有遗产还想返回者,站在另一边。结果,还是愿意回去的居多。努尔哈赤马上宣布:赐给愿留下的八名头目每人各得男女仆人二十名、马十四、牛十头,冬衣、蟒缎、皮裘、大囤、秋衣、蟒袍、小褂等四季衣服具备,另拨给房屋、田地等生活生产必需的物资。不愿留下的人一看待遇如此优厚,高出他们的家产不知多少倍!于是,争抢要求留下。努尔哈赤当即满足了他们的要求。这些留下来的人,委托只有很少一部分愿回去的人给家乡捎信,说:"金兵企图杀我们,图谋我们的人畜财物。汗(指努尔哈赤)以抚聚百姓为念,收为羽翼,想不到给了我们那么多好处。我们家乡的兄弟眷属都来吧!"从他们的话中,确实反映了努尔哈赤派遣东征的军队,对当地百姓进行过无情杀戮与抢劫,无疑造成了很坏的影响。努尔哈赤用厚赏降人的行动,来消除以往的坏影响,以招抚和劝说、来去自由的政策,让他们心悦诚服。他们亲眼看到了努尔哈赤的新政策,欣喜若狂,马上称颂他,表示愿意归附。但实际上,努尔哈赤征抚并用时,更多的还是使用了军事暴力,给当地人民带来的不幸也须正视。

后金天命四年(万历四十七年,1619年)正月,于萨尔浒大战前,派穆哈连领兵一千前往虎儿哈部,收取遗留的部民;六月初,萨尔浒大战结束不久,再派穆哈连前往虎儿哈部,收其遗民千户、丁男二千,将至赫图阿拉时,努尔哈赤亲自出城迎接,设置宴席二百桌,宰牛二十只,款待降顺而归的虎儿哈人,赏给每位酋长各十名男女奴仆、马十四、牛十只、衣五件,以下减等赏赐,一般部民都给予房屋、土地等其他生活用品,皆大欢喜。

1619年后金军与明军萨尔浒之战遗址

在萨尔浒之战后,努尔哈赤忙于进军辽东,连续发动对开原、铁岭、沈阳、辽阳及辽西广宁(辽宁北镇)等一系列重大战役,暂停对东海部女真的用兵。直至天命十年(明天启五年,1625年),努尔哈赤去世前一年,又恢复了对东海部女真的征伐。仅据《满文老档》记载,这一年,向东海部进兵多达六次。其中四次征瓦尔喀部,二次征虎儿哈部,一次征卦尔察部。总计六次征战,约获人口万余人、五百户。每户以三人或四人而计,五百户约为一千五百至二千人左右,总人数约在一万三千人上下。

从史载努尔哈赤大约始于万历二十四年(1596)首次征东海诸部女真,到他去世前一年即天命十年止,整整三十年,他持续不断地用兵于东海部。每次用兵少则五百,多到二千,一般都以千人为限,每次所用兵力并不多。因为东海部地面辽阔,地形多山,树林繁密,更有绵延的原始森林。当地女真人,或居于林中,或栖息于海滨一带,而且过于分散,远不如建州或海西女真人居住相对集中。所以,每次派少量部队攻击居住分散、又彼此缺乏联系的落后的女真人,总能取得丰富的战果。他们的战果就是人和牲畜,史籍往往把"人畜"合计,难以分清俘获或归降人口数。积三十年之东伐,统计历次俘获数,约略估计,努尔哈赤获男女人口三万至五万之间。努尔哈赤所辖人口的迅速增加,是实力增长的表现,也是领土扩大的标志。

现在,让我们的注意力从东海女真诸部转移到黑龙江中下游方面。

明清之际,在黑龙江流域的广阔地区居住着许多语言不尽相同的部族与部落,有蒙古族的巴尔呼人、额鲁特人,有蒙古语系的达呼尔人,有通古斯语系的鄂温克人、鄂伦春人,有与女真相类的黑斤(赫哲)人、费雅喀人,等等。有明一代,还不能具体区分各民族,概以女真称之。大抵黑龙江流域的各民族都属"野人"女真。迟至明末清初,才开始有了各种不同的名称。例如,对居住在黑龙江中上游的部落或部族,或称之"呼尔哈",以其居地呼尔哈河而得名;或称为"索伦",意为"居住在河上游的人";或称为"萨哈尔察",意为"产黑貂的地方";或上述名称互用,有时在这些名称之前冠以"黑龙江",有时干脆写作"黑龙江地方"。这些不同的称呼,多以居住地域来划分的。因为呼尔哈人曾是女真族中最强大的部族,因而获得了具有代表性的普遍名称。在清初文献中,就把黑龙江直到东海的女真统称为呼尔哈人,为加以区别,在前面冠以地区名,便有松阿哩(松花江)呼尔哈、东海呼(虎)尔哈、黑龙江呼尔哈等称。明清之际,黑龙江南北地区的氏族呈现出十分复杂的情况,明清文献记载各异,不免混乱,因此,有必要做一些解释。

黑龙江流域的地理环境十分奇特。《黑龙江志稿》作了这样形象的描绘:外兴安岭拱于北,内兴安岭布于中,松花江横于前,黑龙江、额尔古纳河分列左右,居高临下,天然形胜,而一山一水曲折平衡,皆成半环式,实为地理一奇观。这里真正是中国的"绝域",东北的"极边"。生息在黑龙江两岸的人,除了极少数从事农耕,绝大多数以捕貂逐兽、网鱼、采集为生,以狗或以鹿为交通工具,故又有"使犬部"、"使鹿部"等专称。显然,他们尚生活在原始社会的阶段。

在黑龙江诸部"野人"生息之地,都蕴藏着极其丰富而珍贵的天然资源,如虎、熊、野猪、鹿、水獭、猞猁、貂、兔、灰鼠、飞龙(鸟类的一种,肉质极鲜美)等;江河中盛产各种稀见的鱼类,如鲟鱼、鲑鱼、细鳞鱼等,至于山野中、密林中所产各种果实,数不胜数。这些丰盛的物产,强烈地吸引着努尔哈赤和他的贵族集团。他们需要这些名贵物产,供他们享用;而且还要把其中的部分变为国家的宝贵财富,为国家所用。如同征东海一样,努尔哈赤仍然需要大量增加人口,以保证兵源不断得到补充,保持一支强大的军事力量。他不惧路途遥远,也不惧寒风冷冽,或炎夏雨水连绵,劳师袭远,把进军的目标指向了黑龙江中下游地区。

努尔哈赤发兵征讨黑龙江"野人"女真,约于建国之年即天命元年(万历四十四年,1616年)开始的。这年七月,派大将达尔汉、侍卫扈尔汉与安费扬古领兵二千,征伐萨哈连部(满语,意为黑色,指黑龙江)。该部地处黑龙江中游。部队行至乌尔简河,造船二百只,水陆并进,攻取沿河南北寨三十六处。十月初,进至黑龙江南岸,趁江水结冰,从冰上通过,到达北界,夺取村寨十一处,招抚当地三处酋长四十人,亲到赫图阿拉朝见努尔哈赤。此次用兵,也招抚了使犬部归入后金。使犬部约当黑龙江下游地区,为黑龙江与松花江汇流处东北的混同江一带。该部主要是赫哲、费雅喀等民族,他们用狗驾车、拉爬犁,狗成为他们日常生活中不可缺少的交通工具,所以管他们叫使犬部。生活在黑龙江中下游的民族或部族比较弱小,远不如生活在上游的索伦人那样骠悍,后金兵比较容易地攻取了各村寨,没有受到攻击的也纷纷归附。自此以后,直到皇太极时,这里也很少发生新的战争。也就是说,自努尔哈赤此次进兵后,这里的局势稳定,同后金保持着稳定的政治隶属关系。皇太极继其后,继续对黑龙江用兵征战,主要是在上游地区,同索伦人展开了激烈战斗,后金曾遭受过重大损失。而努尔哈赤用兵于中下游地区,却没有发生过如此激烈战斗,但他未及向上游用兵就去世了。由努尔哈赤开其端,首次统一黑龙江,还是有重大意义的。

无论进兵东海部,还是黑龙江流域,都没有明兵的阻挠和干扰。因为明朝从不在这些地区驻兵,特别是到了末期,明朝在东北统治衰竭,东海与黑龙江诸部已中断了同明朝的政治联系,经努尔哈赤剿抚并用,很容易将他们降服。应该说,他只完成了一部分历史使命,特别是对黑龙江的完全统一,只有靠他的继承人去完成了。

第四章 建国称汗

一、创建八旗

努尔哈赤最初起兵的时候,只是为父、祖复仇,还没有长远的打算。但随着不断扩大对周围女真部落的兼并,特别是统一建州女真后,努尔哈赤形成一方强大的政治、军事势力。按照汉人的说法,可以把他称为割据一方的诸侯。不同的是,他还不敢闹独立,仍与明朝保持着密切的臣属关系。

在势力迅速发展中,实际上他已经朝着建立国家政权的目标前进了。

建立国家政权的首要条件,就是要建立一支强大的军队,进而建立相应的军事与政治管理制度。这也是建立国家政权的必备条件。努尔哈赤创建著名的八旗制度,为自建国家准备了条件。

八旗制度起源于女真古老的狩猎习俗。女真人习惯集体行猎,并有组织地进行,规定:凡出猎的人各出箭一枝,按十人编为一组,选出一人为总领,其余九人都受总领的指挥,各照划定的方向前进,不许错乱。这位总领称为牛录额真。此为满语,译成汉语,牛录为"大箭"的意思,额真则意为"主",合起来,就是"大箭主"之意。箭矢是女真人狩猎生活中必备的工具,也是自卫的武器。他们特别看重箭矢,所以把行猎的负责人"总领"称为"大箭主"。牛录原是狩猎的生产组织,后来演变成军事与社会生产合一的组织。

早在金朝建立初期,太祖阿骨打就把女真人的狩猎组织引进到军事建设,创建"猛安谋克制",以三百户为一谋克,十谋克为一猛安。努尔哈赤建立的八旗制,虽称呼、名称不同,但在本质上与金初的猛安谋克制是一致的,而且都来源于女真人的狩猎制。据一些学者论证,努尔哈赤的八旗与猛安谋克有渊源关系,就是说,努尔哈赤继承了先人的猛安谋克制而创立了八旗制度。

努尔哈赤起兵复仇时,兵不满百,只有铠甲十三副,还谈不上有什么军事组织。但随着军队的不断增加,建立军事组织就成为必要,势所必然。

努尔哈赤创建八旗,不是一下子就建立起来的,而是经历了逐步发展的过程:先有牛录,首建四旗,再进而扩展为八旗。牛录额真作为官名,首次出现于《武录》甲申年(万历十二年,1584年)的记载。这是努尔哈赤起兵的第二年,率兵进攻瓮郭洛城,降服了两名神箭手鄂尔果尼和洛科,当即赐以牛录之职,"厚养之"。显见牛录之职已不是原有意义的十人总领,而开始变为军事长官之名。可以认为,这是努尔哈赤首建军事制的牛录制。那么已建牛录多少个?《武录》失于记载,但以当时军队人数不多,所建牛录也不会多。

当军队的人数迅速增多,力量明显壮大后,努尔哈赤着手进行军队建设。朝鲜人对此有所记载,据他们在万历十七年(1589)所见,努尔哈赤的军队有四个兵种,即环刀军、铁锤军、串赤军和能射军。这四个兵种,不是按旗组织,大抵是按武器的性能组成的"专业化"军队,如现代的坦克兵、炮兵、航空兵等兵种分类,牛录仅是四兵种内部的基层组织。这时,努尔哈赤建军的另一个特征是,已有军旗。朝鲜人申忠一就是见证人。他于万历二十四年(1596)曾出使佛阿拉,亲眼所见:"旗用青、黄、赤、白、黑各付二幅,长可二尺许。"(见《李朝实录》宣祖二十九年)此军旗不过是仿汉人的"五行说"而制。建牛录制,设军旗,分兵种,无疑为创建八旗奠定了基础。

军事建设,必与军队数量的增长息息相关。就是说,当军队人数大量增加,必须建立相应的管理制度,加以严密组织,使之系统化,否则,就不能保证作战的胜利。努尔哈赤自起兵复仇,以及进行统一女真的兼并战争,他的军队有多少?可惜,清官书只记录了努尔哈赤起兵初有百人,以后就失载了。我们只能从朝鲜李氏王朝的记载中得其大概。还在万历二十三年(1595)，有个叫何世国的朝鲜通事(翻译)，曾到过佛阿拉，回国后，将他所见向国王报告，其中说到努尔哈赤的军队,据他提供的数字,努尔哈赤自掌万余人,有战马七百余匹;其弟速尔哈赤掌五千余人,有战马四百余匹;还有常演习军阵的千余人(见《李朝实录》宣祖二十八年)。据此推算,当时努尔哈赤有军队二万人左右。

努尔哈赤从最初的百人,发展到拥有二万人左右的军队,已用去了十二年的时间。又过了六年,已经是万历二十九年(1601),努尔哈赤的统一事业又取得了重大进展。就在这一年初,努尔哈赤灭亡了哈达部。可以肯定,他的军队必有大量增加。于是,努尔哈赤亲自进行牛录改革,将所有兵士按牛录制进行编制,规定每三百人立一牛录额真。但《武录》没有说建四旗的事,后来纂修的《大清会典事例》、《八旗通志》等书在记述努尔哈赤创建八旗时,指出先有四旗,即指努尔哈赤进行牛录改制的那一年——万历二十九年,同时创建了四旗,以黄、白、蓝、红四色旗帜作标志,互为区别。毕竟当时军队人数有限,还不可能编制更多的牛录。如以当时军队三万人来估计,可编为一百个牛录,分为四旗,每旗为二十五个牛录,共七千五百人。这与建国后八旗每旗所属七千人左右是相符的。《武录》卷二在叙述努尔哈赤扩建八旗时,追述"原旗有黄、白、蓝、红四色",初立四旗的时间,就是牛录改制的同一年,它直接为四旗向八旗制过渡准备了条件。

这里需要指出的是,关于努尔哈赤初建四旗时间,《武录》实际上失于准确记载。如前叙万历二十一年(1593)古勒山大战时,努尔哈赤"令诸王大臣各率固山兵……"固山,即为旗之意,说明此战之前,已经建旗。显然此说不确。后来,乾隆朝修的《大清会典则例》明确定于辛丑年(1601)年初建四旗,后世皆沿袭此说。清朝官方记载也自相矛盾。国内直至国外如日本学术界说法种种,歧异甚大。本书姑取清人的辛丑年之说。及至扩建八旗,《武录》始有明确记载,即乙卯年(1615)。尽管学术界尚有不同说法,亦不足取,当以《武录》记载为是。根据此次扩旗的规定,其组织和编制已近于完善。

每三百人立一牛录额真不变,以五个牛录立一甲喇额真,五个甲喇立一固山额真,另设两个副职为左右梅勒额真。这些官职名称,都是满语,实为努尔哈赤的独创。每一官职名称都可以与同义汉语相对应。如甲喇,是指草木及竹类的中间节,用此为官名,意为是连接固山额真与牛录额真之间的官职,加上"额真"两字,就是五个牛录之主的意思。后改称为甲喇章京。章京,译成汉语,意为办事员。清入关后,从汉语义,改称为参领。固山,为"旗"之义,与"额真"合起来,意为"旗之主",简言之,即为旗主,清入关后,亦从汉语义,改称都统。梅勒,是两侧即副手之意,梅勒额真为副主,亦即副旗主,后改称梅勒章京,入关自改称副都统。名称虽屡改,但八旗制度的性质却没有根本变化。

在初立四旗的那一年,努尔哈赤灭掉了哈达部,正如前面已交代,继哈达亡后,辉发、乌拉两部也被灭亡。尤其是乌拉部,占地广,人口多,都成了努尔哈赤的战利品。努尔哈赤的实力急剧增长。与此同时,又从东海诸部的征抚中得到补充,他的军队数量猛增。万历四十三年(1615),自上次编立四旗已过去了十四年,原有的牛录和四旗已不能适应军队增长的需要。于是,努尔哈赤及时地把原有四旗扩展为八旗。

扩建八旗的办法是,在原有牛录的基础上,增编新牛录,分作八旗组织,将原有的黄、白、蓝、红四色旗帜,镶上边,即黄、白、蓝旗各镶红边,红旗镶白边,合起来就是正黄、正白、正蓝、正红、镶黄、镶白、镶蓝、镶红,共八旗。每一旗内体制的本义丝毫未改(见《武录》卷二)。

按八旗编制,努尔哈赤于万历四十三年所拥有的军队人数就可以推算出来。一个牛录为三百人,一个甲喇有五个牛录,应为一千五百人;一个固山有五个甲喇,应为七千五百人。总计八旗,应有六万人。这六万人,就是努尔哈赤所拥有的全部军队人数。这是按八旗规定的编制人数计算的,实际上,有的牛录不一定都达到三百人的定额,但作为一级的编制不可不设,人数不足,可从战争俘获的人中或归附的人中如数增补。大体说,努尔哈赤的军队约在五六万之间,最多不会超过六万人。

这次扩旗,编入八旗的,几乎是清一色的女真(满洲族)人,也有少量的蒙古人,所以称为"满洲八旗"。至于蒙古八旗、军汉八旗等,是清太宗皇太极时期扩建的,在努尔哈赤时,只有满洲八旗。

八旗驻防,或行军打仗,皆按左右两翼排列,而每旗分别按金、木、水、火、土五行说,占据与本旗颜色相对应的五行方位,"相胜为用"。具体排列是：

八旗分为左、右两翼,其左翼则有镶黄、正白、镶白、正蓝四旗,又称东四旗;右翼正黄、正红、镶红、镶蓝四旗,又称西四旗。八旗军队或八旗人户,无论在任何场所,其方位次序都不能变更(参见郑天挺《探微集》)。

八旗两翼,其次序皆自北而南,"向离出治"。两黄旗位正北,居土行与两黄旗颜色吻合,取土胜水之意;两白旗位正东,取金胜木;两红旗位正西,取火胜金;两蓝旗位正南,取水胜火。水木为黑色,用黑旗指挥,如在夜间行军打仗,黑色难辨,故八旗中不用黑色,以蓝色代替。上列八旗方位,空缺五行之中的"木",因努尔哈赤创业于东方,所谓"木德先王",故此位虚而不设(以上参见《茶余客话》卷一)。

努尔哈赤设旗为八,分为八种颜色,所居方位除正南北东西,实际还包括了东北、西北、东南、西南四个方位,合为八个方位,亦隐含了八卦之义。所谓"太极生两仪,两仪生四象,四象生八卦",以至变化无穷。八旗各占一个卦位,又与"五行"相符。这就是努尔哈赤创建八旗在文化上的含义。他从中国传统文化中吸取了营养,结合本民族的古老习俗,建立了独具特色的八旗制,堪称是他的独创,在清朝勃兴史上,及对中国历史的影响,都具有深远的意义。

八旗军队的最高统帅是努尔哈赤,他自掌两黄旗,其余六旗为其子弟所统领。显然,全部军队都掌握在自家人手中。顺治以后形成上三旗与下五旗之别。"上三旗"是镶黄、正黄、正白,由皇帝亲自统领,实质为护从御营。其余五旗即镶白、正红、正蓝、镶红、镶蓝为"下五旗",隶属于皇室诸王统带。

八旗制度作为军事制度,由努尔哈赤做出明确而严格地规定。如《武录》所载:行军时,如平川旷野,八旗并列而行,要求队伍整齐,中有节次;如地方狭隘,八旗合为一路而行,节次不乱。兵士不得喧哗,行军布阵不得纷乱混杂。战斗开始时,身披重铠、手执利刃的,为前锋;披短甲善射的,自后面冲击;另有精兵立于战场外观阵待命,但不得下马,如发现战斗不利,即前去接应。待克城破敌,有功或犯有错误,都须据实报告,分别给予处分或奖赏。这些严格规定,使八旗兵成为一支组织严密、纪律整肃的军队。在战斗中,各兵种相互配合,战后严加赏罚,不分亲疏,保持了高昂的士气。如《武录》所形容:"攻则争先,战则奋勇,威如雷霆,势如风发,凡遇战阵,一鼓而胜。"虽不免有所夸张,但基本反映了八旗军队骠悍善战的风格。八旗军队的最大优势在于他们的骑兵和箭术,最得意于平原旷野的攻伐,千百骑兵飞驰如一阵狂风,飞箭如雨,的确锐不可当。但他们拙于攻坚,在坚城之下,无所施其长技,招致失败也是有的。这些,都将在后面给以详细叙述,适足以领略八旗军队的风采。

满族人自称为"旗人",这是说他们都被编入八旗,是"在旗"的人。举凡努尔哈赤的女真(满洲)臣民,还有被俘或投顺的本族人都要"编旗",即编户为民。所以,八旗制度实质上是"兵民为一"的满族社会组织形式。努尔哈赤的继承人皇太极给予了准确的解释。他说:"南朝(指明朝)规矩,兵民为二:民有常业,兵有常粮。我国兵民为一:出则备战,入则务农,兼以收拾兵器。"(《明清史料》丙编第一本)平时在家务农,有战事,即应征上马为兵,战事结束,仍各回家务农。兵民合一,自备武器和马匹,国家没有过重的军费负担。这是指大多数兵士而言,并不是都解散回家,所有常备军队执行驻防和维持地方治安的任务,采取轮换的形式,共同承担,以不误农事为宜。就是说组织农业等各项生产,管理地方直至一个村落的户口、行政等庶务、军事都在旗主固山额真的统辖下,由基层组织牛录及下属拨什库(管一村的小官)具体实施。从这里,我们看到,八旗制度具有军事的、行政的、经济的以及民族的广泛内容和职能。

努尔哈赤扩建八旗,标志着建军的最后完成。不仅如此,他还为满族人找到了一条适合本民族发展的道路,从而确立了独树一帜的一代社会组织形式,成为后金立国的基石、有清一代的一项带有根本性的社会制度,一直到清亡,八旗制度才告终结。努尔哈赤扩建八旗,因而完成了建国前的最重要的准备工作,即于第二年宣告后金国成立。

二、制定满文

万历二十七年(1599)初,努尔哈赤宣布一项重大举措:在他的倡导和亲自主持下,为他的臣民——满族人,制定新文字,人们把这种文字称为"满文"。从此,满族人有了本民族的文字。这在满族发展史是一个划时代的事件。

努尔哈赤的先世——女真人,是否已有文字?如果有,为什么还要制定新文字?他又是怎样制定的?说来话长,还需从头说起。

努尔哈赤的先世,质言之,满族的先世,最早可追溯到周秦之际的肃慎,其后,便是汉魏时的挹娄、南北朝的勿吉、隋唐时的靺鞨,直至宋辽金元至明代的女真,构成了古代东北民族的肃慎族系。满族即源于这一族系,由金元以来的女真人嬗变而来。金代女真就是满族直接先世。

在金代女真人之前,肃慎族系的诸民族都没有本民族的文字。到北宋时,居住在东北地区的女真人崛起,完颜部首领阿骨打统一女真诸部,并击败辽国,于会宁(黑龙江省阿城)即皇帝位,建国号大金。建国前,女真人也没有文字,记事传令以刻木为契,后借用契丹字,以与辽国交往。建国后,金太祖阿骨打深感没有文字带来诸多不便,就指示完颜希尹创制女真文字。完颜希尹根据由汉字改制的契丹字,重新制作,拼写女真语言。金太祖天辅三年(1119),制成女真字,正式颁行,是为"女真大字",为官方通用的文字。至金熙宗时,进一步改造女真大字,笔画化繁为简,称为"女真小字",于天眷元年(1138)正式颁布使用,但大字也没废除,与小字一样通用。后将契丹字完全废除,只通用汉字与女真字了。但是,女真人进入中原地区后,渐习汉俗,用汉文,说汉语,已成为一种时尚。过了百余年,到世宗时,女真人特别是贵族已不会说女真语,对于文字也不那么通晓了(《金史·世宗本纪》)。

元灭金后,女真人由一个统治民族降为被统治的民族,与汉人一样,被打入"劣等"民族的行列。在元朝统治下,官方通行的是蒙语和蒙文,在女真人居住区,女真文已不能使用。到明中叶,女真文已基本成了死文字,女真人,哪怕是其中掌握文化的贵族,懂女真文的已为数极少,而蒙文完全取代了女真文,成为女真地区的通行文字,而对于"汉字、女真字皆不知"(《李朝实录》燕山君八年)。努尔哈赤起兵后,所有文移往来,必须学习蒙古书,将女真语翻译成蒙古语。女真人讲女真语,而书面文字则用蒙文,构成了一特殊的文化现象。

女真文已经失传,无人识别它,努尔哈赤和他的族人也就无法继承先世的文字。显然,女真人口语文与文字的脱离,不仅不利于女真人同外部的交往,而且更妨碍着女真人的统一。因此,努尔哈赤在统一女真的过程中,已意识到统一文字极端重要。万历二十七年(1599)二月,努尔哈赤首倡创制本民族的文字——满文。

他命巴克什额尔德尼和扎尔固齐噶盖负责制定文字。两人感到很为难,就推辞说:"蒙古文字,我等学习过,已经熟悉,如以我们的语言制成文字,我等实在不能。"

努尔哈赤解释说:"汉人念汉字,不论学与不学的,都知道;蒙古人念蒙古字,不论学与不学的,也都知道是蒙古字。我们国说女真语写蒙古字,那么,没有学过蒙古字的,就一点也不懂。你们为什么以编本国字为难,以学习他国的语言为容易呢?"

额尔德尼和噶盖回答说:"把我国的语言编成文字,真是再好不过了,但要翻编成句子,我们没有这个能力,所以感到很难。"

努尔哈赤说:"这有何难!就用蒙古字(应为字母),协合我们的语音,连缀成句,就能从中见到文义了。"接着,他给举了个例子:"比如,蒙古字母有一'阿'和'妈',把这两个字拼读起来,不就是我们语文的'阿妈'(父)吗?一看就知道,它的文义是我们对父亲的称呼。再比如,蒙古字母'额'(e),再一个字母'谟'(me),两字母拼读起来,不就是我们对母亲的称呼吗?对这件事,我已筹划很久了,你们试试看,有何不可?"(《武录》卷二)

额尔德尼与噶盖受此启发,恍然大悟,就按照努尔哈赤提出的创制方法,如同先世女真人仿照汉字制女真文,也依照蒙古文字母,拼写女真语言,终于制成了新型文字。因为这种文字与女真先世的类似汉人的方块字根本不同,是为新的民族共同体满族所用的文字,后人把它称为"满文"。应该说,努尔哈赤创制的满文,还属初创,不够完善,没有圈点。为与后来清太宗皇太极改进的有圈点的满文相区别,故称为"无圈点满文",又叫"老满文"。自此,女真人重新有了本民族的文字,同时也使女真人发生了质变,即由女真嬗变为满族。以统一的文字为纽带,极大地增强了自身的凝聚力,这是除文字以外任何力量也难以企及的结果。这时,还与努尔哈赤对峙的哈达、辉发、乌拉与叶赫四部,他们的首领谁也没有想到创制民族文字,更没有去做这件大事。与努尔哈赤相比,四部的首领缺乏政治家的胸怀,目光短浅,只知保守世袭祖业,毫无作为。在女真社会大变动的历史时刻,他们不图进取,却远远地落到了蓬勃发展的历史后面。他们逐个被努尔哈赤灭亡,实乃势所必然!努尔哈赤创制新文字,就使他与四部严格地划清了界限,遥遥领先,走到了历史的前头,成为女真社会中最先进的一部分。

从文化的视野看,对于一个民族来说,没有自己的文字,就不可能形成本民族文化,更不可能推动文化向前发展,只能永远停留在原始的口耳相传阶段。因此,努尔哈赤创制新文字,产生了始料不及的历史效果:既从古老的女真族脱离出来,也从蒙古的强大影响下获得解放,迅速形成本民族的文化。文字的重要性还表现在,它是民族互为区别和文明程度的重要标识。通过全民族共同掌握统一的语言文字,也是形成民族共同心理的必要条件之一。如把满文的出现,仅看作是一般文化现象,显然是不够的。实际上,惟其有了满文,才使满族的形成变为现实,由量变达到质的飞跃,使满族真正成为区别于女真人的新的民族共同体。不言而喻,满文的出现,也就是满族形成的开始,同时也是满族文化形成的一个不可替代的标志。

创制满文,固然是努尔哈赤的首倡和具体指导,却不可忽视额尔德尼与噶盖的贡献。额尔德尼称"巴克什",是满语的称号名,系汉语"博士"一词的音译,含有学者、有学问之人、能书写者之意。清入关前,往往把这

清太祖朝老满文老档

一美号赐给文臣中才学卓异的人,故文臣以得此号为荣。额尔德尼被赐以"巴克什",正说明他的才学受到努尔哈赤的重视和推崇。他不愧为满族早期的杰出学者,尤以制满文而使他成为"一代杰出之人"。他在青少年时,已通晓蒙文和汉文,投归努尔哈赤后,随征蒙古诸部,用蒙古语言和文字,代努尔哈赤传宣诏令,招抚蒙古归附,立下很多功劳,后因犯有过错而被努尔哈赤处死,甚为可惜。皇太极继位后,给他平反,予以昭雪。(见《清太宗实录》卷十六)

参与制定满文的另一个学者噶盖,授职"扎尔固齐",汉义为审事官、断事人,也译作都堂。他屡次立功,地位仅次于费英东,是努尔哈赤的心腹大臣之一。他在受命与额尔德尼制满文的同年,不幸被处死,未完成的任务,由额尔德尼独立完成。

两位学者之死,是很不幸的。不管他们犯有什么过失,或因何种原因被杀,但他们创制满文的贡献是不可抹杀的,其功不可没,在中华民族文化发展史上应占有一定地位。

顺便说到,努尔哈赤创制的"老满文"不尽完善,在使用过程中,已发现诸多不足,如十二字头没有圈点,上下字没有区别,如发音"塔"与"达"、"特"与"德"、"哲"与"扎"、"雅"与"叶"等清浊辅音不分,如同一个字。书写平常语言,视其文义,尚易明白,写人名、地名时,常造成错误。满文初创,难免有差误,这并不奇怪。在皇太极时期,随着事业的空前发展、文化素养的提高、内外部联系的扩大,老满文已不能适应客观需要,亟待改进。天聪六年(1632),皇太极命著名的满文学者巴克什达海进一步改造老满文。达海出色地完成了这一使命,将老满文改造成功。经过改造的满文,"酌加圈点",补救了老满文的缺欠,使之臻于完善,满文由此定型,在满族中迅速推广,得到了广泛的应用。

从初制满文,到此次改造,历经三十三年的实践应用,终于达到了完美的境地。这正好说明了满文由浅入深、由粗糙到完善的发展历程。满文成了后金时代至有清一代的官方语言和文字。为便于统治汉人,官方把汉文字与满文并用,凡国书、诏令、奏疏等皆满汉文合璧,同时使用两种文字。清统治者把努尔哈赤至皇太极创制与改进的满文称为"国语"或"清语",与骑射合为满族的传统,视为立国的根本,大力倡导,给予严格规定。但是，历史的发展却不以清朝统治者的意志为转移，在与汉文化接触日深的过程中，尤其是进关后，置身于汉文化的汪洋大海中，所谓国语、骑射逐步消退，至晚清，除了宫廷尚留满文的痕迹，在广大满族中似已成死文字；骑射传统随着八旗制度的没落、腐败，也已消失几尽，满族所拥有的本民族特色差不多都融入汉文化之中，给汉文化或多或少地打上满族文化的印记。换言之，也只有在汉文化中才找到它的遗踪。

满文的历史命运，同它的先世女真文以及另一族系的契丹文没什么两样，这大概是努尔哈赤与皇太极始料不及的吧！

三、营建都城

凡建立国家，必先营建都城。有清一代，从建国到最后入关，君临天下，先后建有四处都城，即赫图阿拉（兴京）、辽阳（东京）、沈阳（盛京）、北京（京师）。这四座都城，如一座座里程碑，标出了清朝（后金）发展的

此为赫图阿拉城北门（复原修建）。1616年努尔哈赤在赫图阿拉创建大金政权（史称后金）

历程。

赫图阿拉作为清朝的第一个都城,是努尔哈赤创业的起点,是他走向全国的第一站。这座都城,是努尔哈赤在统一女真各部的过程中逐渐营建起来的,也就是说,此城的营建与他的统一事业同步进行。

赫图阿拉本是努尔哈赤的祖居之地。当年,他的祖父、父亲世居于此。祖父觉昌安兄弟六人,其他五个兄弟皆环赫图阿拉而居,近的不过五六里,远的也不过二十里。人们把他们兄弟称为"宁古塔(满语为'六'之意)贝勒"。努尔哈赤在这里出生,长到十九岁时,与父母分家,离开赫图阿拉,独自谋生。据学者考证,他在离赫图阿拉不远的地方,即东北十里许,苏子河大曲折处北岸网户村后山上,筑成简易的寨栅居住。他二十五岁那年,就从这里兴兵,为父、祖报仇。他一住就是十年,到万历十五年(1587),他起兵的第五个年头,把他的住处迁到了佛阿拉城(《清前遗迹考察纪实》)。

佛阿拉,又写作"费阿拉",本为满语,"佛"译成汉语,为"陈旧"之意;"阿拉"意为低矮或平顶的山岗。佛阿拉是用汉字书写的满语音译,意即旧城,俗称老城。后人也称赫图阿拉为"老城",为以示区别,则称佛阿拉为"旧老城"。

佛阿拉与赫图阿拉同处今之辽宁省新宾满族自治县永陵镇。两城相距仅十里左右。永陵是四周环山的峡谷小平原地带,此城就坐落在它的南端,城南、东西两面依山,西望呼兰哈达,惟城北面向平原,地势开阔,有嘉哈河与硕里加河从老城下流过,北汇于苏子河。明朝官方文件所称的"虎城"、"建州老营",甚而诬称"酋巢",即指佛阿拉。说起佛阿拉城的历史,也算悠久。早在明正统初年,建州女真的首领李满住和凡察、董山等先后迁来此地,筑城居住。当他们的势力一经发展起来,就屡次进犯辽东的抚顺地区,攻掠汉人,明朝皇帝大怒,先后两次派大兵征剿,直抵佛阿拉,将城捣毁,夷为废墟。前已有交代,此处不再赘述。

努尔哈赤起兵后,统一事业不断取得进展,他原有的居住地已不适应其事业发展的需要,遂于万历十五年(1587)正月,在"建州老营"的废墟上重新筑城。如《满洲实录》所说:"太祖(努尔哈赤)于硕里口呼兰哈达下,东南河二道,一名嘉哈,一名硕里加河,中一平台,筑城三层,启建楼台。"这就是复兴的佛阿拉城。

佛阿拉城的规模,清官书记载过于简略,以至难以窥见全貌。如地方志《盛京通志》也只寥寥数语:"自城北起至城西南止,计九里九十步。"记载最详的是朝鲜南部主簿申忠一所著《建州纪程图记》。他于万历二十三年(1595)十二月奉命出使,亲至佛阿拉,在此留住多日,以其亲眼所见,全方位地描绘了佛阿拉城的全貌,以及努尔哈赤兄弟的状貌和全城人口、日常生活等,都做出了甚为详尽地披露。

根据申忠一提供的真实史料,我们不妨也来描绘一下佛阿拉城,恢复它当年的雄姿,重现读者面前。

全城分内外城,其外城周约十里,内城周为"二马场许"(以当时养马场的大小作为衡量面积单位)。内外城墙建筑,皆以土石为基础夯实,中敷以木杆,如此交替修砌,达于一定高度而止。具体说,先以块石为基础,修高三尺许,再布列小椽木;椽木之上,又以石筑,高三尺许,又布列椽木,至高达十余尺而止,内外墙面皆以粘泥土涂抹。城墙上修筑雉堞、射台、隔台等设施,看上去,就是一道走向不规则的长墙。据现今考古实测,外城墙长度为五千五百六十米,与史载大致相符。外城的城门,是一块巨大的门板,闭门时,没有销钥,只有用一长木横放于门内侧两边的木桩,将门抵住,如同一门栓。门上设有一敌楼,上覆以草为盖,内城则无门楼。内城自东门过南门至西门,城上始设"候望板屋",顶部无盖,设梯子以通

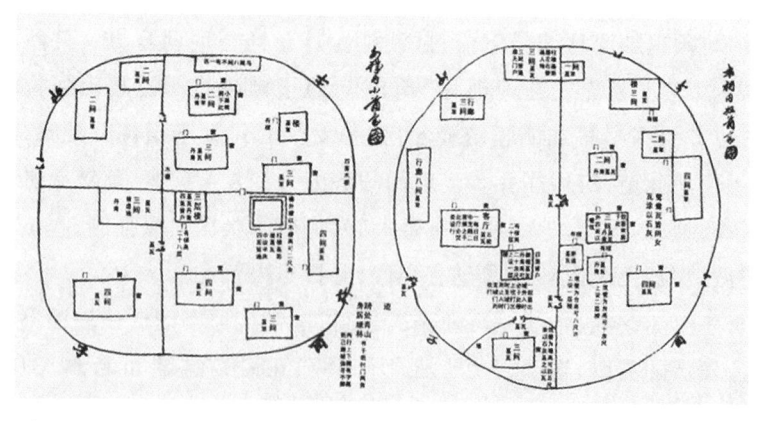

《建州纪程图记》中所绘"木栅内奴酋家图"和"外城内小酋家图"位置图

上下。

　　内外城居住,按等级分配。先说内城,努尔哈赤居于中心,围以木栅。他的兄弟及亲近族人皆环绕他的住处而居,有百余家;外城分给诸将及族党之家居住,有三百余家;外城的外面即城外四面,为军人及家属的居住地,有四百余家。合计内外城,住有八百余家,或近千家。若以每家五口人计算,城内外人口为五千人左右。

　　全城的建筑,不过是石块、泥土、木杆、草之类的建筑材料的综合利用,连努尔哈赤的住处也只能用木杆栅起来,较之砖瓦结构的建筑,已显得粗糙、简陋,就更不用比那些皇宫的辉煌了。这反映了努尔哈赤创业初期的艰难状况。他们生活的条件和环境也是很恶劣的。就说饮用水,城内仅有泉井四五处,源流不长,夏季雨水充足时,尚能勉强维持。但至冬季,水源枯竭,努尔哈赤就命百姓、军队及仆役人员到冰冻的河面上凿冰块,用人肩挑或拉曳到山上,将水化开,作为饮用之水。在整个漫长的冬季,这种取冰的劳作"朝夕不绝"。

　　佛阿拉城作为努尔哈赤早期政治和军事活动的大本营,建州女真的首府,已经发挥了巨大作用。在这座简陋的山城里,努尔哈赤先后接受明朝授予的"建州都督佥事"、"龙虎将军"等官爵,从这里出发,曾八次进北京朝贡;在这里,他策划和组织的军事活动,把建州女真各部,哈达、辉发等部,远至东海诸部女真,逐一兼并,领土日广,南抵鸭绿江,北至嫩江流域,东至东海,西达辽东边墙,辖地二千余平方公里,尤其是大败九部联军,威名远震;在这里,他屡次同李氏朝鲜王朝办交涉,接待来使;在这里,他建军建制,设四旗,分兵种,定章程,制满文……开阔了女真人的新天地,把他们引上了蓬勃发展的道路。努尔哈赤居于这一塞外东部的山野之间,雄视天下,导演出了一幕幕威武雄壮的历史话剧,使佛阿拉和它的主人努尔哈赤的名字开始在中国历史舞台上留下了不可磨灭的印证。

　　在迁离佛阿拉之前,努尔哈赤在这座山城里生活了十六年。在这十六年里,努尔哈赤为将来建立国家政权和大清王朝的辉煌前程,奠定了全面而坚实的基础。从某种意义上说,佛阿拉才是清王朝的真正肇基之地。

　　万历三十一年(1603)春,努尔哈赤作出决策:放弃佛阿拉,重返他的出生地赫图阿拉。

努尔哈赤苦心经营佛阿拉,已具相当规模,一旦废弃,岂不可惜!努尔哈赤自有深谋远虑,清官书对此不做任何说明。笔者曾亲历佛阿拉与赫图阿拉两座故城遗址考察,不难认识努尔哈赤为何舍弃佛阿拉,而另建新城赫图阿拉。

比较两城,便发现佛阿拉的自然环境较差,空间狭小,不适宜努尔哈赤事业的进一步发展。该城建在山坡上,城内地势高低不平,据测量,坡度都在二十五度以上。城西和城北近河,城南、东两面都是陡峻的山岭,无法扩大城址,也难以容纳不断增加的人口,民舍官衙无处增建。城的东面、西面、南面皆为高山所隔,与外面联络受阻,交通不便,唯北面开阔,若敌人突然进袭,则陷入自困之中。再说,城外狭窄,容不下更多的军队,若离城远驻,便会削弱守御的能力;城外两面临河,看似护城河,其实河身既窄而浅,跃马可渡,人亦能涉水而过。特别严重的是,城中水源不足,现尚可见到的还有一处枯井和两处无水的泉眼,如前已提到,如冬季遭敌进犯城下,将冰河控制起来,城内人马便因缺水而自毙。就是平时,水量再足,也无法满足迅速增加的人口和大量马匹的饮用。

赫图阿拉的优势,首先是地理环境十分优越。它地处永陵镇平原南端的一块巨大的台地上,远看如人工造就的大舞台。台地东靠皇寺河,西邻嘉哈河,隔河与呼兰哈达遥望;台地背依羊鼻子山,山势险峻,而正面即北面有苏子河从台地前蜿蜒流过,形成一道天然的护城河。除背面即南面为山岭横断,其余三面皆为开阔地,视线无遮拦,极利军事观察,便于防守。台地宽阔,能容纳下更多的人口,台地地势平坦,给人们的活动带来很大方便。佛阿拉城内高低不平,进城时步步登高,在城内也是爬上爬下,而在赫图阿拉就免去了这些辛苦。城内水源充足,靠的就是一眼泉水,常年水旺而不见少,不管多少人马饮用,水量就是不下降,人马用过,水很快溢出,升到原水平面而止。当地人给它起了个美名:"千军万马饮不干。"至今,在故城内住有百余户人家,继续共用此水。笔者曾看过此井,水几与井口平,俯身可饮。此井已用过近四百年,仍保持旺盛的生命力,称得上是这里的一大自然景观。每年国内外游人至此,必临井观赏,品铭泉水,甘冽而爽口,无不称奇。

对两处进行一番比较,就不难明白努尔哈赤迁城的深意,悟出其中道理,感到努尔哈赤迁城实在是明智之举,后来的事实证明,他的这一选择是完全正确的。一句话,他又把他的事业向前推进了一大步,建立国家政权也只是个时间问题。

努尔哈赤在迁城的两年前,即万历二十九年(1601),动用大批夫役先建赫图阿拉的内城,到三十一年完工,努尔哈赤正式迁入。为了庆祝筑城的成功,宰牛羊三次,犒劳筑城夫役。接着,动工修建外城,于万历三十三年(1605)完工。努尔哈赤很高兴,曾五次犒赏夫役,宰杀牛羊,给予盛大的招待。

建成后的赫图阿拉城,是一座体系趋于完备、布局严整、设施周密的庞大建筑群。据考古实测,外城南北长一千三百五十二米,东西宽一千三百三十五米,周长为五千二百三十米,合十余华里。其南隅沿山势筑墙,其他各面皆筑于平地之上。城墙皆以杂石或片石修砌,石缝间以土填充夯实。外城设九门,如《筹辽硕画》载:南三门,北三门、东二门、西一门,门皆用木板。

内城因山势走向,建于横岗之上,地势南高北低,中间低洼。其城墙筑在四周陡崖之上,南北长五百一十二米,东西宽为五百五十一米,周长为二千零二十七米,占地面积约二十四万六千平方米。内城墙建筑与外城墙稍有不同,先以片石打底平砌,用粘泥勾缝,达到一定高度,中间填土、石块、夯实后,横铺一层橡木,再接筑石片,至一定高度,再填土石夯实,续铺橡木。如此重复,最后,封土夯实,上面再用大青砖垒砌垛口。修

赫图阿拉城遗址

墙内加橡木,如现今使用钢筋,起到加固连接作用。内城门,史载不一,但现今考古发现,确认为四门,这就是北门、南门、东门,仍为今日故城内百姓出入的通道,还有近年发现东南尚有一门,始成"四门之说"(以上参见《清前遗址考察纪实》)。

努尔哈赤迁入新城后,继续增建新设施。《武录》记载,于万历四十三年(1615)四月始建佛寺、玉皇庙、十王殿,共七大庙,三年建成。这是皇家寺庙群,都建在城东高处。其中显佑宫、地藏寺,统称为皇寺,是为道教与佛教并立,同受崇拜。努尔哈赤熟读《三国演义》,信仰关羽,遂在城南门西侧建关帝庙,塑关羽重身塑像,以供祭拜,大抵也建于此时。天地神祇及佛道皆定位,表明了努尔哈赤的信仰和遵循的思想路线,为建国做了精神上的准备。城内其他设施,兹不赘述。

同佛阿拉时期一样,内外城皆按等级分住;同时,又按专业分工而分区居住。努尔哈赤和他的家属、亲戚都住内城;精悍将卒居于外城,内外城共居二万余户。如每户平均按五口计算,全城人口可达十余万。这在边鄙之地,已属大城市;以今天的标准,其规模也算可观。与佛阿拉不同的是,在赫图阿拉又实行行业分住。如,内城北门外侧,为铁匠"专业户"居住区,铁匠们的家属都安排在这里生活和工作,专制铠甲;南门外,为"弓人"和"箭人"的居住区,负责制造弧矢;东门外,是仓库储粮区,共设十八"照"(仓库名),每照各七八间,专为贮谷之所(见《筹辽硕画·东夷考》)。如今,已在当年制甲、造弓箭的地方,考古发现大量工艺精良的弓矢、刀剑、铠甲及颇有规模的作坊遗迹,可以想见当年这里热气腾腾的工作景象。

赫图阿拉城的工筑质量和工艺水平,已远远超过了佛阿拉。由原先的石块与泥土结构变为条石、片石为主的建筑材料,内城居室及公共设施(如庙宇等),改为砖瓦结构,间或有草房,工艺更为精致。内外城的布局更为合理,为了防御的需要,城墙增设雉堞一类的设施,达到了当时设计水平。所有这一切,都显示出佛阿拉与赫图阿拉两城是代表了努尔哈赤事业发展的两个不同的阶段。

努尔哈赤充分利用赫图阿拉的有利的自然环境和得天独厚的优越条件,加快了发展的速度,大踏步地前进,继续取得了一系列惊人的进展。

在这座新城里,努尔哈赤亲自扩建八旗,完善了军事组织;他策划和指挥了对乌拉与叶赫的战争,基本完成了对东北女真的统一;最后,他在此城宣布建立国家,进而发出讨伐明朝、与之决裂的宣言,开始走上同明朝争衡的道路,取得了具有历史意义的各大战役的胜利。因为这个缘故,他的子孙把赫图阿拉尊为"兴京",既是满族的崛起之地,又是清朝勃兴的"龙兴"之地。到后金建国后的第六年(1621)迁都辽阳之前,努尔哈赤在赫图阿拉又生活了十八年。如果说,前十六年(佛阿拉)是他的事业初创与奠基阶段,那么,后十八年则是他的事业飞速发展的时期。他把赫图阿拉真正地建成为本民族的政治、经济、军事与文化的中心,是同明朝进行斗争的强大的根据地。他在赫图阿拉的大发展,直接为一代大清王朝的诞育奠定了基础,也为他的子孙们的辉煌前程开拓了胜利之路。

四、即位称汗

到万历四十三年(1615),努尔哈赤经过三十二年的浴血奋战,已经统一女真大部,疆土日广,建制度,创八旗,制满文,立都城,万事齐备,建立国家这一天终于来到了。

万历四十四年(1616),在大清王朝编年史上,是一个划时代的年份,因为它是清王朝的奠基之年,为清朝的诞生开辟了新纪元,从此改变了明清(后金)两代王朝的命运,也给中国历史的发展带来了深远的影响。因此,这一年在中国的编年史上无疑也是值得纪念的一年。

这年伊始,恰值正月初一,是中国传统的节日,赫图阿拉分外热闹,张灯结彩,人来人往,熙熙攘攘,洋溢着浓烈的节日气氛。周围的群山也呈现出与往日不同的神态:鸡鸣山昂首翘立,呼兰哈达雄姿挺拔,满身披挂银装,更有苍松翠柏掩映,庄严肃穆,蕴含着蓬勃的生机。

在全城士、农、工、商及八旗将士欢庆新春佳节的时候,新年的第一天,努尔哈赤正式宣布建国称汗,在他的宫内隆重举行了登基典礼。虽说宫内各项设施仍属简陋,但礼仪却很隆重,应有的礼仪,即使不像进关后那样繁文缛节,该做的仪式也都做了。首先是排班站队,努尔哈赤的儿子们和八旗贝勒率群臣齐聚如后世俗称的"尊号台"(俗称金銮殿)前,按八

努尔哈赤

1616年努尔哈赤在赫图阿拉称汗,建后金政权

旗顺序分立两边,努尔哈赤居中面南就座,八位大臣手捧"劝进表",行至御座前,率群臣一齐跪下,侍卫阿敦、巴古什额尔德尼上前,把表文接了过去,然后,额尔德尼跪在前面,高声诵读表文。这一套礼仪和表文的内容都是一个意思:群臣真诚拥戴努尔哈赤即位,将他奉为国家的最高统治者,他们愿做他的臣民。所谓"劝进",就是劝他和鼓励他即位的意思,对他的功德予以赞扬和称颂。即位这件大事本来在此之前已经作出决策,此刻还得宣读一番,不过是官样文章,历代创业之君都是这样做的,努尔哈赤也如法仿效,在礼仪上是必不可少的。

额尔德尼宣读完表文,努尔哈赤站起身来,离开他的座位,亲自拈香,向天祷告,带领文武诸臣向天行三叩首礼。这表示他即位向上天请示,并已得到批准。向上天行礼毕,努尔哈赤又回到自己的座位坐下来,分别接受各旗大臣代表本旗向他行祝贺礼……

从这天起,努尔哈赤宣布建立国家,国号金,或称后金,建元天命,即位之年为天命元年。努尔哈赤被尊为"大英明汗(或大聪睿汗)"(见《满文老档》),全称"奉天覆育列国英明汗"。

这里，涉及一件历史公案，即后金的国号问题。《武录》只载录"建元天命"，不载建国号；明明是称汗，却改为"列国沾恩明皇帝"。但《满文老档》既不载建国号，也不载建元天命，唯其载努尔哈赤称汗，保留了历史的真貌。于是，学术界便有一种意见，断定天命年号和国号是后加上去的，当初努尔哈赤即汗位时，年号和国号都没有正式确立。的确，在清官方文献中，就是在权威的《武录》中，除了按天命年号记事，根本看不到"大金"或"后金"的字样。这不难辨别。《武录》是努尔哈赤的继承人皇太极于天聪九年（1635）纂修的，他有意地隐去"大金"或"后金"的字样，把努尔哈赤称汗篡改成称帝。他为什么这样做？原因很简单：原来他即位之初，一再鼓吹同明朝和谈，双方相互承认，划界而守。但明朝鉴于北宋同大金国和谈导致亡国的教训，又以跟他要求和谈的后金就是金之"裔种"，断然拒绝和谈。对此，皇太极曾极力辩白：我既不是金之裔孙，你明朝也不是北宋的君臣。意思是说，我们双方与历史上的宋金关系毫无联系。可明朝就是不信，坚持同他进行战争。这使皇太极深深感到，中原汉人尤其是士大夫阶层，对历史的成见真可谓根深蒂固，是不可改变的！为消除汉人的成见，他倒是主动采取行动，有意回避金的国号，他在主持纂修《武录》时，也不予载录。这部反映努尔哈赤一生行状的《武录》修成后，皇太极便马上改国号为大清，目的是便于将来建立对汉人的统治，消除汉人把他跟金朝联系在一起。清入关后，历任皇帝均讳莫如深，绝口不提他们的祖宗努尔哈赤建金国号的事。至于朝鲜王国及明朝官方文件都是在后金建国数年后才出现"金"的国号记事的问题，也加以说明。总因交通不便，地处偏远，消息闭塞，加之努尔哈赤同朝鲜的矛盾日深，同明朝明显疏远，来往渐稀，不能很快得到努尔哈赤建国的消息。所以，直到天命四年（1619）萨尔浒大战后，才知道努尔哈赤"僭号"。据已见的中朝两方的文献所记"后金"，都在此次战役之后。事实是，努尔哈赤建元天命时，也称国号为"后金"，这是表明他是宋代女真人的后裔，是接续先世大金国之后，故名。称"大金"者，是自称的尊称，如已发现的一件文物云版上刻文："大金天命癸亥年（天命八年）铸"（现存于沈阳故宫博物院），即是明证。后金与大金，其义为一，如同明与大明、清与大清等，可以互称，并非如个别著作说"先称后金，续称大金"，此实系误解。

略说这件公案,有必要让读者了解,不算多余之言。

还须指出一点,努尔哈赤即位时称汗,是沿袭了北方少数民族对最高统治者的通称。皇太极以后,随着汉化日深,不喜欢用"汗"称,而从汉俗,改汗为皇帝。

努尔哈赤即汗位时,已经五十八岁了。从二十五岁起兵,他已奋斗了三十三个年头,才建国号,实在来之不易。在中国历史上,像努尔哈赤经历如此漫长的岁月才建国的,实不多见。拿元末朱元璋来说,他也只有十几年就建了明王朝,在南京称帝。他出身很苦,当过和尚,要过饭,最后迫于生计,参加了反元的军事斗争。他之崛起,是借助了岳父郭子兴的实力而走上创业之路。努尔哈赤小时候未经历过讨饭的窘况,可他也较早独立,自谋生路,所历艰难实属不少。他起兵创业时,也只有百人、十三副遗甲而已。比起朱元璋,他创业更为不易。他完全靠自己的奋斗,没有人帮他,相反,连族人也屡次三番地加害于他,不知多少次置于死地而后生!从东北崛起的元朝始祖成吉思汗、辽朝的创始人耶律阿保机、金朝的阿骨打,他们的创业无不历经艰难险阻,出生入死。努尔哈赤比之他们,自更有其艰险之处。努尔哈赤的创业,堪称是一部悲壮的史诗!

努尔哈赤起兵时,还是一个风华正茂的青年,而此时已是年近花甲的老人了。但他的身体仍很健壮,看不出有衰老的样子,他照样能骑马驰骋,并不比他的儿子们和年轻将领们差多少。在生命的最后十年里,他还是亲自统率大军东征西讨,不知疲倦,说明他的身体素质非常之好。这也许得力于青少年时艰苦生活的磨炼,而在三十多年的军事与战争的生活中,似乎又把他的身体锻炼得更结实,更有耐久力。

在登上汗位的时刻,努尔哈赤抚今忆昔,能不感慨万端,浮想联翩!在称汗前,他曾称过"王",又称过"女直(真)国建州卫管束夷人之主"、"建州等处地方国王",这些头衔和名号,都是努尔哈赤自称的,往往在同朝鲜办交涉中给自己冠以此类名称,如与明朝交往,他还不敢妄自加名号,仍照明朝的封爵署名。后来,蒙古人给他加了个尊号,叫"昆都仑汗",汉意为"恭敬",这表明努尔哈赤在蒙古诸部已产生了重大影响,以至于赢得了部分蒙古人的敬畏。但这些名号,都不算数。在清官方文件或《实录》中都不予载录,大多是朝鲜人听到或看到他们内部有此类称号,便书之于史册。唯此次正式称汗,经过隆重的仪式,庄严地向上天"请示"而后才算成立。在汗号以前,上列各名号,都不尊贵,唯其汗号才达到名位的最高级,已至极限,所以也最尊贵。话又说回来,如果他的事业没有发展到一定阶段,他也不敢妄自称汗。实际上,他建国称汗,无疑是向明朝闹独立,亦即双方臣属关系开始决裂。不过,此时尚未公开宣布而已。这些,将在下文详细说明。

努尔哈赤称汗时,国家草创,各项机构还很不完善,没有仿照明朝的国家形式设六部,而是按本民族或参照蒙古的习俗,以独特的方式,初步设置了国家军政机构。

在正式称汗的前一年,即万历四十三年(1615),努尔哈赤在扩编八旗时,设行政官员管理国家政务和监督法律的执行。他把负责此项使命和职责的官员定名为"理政听讼大臣",由五人组成,简称"五大臣"。其下,任命扎尔固齐十人佐理五大臣的职责。扎尔固齐,又写作扎尔虎七、扎尔古七等,此系借自蒙语,汉译为审事官、断事人、都堂,为五大臣下属的具体办事之官。努尔哈赤规定每五天会见,处理和议决国家大事。凡有审定案件或其他判断是非的事,首先由扎尔固齐审问清楚,然后报给五大臣,五大臣审明,再向诸贝勒报告,作出最后判决后,交给努尔哈赤批准。

努尔哈赤建国时,没有新设机构,仍保持上述政权体制。他向五大臣强调:"凡事不可一人独断,如一人独断,必至生出乱子。国中无论谁有事,都要到国家办公的地方去说,不许到各大臣的家中办事。曾有过违背这一规定的人,受到鞭打、逮捕而给以责罚。贝勒诸臣如犯有罪过,要老老实实听候审问,按上例程序办理;如固执而不服罪的,要加以重罪处分。不论国事或民事,每五天在国家办公的地方进行处理。"(《武录》、《东华录》)

很清楚,建国时,还谈不上设机构,只任命五大臣和诸贝勒,统于努尔哈赤,构成国家最高权力机构,这就是"议政王大臣会议"的由来,直到入关后还沿袭,至乾隆初年始废除。这一制度是满族的独创,具有民族特色。所说扎尔固齐,是五大臣的辅政官员。凡事都须集体议定,每隔五天开一次会,作出最后裁决。这种体制,实质是原始社会末期军事民主制残余的反映,或者是古老遗风的沿袭。此时没有具体的成文法,一方面,沿用传统的古老习俗；另一方面，由努尔哈赤根据具体情况，临时作出规定，就成为诸大臣办事的法律依据。例如，天命五年（1620），努尔哈赤为便于民情上达，命人在门外树立两根木桩，有人想投诉的，就把自己的要求、冤抑等事，写成一份材料，悬挂在木桩上，由有关官员取来，根据书面提供的事实，召见本人，询问明白，逐一进行处理。老百姓对此很欢迎，事无巨细，都能通报到努尔哈赤知道。这种办法，还是很原始的，在没有采取如汉人的法律诉讼程序以前，不失为一简便易行之法。当努尔哈赤在向辽东地区进兵后，直至进入汉族聚居地区，俘获或招降汉官汉将，国家政权建置始有变化，部分地仿明朝而设。还是在天命五年，他为武臣设立爵位，以明朝的总兵官制分为三个品级，其下设副将、游击，也各分三个等级；牛录额真皆为防御官，每牛录下设千聪四员。总兵官是明朝所设一军事区的最高军事长官，副将次之，游击又次之。这本来是武职官衔，而努尔哈赤把他用为爵位，以供赏给有功的将领。被俘获或收降的明朝文武官员仍予保留原有的官职。满汉官制掺用，并行两制，看起来，不那么协调，有的不伦不类，但毕竟是草创，还在不断摸索、改进的过程中。到皇太极即位以后，屡经调整，自天聪五年（1631）以后，才完全仿照明制，专设"六部三院二衙门"，使国家政权趋于完善，实现了封建化。

第五章 开国方略

一、经济新策

一提起努尔哈赤,人们便马上会想到,他能征善战,很会打仗,对军事很在行。其实何止军事!他还是一个出色的政治家。不懂政治,疏于治国之道,固然成不了政治家,但不懂经济,甚至轻视经济对治国的巨大的意义,也不是一个真正的政治家,至多是个空头政治家,治国必亡,治军必败。努尔哈赤不愧是雄才大略,远见卓识。他比同时代的女真诸部领袖们更重视经济,把它看成是立国的根本,事业成败的关键。他在这方面的建树,称得上是个经济行家,且有出色的理财能力。

努尔哈赤的先世,本是女真族人中的一支,世代居住在遥远的黑龙江,以射猎为业。后来,他的先人率本族南迁,逐渐受到汉文化及汉人生产方式的影响,也在改变本民族的古老的传统生活方式。最后定居在与汉人聚居区即辽东毗邻的建州,其生产方式彻底改变,由原先的射猎本业一变而改为以农耕为主,与汉人几无差异。仍留在世居地黑龙江流域的女真人,其生产方式却无改变,但他们对于努尔哈赤事业的发展,并无影响。具有决定意义的是建州本部及邻近的原哈达、辉发、叶赫、乌拉等部,他们既是满洲族形成的主体部分,也是构成努尔哈赤的政治与军事实体的基本力量。他们的经济发展状况,不能不左右着努尔哈赤事业的成败。

一个政权的建立、巩固和发展,必须有赖于物质和财富的积累。努尔哈赤从起兵之初,就重视这个问题,流露出他与众不同的重财思想。前文曾说到一件事:万历十二年(1584),一天夜里,他曾抓到一个向他行刺的人,他的族人都主张把这个刺客杀死。他却不同意,说:"如果把这个人杀掉,他的主人就会以此为借口,派兵来攻,掠夺我们的粮食,粮食被劫夺,部下就没有吃的,必然会叛离我们。这样,我们就被瓦解了,我们就会陷入孤立。"这番话表明,努尔哈赤早就认识到,粮食储备直接关系到事业的盛衰。粮食来源于农业生产。因此,起兵以来,努尔哈赤始终重视农业生产。据朝鲜人申忠一记载,建州有很多"农幕"即耕作的田庄。努尔哈赤就有自己的"农幕"。他的部属当兵打仗,军粮皆自备。在他管辖下的各部落就地屯田,由各部的部长掌治耕获。土地肥沃的,一斗种子落地,可获八九石;土地贫瘠,仅收获一石左右。既有居室房屋,又耕种土地,收获粮食,所以家家都养鸡、猪、鹅、鸭、羊、犬、猫等(《建州图程》)。努尔哈赤采取的措施,主要是组织屯田,扩大农耕面积,大力发展农业生产。万历二十三年(1598),征抚安楚拉库后,他把当地百姓迁往三水地方居住耕种;第二年攻取哈达部,他指示在哈达境内大力垦种,牧放马牛;万历三十五年(1607),灭辉发部,他在当地安置千余民户,进行屯种;四十三年(1615),诸将请求征叶赫,他坚决不同意,理由是:"我国素无积储,虽然得了很多人口和牲畜,将用什么维持生计呢?不仅养活不了所得人畜,即我们自己原有的百姓也将束手待毙。根据这种情况,我们只有先治理好国家,巩固已占有的疆土,加强四境防御,努力耕种,多增加积贮,才能立于不败之地。"他说服了诸将,向各牛录发出指示:每牛录出男丁十人、牛四头,在旷野处开荒屯田,建造仓库,积蓄粮食;又设仓官十六员、属吏八员,执掌仓粮的出入(《武录》)。

在建国前后,努尔哈赤曾与明朝屡次发生争地事件。他从来就重视土地,已经得到的土地,决不许别人染指;而他要得到的土地,不惜以武力争夺。他争地的目的,总说要保护农耕收获,也就是贯彻他的"裕积贮"的思想,达到富国强兵的目的。万历三十六年(1608),他与明朝辽阳副将和抚顺千户所的一位备御官员划界立碑,彼此不得侵犯。可是,到了万历四十三年,明朝反悔前定界约,派一名通事(翻译)传达朝廷旨意,要重新立界碑,明指原属建州的插哈、法纳哈、单齐勒三处地方归明朝,已种之田,不得收获,此三处居民也得迁出,令回建州自行安排。努尔哈赤很气愤,据理力争:"我世世祖居耕种之地,现在让我放弃,想来是你们变心吧？是皇帝反常。我们所种之田,又不叫我们收获,却命令退居,我岂敢违背王命？但是,这明明是不愿和平而顿起恶念,我们是小国若受小害,你大国必自受大害!……"努尔哈赤理直气壮,可毕竟实力不足,还不敢同明朝武力对抗,只好忍下了这口气(《武录》)。

当初,努尔哈赤与明朝立界碑时,就约定双方百姓不得越界到对方境内扰乱,违背格杀勿论。但是,双方的边民为谋生计,相互越界的事时有发生。特别是明方边民以建州山区产人参、野果、木植,还有矿藏,纷纷前去采挖。努尔哈赤为保护他管辖的资源、财富不受侵犯,命令边将执行界约,把偷越境盗采的人一律处死。天命元年(1616)六月,仅在一个月内,汉人因越境而被杀的有五十余人。明朝采取报复措施,将努尔哈赤派往广宁(今辽宁北镇)的两使者纲果礼和方吉纳及随员九人扣留,用铁索把他们锁起来。然后,派人前往赫图阿拉,严厉质问:"我民出边,你应当押解给我,怎么可以马上杀掉？"努尔哈赤驳斥说:"早年竖碑订盟,规定如发现越边的人不杀,将殃及不杀之人。我没有违背这一规定,你们为什么强词夺理？"明朝方面对此不予解释,却要求把执行捕杀汉人的扈尔汉交给明朝抵罪,否则,此事就难以了结。明使者以势相逼,努尔哈赤不为所惧,断然拒绝了对方的无理要求。明使者为了向朝廷交差,只得采取权宜之计,说:"这件事已经报告给皇上知道,是无法隐瞒的。你们不是也有罪犯吗？何不把他们带到边境上杀死示众,这件事也就结束了。"努尔哈赤一想,也只有这个办法了。可他不想杀死本部的犯人,就从狱中取出十名在押的叶赫人,押解到抚顺边境,当着明朝官员的面,把这十名犯人给杀掉了。明朝这才把纲果礼等十一人释放(《武录》卷二)。

努尔哈赤千方百计保护土地,甚至不惜同明朝对抗,目的还是为了保护农业生产,多增加粮食储备,可见努尔哈赤对农业生产的重视程度,视为生存之本,大业所依赖。

后金建国前后,农业生产已取得了长足的进展。朝鲜人李民寏以其亲眼所见,为我们描绘了建州地区农业的繁盛景象:"土地肥饶,禾谷甚茂,旱田诸种无不有之。六畜唯马最盛,将胡(胡是对中国北方少数民族的泛称)之家,千百成群,卒胡之家也不下十数匹。"(《建州闻见录》)大批地养马,与游牧民族不同,当地人或为作战做准备,或以之作为交通工具,或作为家庭副业，与猪、羊、牛等一并饲养。努尔哈赤为加快发展农业，还要求军队把已有的马和俘获的马，都喂养好，在边境地区种田。他严禁在已耕种的土地上牧马，必须到无田的空旷荒野之处放牧，只有将五谷收获完毕，才允许把自己家的牲畜纵放于山野，谁也不必担心被人盗窃。

努尔哈赤如同重视土地一样，重视人口的增长。人口主要是男人，因为男人不仅是军队的来源，也是农业生产必不可少的劳动力。前叙努尔哈赤兼并女真各部，远自北部黑龙江沿岸，东至东海，凡俘获或归降的当地各部族百姓，还有马匹等牲畜，一律迁至建州，分配给土地耕种。建州的人口迅速增加。万历三十九年（1611），努尔哈赤下令调查所辖地区因贫苦而尚未婚配的人，共得一千余人。他命令各所管牛录负责给他们逐一婚配，成立家室。所配之女，大都是被俘或归降中的适龄女人。因为遗漏而未给婚配者，由官方发给库财，令其自娶。这一举措，解决了这些贫苦人的生计，对于增殖人口也有重要意义。

农业是中国古代社会中最基本也是最重要的经济门类。百姓的生存，一代王朝得以维持，皆有赖于农业的发展。即使在当今工业化的时代，也没有任何一种行业可以取代农业而使人类得以生存下去。而在科学技术极不发达的古代，农业几乎成为唯一可资依赖的经济行业。历代王朝之兴，无不把农业列为治国的第一要务。而当农业破败、经济崩溃之时，国家政权衰亡随之而来。故农兴则国盛，农败则国衰。努尔哈赤深通此中道理，他虽出于一个射猎民族，却不废农耕，相反，以农业为根本，大力倡导，以历代行之有效的屯田来培植农业发展的后劲，积储了财富，为后来同明朝的长期战争提供了后勤保证。

手工业本是从农业分离出来的一个行业，在古代社会，仅次于农业。努尔哈赤一方面大力发展农业，一方面又致力于发展手工业。据《武录》记载，努尔哈赤起兵八年后，即万历二十七年（1599），"始炒铁，开金银矿"。制造铁铧等农具，做饭用的铁锅，尤其是打造兵器等，都离不开铁。努尔哈赤为这些方面的需要，开始"炒铁"即炼铁，建立和发展自己的制铁手工业。在此之前，建州所需铁器，都是通过贸易从汉人手中买回来的。有关材料记载，从万历六年（1578）到十二年（1584）之间，买回的铁铧，从最初的几十件，直到上千件，最多的一次竟达到一千二百三十四件

(《明代辽东档案汇编》)。大量的铁制农具的引进,无疑会促进建州农业经济的发展,可以断定他们的农业生产力已接近或部分达到汉族地区的水平。这种引进,必然赶不上实际的需要,于是,他们利用汉族开矿、炼铁的技术,自办工厂,独立制造所需的一切铁制工具。在赫图阿拉的北门外和南门外,有专门的手工作坊,规模十分可观,一排排作坊屋、棚,连接数里。作坊内分工很细,以军械制造来说,有甲匠、箭匠、弓匠、冶匠、铁匠等。以朝鲜人所见,银、铁、革、木皆有其工,而以"铁匠极巧",所制剑"精利",甲胄"甚轻捷精致",铁鼎(音铲)皮牌,如同盾牌,矢不能穿透。还有用以攻城用的长梯小车,车上有牛皮、毛毯,以遮矢石的攻击,人隐在车后,推之以行。此种器具,是建州匠人的独创。这些铁、木器的制造,都已达到了很高的技术和工艺水平,与汉人相差无几,有的已超过了汉人的水平。朝鲜人特别赞叹建州所制甲胄"极其坚致",除非强弓,一般弓箭在百步之外,是无法射穿的。建州的纺织手工业还不够发达,女工所织,只有麻布,还不能织锦、刺绣。所以,布匹、锦绣特别贵重。其他还有制瓷、车船等行业都已发展起来。朝鲜人所见制造的小船,可容八九人,"极轻捷"(《建州闻见录》)。努尔哈赤很推崇工匠,把他们看成是国家的宝物。有一次,他痛斥那些不爱工匠、只爱金银珠宝的人,说:"有人以为东珠、金银是宝,那是什么宝呢?天寒时能穿吗?饥饿时能吃吗?有技巧的工匠,能制造国人所不能制造的物品,他们才是真正的宝贝呢!"

努尔哈赤积极发展同明朝的互市贸易,也是他的财政的一宗可观的收入。他充分利用本地的天然资源,同汉人贸易。如明珠、人参、黑狐、玄狐、红狐、貂鼠、猞猁狲、虎豹、海獭、水獭、青鼠、黄鼠等皮,"以备国用",每年都拿到抚顺、清河、宽甸、瑷阳四处关口,互市交易,因此,建州"民殷国富"。特别值得一提的是,努尔哈赤发明了"人参煮晒法"。早年,按传统方法,女真人将人参用水浸润后,卖给汉人,但汉人嫌参湿而不愿购买,造成人参积压,很快就烂掉了。女真人急于出售,只好降低价格,损失很大。努尔哈赤想出一法,将参煮熟晒干再卖。诸王臣认为不可行。他力排众议,坚持煮晒,慢慢贩卖,参再也不怕腐烂,结果价格倍增。迄今,处理人参的工艺,还是用煮晒或直接晒干,大抵是得益于努尔哈赤的发明。

后金政权，就是在努尔哈赤大力发展农业、手工业和贸易的基础上建立起来的。经济实力的不断增长，反过来，又进一步巩固了政权。

努尔哈赤建立的后金国，是阶级统治的政权。有的说是奴隶社会，有的说是农奴社会，也有的说是封建社会，等等。通常说法，认定是奴隶制社会。奴隶主阶级，主要是由以努尔哈赤为首的宗室和贵族、蒙古王公，以及八旗各级将领等，组成了统治阶级。他们占有大量的土地和财富，从努尔哈赤到诸子，下至一般士卒，都有农庄，将领中有多至五十余所！他们都有奴婢，可以相互买卖。奴婢耕作，供养主人。这些奴婢实则是没有人身自由的奴隶，女真人（即满族）称为阿哈，汉意为"家里的"，即家里奴仆的意思。他们处境最悲惨。介于奴隶主与奴隶之间的一个阶层，叫诸申，为平民阶层，耕田纳赋，披甲入武。他们靠军功，可以上升为贵族，部分则降为阿哈。这个问题，至今也未争论清楚。实在说，把后金社会说成是一个标准的奴隶社会，不见得符合实际情况，倒不如说是农奴制社会，似不为过。从读者方面想，应认识到后金社会分阶级、划等级，是一个不平等的，有压迫和剥削的社会。不能设想，在那个时代，努尔哈赤无论如何英明、伟大，都不会建立人人平等、自由博爱的社会。

二、举贤任能

创业需要人才，人才创造了事业。事实确实如此。历代创业之君的成功，论原因固然是多方面的，其中，网罗人才，招贤纳士，举贤任能，实在是一个必不可少的重要条件。周文王访求姜子牙，萧何（代替刘邦）月下追韩信，刘备三顾茅庐请诸葛，等等，都被传为千古佳话。这些创业之君，求贤若渴，或张榜求贤，或屈尊临门恳请，礼贤下士，不遗余力，故人才济济，各展其志，共建一代伟业。相反，那些昏庸、荒淫之君，视人才如草芥，任意践踏，不惜摧残，弄成孤家寡人，众叛亲离，其结果，只能与国同亡。如项羽有一谋士范增而不能用，难免垓下自刎；隋炀帝诛杀重臣，终究以三尺白练而毙命，如此等等。历史的经验证明，人才用与不用，实关国家兴衰！

在这方面，努尔哈赤比历代创业之君，一点也不逊色，他对人才的认识和使用,确有独到之处。万历四十三年(1615),他连续发表如何识别人才的具体要求,并督促臣下推荐各方面人才。他对臣属们说:"你们推荐贤人,不要说自己因为什么缘故使疏远者超过了亲近的人,切勿拘于资历,只选择心术正大的推荐,也不要因本族当官的人多才引荐,只要有才的,可以选入任事。凡为政,得一才一艺的,已经很难,但可以有助于政事,即许荐举。"努尔哈赤这番话,表明的思想是,抛开一切不必要的附加条件,只有一条,即该人心术正,有一定能力,就可以任用。

又有一次,努尔哈赤与臣属乘冬时出猎,心有所感,再次讲述他对人才的渴求,说:"今国事烦琐,需要多得贤人,各任之以职。如果治国、统军的人少,还能做什么事?倘若发现有临阵英勇作战的,要给职务之赏;有于国家忠良的,用以佐理国政;有博通古今的,用以讲述古今经验;有善于接待和擅长举办宴会宾客的,就叫他专司此职。各方面的人才都需要,你们可以各处罗致。"

努尔哈赤特别训诫他的诸子,要秉公选拔人才。他说:"贤能的人不荐举,那么,贤能的人何能得到重用?思想不正的人不辞退,那么,思想不正的人何能受到惩处?你们应秉忠直,切勿贪婪;均平之道,莫过于忠诚正直。我从来就喜欢忠诚正直,从不欺骗。你们要留心。"他的儿子们都分掌各方面权力,位尊而权重,能否做到忠诚正直,关系匪轻。所以,努尔哈赤告诫甚至警告诸子不得偏私,以免坏了国家大事。

努尔哈赤还讲出对人才不能求全责备的观点。他说:"全才者能有几人?对每个人来说,才能都各有长处,也有短处;处事也有机敏与笨拙之分。比如,有人善于冲锋陷阵,但于治理政事则笨拙而无用;有的善于治理政事,却不能打仗,把他用到打仗,他就没用了。所以,用人的原则,要各随其才而用,这就是用其长处的意思。"(《武录》)

从《武录》所记录下来的努尔哈赤对人才的见解,十分珍贵,对于一个少数民族的领袖人物,有如此深刻的见地,已属不同凡响。其求贤迫切之心,跃然于纸上!

他是这样说的,且在实践上也为臣属做出了榜样。前叙努尔哈赤起兵不久,攻打瓮郭洛城,被罗科、鄂尔果尼两名神箭手射成重伤,几乎丧命。后两人被俘虏,诸将一致要求处死他们,以报一箭之仇。努尔哈赤爱其才,赦免死罪,还赐以牛录之职。他们受感于努尔哈赤的厚恩,甘心为其效命。

努尔哈赤早期创业的"五大臣",是他最得力的文武人才。他们都是在努尔哈赤起兵前后,陆续加入他的队伍,被委以重任,用毕生精力参与创业,各以丰功伟绩彪炳于有清一代的史册。

额亦都是加入努尔哈赤事业的第一人。努尔哈赤二十二岁那年,也就是起兵的前三年,在一次偶然的机会,行经嘉木瑚寨,宿于穆通阿家,巧遇来此避仇人的额亦都。这里是他姑姑家,两人推心倾谈,十分投机。额亦都决心跟随努尔哈赤,他姑姑不同意,力图阻止,但他决心已定,第二天就跟着努尔哈赤走了。额亦都时年才十九岁。努尔哈赤起兵复仇,额亦都是百人队伍中重要的一员。以后,他追随努尔哈赤东征西讨,未曾打过败仗,曾被赐予"巴图鲁"的美号,努尔哈赤还把本族的一个妹妹送给他为妻。设五大臣时,他是其中之一。

费英东于努尔哈赤起兵六年时,随其父率五百户归服努尔哈赤。他为人忠直敢言,作战勇敢,屡立赫赫战功,赢得了努尔哈赤的信任,被授为一等大臣,努尔哈赤把他的长子褚英之女嫁给他为妻。扩建八旗时,努尔哈赤又命他隶镶黄旗,出任固山额真。

何和礼原为女真栋鄂部长。努尔哈赤爱其才,主动把他请到佛阿拉,以宾礼相待,深深打动了他的心,遂于万历十六年(1588)毅然归顺建州。努尔哈赤把长女嫁给他为妻。他的原妻闻讯,不禁大怒,率余部赶到佛阿拉,要与何和礼决一死战。努尔哈赤亲自出面,晓以大义,说服了其原妻,马上化干戈为玉帛,其原妻向努尔哈赤表示归服。何和礼参加了灭乌拉、进兵辽东的一系列重大战役,战功同样显赫。更定旗制时,所部隶正红旗。

安费扬古,姓觉尔察氏,自父时即服属努尔哈赤。他从青少年就跟随努尔哈赤南征北战,统一建州各部,灭哈达,亡乌拉,征东海诸部,北进黑龙江,破明辽东地等,他都是一员英勇善战的悍将和统帅,为努尔哈赤所倚重。建八旗时,他隶属镶蓝旗。

扈尔汉,姓佟佳氏,努尔哈赤起兵第六年,他年十三,与其父同归努尔哈赤,被努尔哈赤收为养子。他参加了征乌拉、伐窝集部、北战黑龙江、大战萨尔浒及进兵辽沈等重大战役,所向克敌制胜,战功卓著。

以上五人,是努尔哈赤创业初期的五大臣,平时"理政听讼",战时率师征伐,兼将帅之重任,积三十年的共同奋斗,辅佐努尔哈赤成就大业。当时,猛士如云,他们是最杰出的人才。这五大臣,都先于努尔哈赤去世。最早是费英东,病逝于天命五年(1620),接着额亦都、安费扬古、扈尔汉相继病故,最后为何和礼,逝于天命九年(1624)。他们一生忠心耿耿,功绩伟烈,备受清历位皇帝推崇,列为开国功臣第一(以上见《清史稿》各传)。努尔哈赤的弟弟速尔哈赤,其长子褚英、二子代善、八子皇太极等,个个都是将帅之才。其文臣如额尔德尼、噶盖等,堪称是一代杰出人物。在进兵辽东、辽西的过程中,努尔哈赤又吸收了大批汉族中如李永芳、范文程等优秀人物,造成了人才空前繁盛的局面,与明朝人才凋零的现象形成了鲜明对照。这里所点到的几个人,不过是努尔哈赤所聚千百人才的部分代表。正是这些以千百计的优秀人才,集中了全部才智,迸发出无穷的力量,使一个落后的少数民族由弱变强,由少变多,最终战胜了庞大的明王朝。否则,只凭努尔哈赤一人的才智,是难有成功的希望的。

三、敬天崇佛

早在遥远的古代,"天"从来就是人类共同崇拜的对象。即使进入文明社会以后,各个国家和民族的社会发展阶段不尽相同,宗教信仰各异,形式种种,但都包含了敬天的内容。人们对事物的认识和社会实践活动总是同"天"联系在一起,从中寻求合理的解释,证明自己行为的正确性。

在中国儒家学派的思想体系中,敬天、畏天是它的重要组成部分之一。如孔子说:"天何言哉?四时行焉,万物生焉,天何言哉!"其弟子子夏明确地表达了"天命"思想,称"死生有命,富贵在天"。后人把儒家的这一理论,概称为"天命论"。这是高度发达的汉文化对"天"的理论概括。生活在东北地区的满族,继承了先世女真人的敬天传统,对天是很敬畏的。虽说他们敬天的思想没有形成如儒家那样的理论概括,敬天、祭天的形式简单而原始,但却十分虔诚而周密,具有本民族的浓郁的特色,这在努尔哈赤丰富的思想中得到了鲜明而深刻的反映。这就是说,敬天是他的思想理论中的一个重要部分。他把敬天与拜天的活动纳入到国家的政治生活中,于是,敬天就不止是简单的宗教式活动,而且成为国家的政治行为,提高到了治国、统治人民的战略地位。

天是有意志的吗?它能主宰人世间的事吗?努尔哈赤做了肯定的回答。万历四十三年(1615),有一天,他对诸大臣说:"天任命汗,汗任命诸大臣",所以,"你们要很好地处理所委任的国家大事",这样,"对天是功,对自己是大福。"(《重译满文老档》)在努尔哈赤看来,天无疑是人世间的最高主宰,汗(皇帝)是受命于天,被天委任为人世间的最高统治者,再任命各大臣,执行天的意旨,统治百姓。做得好的,对天立了功,个人会获得最大的福禄。努尔哈赤更明确宣称:汗(皇帝)就是天的儿子。古人称皇帝为"天子",即源出此意。基于对天的认识,他把建国的年号定为"天命",即他称汗为天之所命。追溯他的始祖布库里雍顺,为天女所生,也就是天所生,亦即天之子。努尔哈赤宣称自己也是天生的,其思想一脉相承。

努尔哈赤把自己和他的先人都看成是天的子孙,被天派到人间,代表天行使统治权,因此,他所做的一切,都是根据天的意旨行事的。在叙述他的一生的《武录》中,充斥了有关敬天、拜天的记载。努尔哈赤起兵前,首先就同苏克素浒河部诺米纳兄弟结盟,双方"杀牛祭天立誓",向天表达他们的共同心愿,让天监督他们履行自己的誓言。万历二十五年(1597),叶赫、乌拉、哈达、辉发四部承九部联军大败之后,共同邀请努尔哈赤与他们"会盟",隆重举行拜天、祭天仪式,已如前叙。万历三十六年(1608),努尔哈赤为缓和同明朝日益加剧的矛盾,重归和好,遂与辽阳副将等举行盟誓,"昭告天地",宰白马祭天。努尔哈赤与乌拉布占泰曾七次向天盟誓,布占泰七次背盟。努尔哈赤以其"欺蔑皇天后土",代表天意,发兵征讨。努尔哈赤即汗位,率诸王臣向天焚香、三叩首;征讨明朝,出师前,隆重"拜天"……举凡节日拜天,向天表达敬意;出征要告天知道,求天给予"护佑";打了胜仗,凯旋归来,要"谢天",感谢天的庇护;遇有喜庆大事,也通过祭告的形式,感谢天的恩赐;处理国与国、民族与民族,乃至君与臣的关系,便郑重对天盟誓,向天表达各自的虔诚之心,以取信于天,求天来监督他们各自的行动。所有这些频繁的、无处不"拜天"的活动,表明它远远超出了民间的风俗习惯,被纳入到治国的运行轨道上,成为他统治百姓的一个强大的思想武器。

努尔哈赤认为,天是主持正义的,对善的给予鼓励,对恶的一定给予惩罚。九部联军被击败,努尔哈赤说,这是因为上天惩罚他们,所以才让我获胜。他指责明朝侵占他的世居祖地,说:"大的可以变小,小的可以变大,这都出自天意。"叶赫首领布扬古已将妹妹许给努尔哈赤为妻,却又许嫁给蒙古喀尔喀部。诸将以此为莫大污辱,力主发兵攻打。努尔哈赤则另有见解,说:"上天生此女,并非出于无意,却是让她坏哈达、辉发、乌拉,使之不和睦,以至干戈不断,扰乱至此地步!"他称叶赫乃是"天不佑之国",早晚必亡,而大明出兵保卫叶赫,自有天能辨明是非。他征明时,断言:天下之国互相征伐,符合上天心意的必胜而存在下去,违背天意的必败而亡!

凡事之善恶与成败,上天都通过自然现象向人们发出警告,现予征兆,让人间来决定行止,预先防备。征辉发前,屡见一道气体出现,向东直冲辉发国,经久不散。努尔哈赤即出兵征伐,果然将辉发部灭掉。努尔哈赤征乌拉时,"告天祭旗",忽见东南有气,分蓝、白二色,直冲乌拉城北。结果,乌拉被击败;后又发现有一股白色气体从乌拉部升起,越过努尔哈赤的宫楼南,直抵呼兰哈达。不久,努尔哈赤再度兴兵,一举把乌拉灭亡。有一次,努尔哈赤亲自赴抚顺,向明朝边将递交一封信,辩解他为何攻灭乌拉。他行至一旷野处,太阳从云中钻出,两旁如门,青、红二色"祥光"垂照。努尔哈赤一见,率随从人员面向"祥光"跪拜,其光很快消失了。又有一次,努尔哈赤出猎,夜宿于木奇地方,第二天,只见在太阳两旁有青、红色"祥光",又对着太阳出现蓝、白光三道,围绕着太阳,像一道大门,跟随着努尔哈赤而行。他率众跪拜,光线便消失了。天命三年(1618)正月十六日晨,出现有青、黄二色气,直冲向淡淡的月亮之中,光线宽约二尺,在月亮上方长约三丈,在下方长约丈余。在此之前,已屡次出现"祥光",努尔哈赤都看成是"吉兆"。当看到此"祥光"又出现在明月周围,努尔哈赤对诸王臣说:"你们不须怀疑,我意已决,今年必征大明国!"月同明(朝),在月亮周围现异兆,昭示他征明。

类似"祥光"和"气"的记载,比比皆是,努尔哈赤把这些自然现象统统看成是天象对吉凶的预告。他坚信他所做的一切都符合天意,因而得到了天的护佑。随着事业不断地发展,胜利总是属于他的,他更笃信天意而不疑。他宣扬"天命"可敬可畏,并不是消极等待天意赐给他一切,凡事听天由命。实际上他还是强调事在人为,躬身实践,靠自己的主观能动作用,去获取最大的胜利。他从起兵,以不满百人的小队伍、十三副铠甲,发展成独立的国家政权;从一个平民,变成具有绝对权威的最高统治者,是经过数十年浴血奋战、出生入死而获得的。不过,他把这一切都说成是天意对他的庇护,从而把他及事业神圣化,动员百姓拥护他,支持他;他是天生的统治者,也就把他的诸臣属置于凡夫俗子的地位,而对他只有忠心辅佐,俯首听命就达到了巩固其最高统治地位的目的。所以,他在处理天命与具体人事时,总是从实际出发,从实际中规定具体的政策。例如,在他称汗的前一年,诸王臣请求伐明,他却说:"如果伐明合乎天意,天自然会保佑我们;天既然保佑,我们就会达到目的。但我们本来就没有积储,不足以养活本国之民,若兴兵,岂不是更困难!"他的意思明确些说是,虽然得到天的护佑,但没有充足的经济实力,还是不行。显然,他强调实际状况是制定政策的基本依据。同时,他所倡导的敬天,是把他作为自己的思想武器,以此来解释或论证他所做的一切,在这一虚幻的"天意"的外衣掩饰下,大胆而勇敢地实践自己的政治目标。

努尔哈赤把敬天、祭天同崇信佛教结合起来。佛教于西汉末年自印度传入中国,为统治阶级所接受,迅速发展起来,成为中国一大宗教,久盛不衰。佛教传入西藏,创立喇嘛教,俗称"藏传佛教",它在西藏是占统治地位的宗教,后在广大的蒙古地区盛行,为蒙古牧民所信仰。后金在进入辽沈地区前,主要是接受蒙古文化的影响,喇嘛教也是女真(满族)的主要信仰之一。努尔哈赤既信喇嘛教,也信汉族信仰的佛教。他对佛也是很虔诚的,不时地宣扬佛法。他曾说:"所谓福,就是成佛。在今世苦其身,尽其心,来世时能生在一个好地方,福便得到了。"(《满文老档》太祖卷四)朝鲜人李民寏曾亲见努尔哈赤常常独坐,手持念珠逐一而反复数珠。他的将领们在脖子下系一条巾,在其末端悬挂念珠而逐一数之(《建州闻见录》)。为满足宗教信仰的需要,在修建赫图阿拉城时,特在城东一高处辟出空地,以三年的时间,修建了佛寺及玉皇庙共七座。这些庙宇寺院,就成了努尔哈赤和他的臣民们礼佛的场所。

佛教实际仅是官方信仰的宗教,在民间仍盛行萨满教。该教是多神信仰的民间宗教,没有形成专一的信仰,仍属原始宗教。努尔哈赤提倡佛教时,并不禁萨满教。到皇太极时,始予禁止,大力倡导佛教。除此,努尔哈赤所修玉皇庙,是对天界最高统治者玉皇大帝的崇拜;在城内还修了关羽的庙,把他当成神灵而加以膜拜。与天相对的是大地,以及其他神灵,都是努尔哈赤所信仰和膜拜的对象。

综合努尔哈赤的信仰,所谓天、地、神、佛,无所不信。其中,最重视对天的崇拜。他从其先人的信仰传统中,创办了"堂子"。从佛阿拉时期开始,至赫图阿拉时期,努尔哈赤都在城内建"堂子"。此为"礼天之所"。后迁都到辽阳、沈阳,他都在宫内设"堂子",最后定鼎北京,这一礼俗一直沿袭不变。在坚持祭天的崇拜中,掺以对佛及诸神祇的礼拜。这既是努尔哈赤的思想理论,也是女真(满族)社会中居于支配地位的统治思想。

任何一个国家或民族,都有它自己的社会统治思想,即使在文化十分落后的国家或民族,宗教包括对天地神灵的崇拜,往往会成为统一人们思想的精神武器。以儒学为核心的学说,自西汉以来已成为历代的统治思想,而且也是高度发达的汉文化的集中体现。女真(满族)的文化远比汉文化落后,还没有本民族的理论体系,更没有用文字阐释的大量典籍,他们只能借助古老的传统习俗,诸如对天、地、神的原始崇拜,来维系本民族内部的一致性。对于努尔哈赤来说,这些习俗就成了他的统治思想,用以统一女真(满族)社会各阶层、各阶级的强大的思想武器。他亲自倡导和举行"拜天"的一系列活动,使之制度化,且具有法律的效力,实际也是强化人们对天、地及诸神祇的信仰,达到巩固汗(皇)权统治的目的。显然,他成功地达到了这一目的。在进入汉族聚居的辽东地区以后,特别是从他的继承者皇太极开始,在保持满族"拜天"这一习俗的同时,逐渐把统治思想纳入到儒家思想的轨道,进关后,才为之一巨变。

第六章 向明宣战

一、"七恨"伐明

努尔哈赤崛起时,明朝已由盛而衰。到神宗亲政时,由朱元璋创建的大明王朝,在经历了永乐、宣德,即史称"永宣之治"的短暂辉煌后,兴盛的局面早已成为遥远的过去。神宗的暴虐统治,早已把国家搞得乌烟瘴气,官场贪污盛行,政治黑暗。在辽东,坐视毗邻的建州女真势大,有识之士一再发出警告,神宗都充耳不闻。当努尔哈赤相继灭掉哈达、辉发、乌拉,叶赫危在旦夕之时,神宗似乎心神不宁,他开始感受到被藐视的"建酋"努尔哈赤咄咄逼人的气势,正向大明王朝发起冲击。他已多年不理朝政,而此时不免忧心忡忡,坐卧不安了。一天夜里,他做了一个噩梦,吓得不能入睡。次日,他召见几位亲近大臣,诉说他的梦中之事:"朕昨夜一连做了三次噩梦,每次都同是一个异族女子,跨在朕的身上,举枪刺朕,故使朕受到惊吓。你们说说看,这三次梦是什么意思?可直言无讳,对朕讲来。"这几位大臣都不约而同地想到,这"异族"必指女真,敢于刺皇帝,不是努尔哈赤又是谁呢!于是,他们马上做出解释:"陛下梦中的女子,就是现在的女直(真),是努尔哈赤的化身,他正在兴起,

明神宗

就要夺我们大明江山。"(《满洲老档秘录》)他们给圆的这场梦,很有道理,也很实际,神宗听后,心里更加不安了。

说来也巧,神宗刚做过这场噩梦,就传来努尔哈赤进攻叶赫的警报。叶赫首领金台石、布扬古急忙派人向神宗告努尔哈赤的状。接着,明朝派兵保卫叶赫,并向努尔哈赤发出严厉警告,努尔哈赤据理反驳,已如前叙。这表明,努尔哈赤同明朝的矛盾已趋向表面化,他看到了明朝正在衰败,再也不像以前那样逆来顺受了,说话的口气也越来越强硬。神宗下令调兵援叶赫时,先派一名守备的下级官员萧伯芝赴赫图阿拉,送给努尔哈赤一份谕旨,申明君臣大义。这位"萧大人"以"天朝"自居,诡称朝廷大臣,乘坐八抬大轿,妄自尊大,一见面,就命令努尔哈赤跪拜接旨,还夸夸其谈书本上写的那些古今兴亡的道理,对努尔哈赤进行训斥。此时的努尔哈赤已非昔日可比,他手握重兵,势力方张,岂肯被"萧大人"的装腔作势所吓倒!他以轻蔑的口气回答:"吓我之书,为什么要下拜?善言善对,恶言恶封!"萧伯芝带来的谕旨,他看也不看,就命令萧回去,实际是驱逐出境。

努尔哈赤同明朝的矛盾非止一端,随着时间的推移,双方矛盾尖锐化,以至关系最后破裂,这是迟早要发生的事。因为努尔哈赤的势力日益发展,必然威胁到明朝在辽东的统治。当明朝逐渐看清努尔哈赤的意图,再也不能袖手旁观,开始采取必要的措施,加以遏制,甚至直接出面进行干预,到这个时候,双方的矛盾转化为公开的冲突,便是不可避免的了。

努尔哈赤建立后金政权,实际是宣布独立,脱离明朝的统治,因而改变了他与明朝保持的世代从属的关系。一方面,明朝要维护既得利益,继续维持一统天下;另一方面,努尔哈赤要冲出旧有的藩篱,建立他统治下的社会秩序,为女真(满族)重新争得应有的权利和地位。双方对各自利益的争夺,必然发展成为军事冲突,至于哪一方先进攻,并不重要。

后金政权建立时,明朝方面并不了解这一最新事态,反而是朝鲜最先探听到可靠的消息,向明朝报告,说努尔哈赤自称是一国之主,把大明改称为"南朝"。昏庸的明神宗对这件大事好像还没有反应过来,也许因为情况不明,一时还拿不准如何处置。在两年多的时间里,明朝没有任何动静,就是说,没有采取任何防范的措施。

努尔哈赤也不动声色,从他的举措看,在这段时间里,他已着手做军事进攻的准备。当后金进入建国后的第三个新年(1618)的时候,努尔哈赤突然宣布:从今年起,要向大明开战!作出这项重大决策,的确关乎后金的前途命运:胜则存,败则亡,而且战争一经开始,就不会停止下来,对后金的考验还在后面,能否抵得住地广人众、握有全国财赋的大明的攻击,也还是个未知数。显而易见,努尔哈赤的决策具有很大的冒险性,是把他创建的新生的后金国作了赌注。但是,努尔哈赤已在沙场奋战了三十五个年头,从指挥百余人到千军万马,积累了极为丰富的作战经验,况且现在他已拥有八万多精锐的八旗军队,具有至高无上的权威。他对战胜明朝抱有必胜的信念。他深知明朝是个"大国",打败它并不容易。因此,他马上进行精心的准备。他召集诸贝勒大臣,部署各军修造战备攻具。为防止泄露军事机密,假称给诸贝勒修马圈,派出七百人,到附近山上砍伐木料。当年三月,传令将士检修兵器,加紧把马喂肥。他最担心明朝或有使臣前来,发现他备战的机密,就用这些砍伐下来的木材盖了马棚。

努尔哈赤命令八旗将士进行各项准备,而他则研究战略战术,如何制胜的兵法。到了四月,他向诸王贝勒具体阐述攻明的作战方略。他说,平时做人要讲正直,这种品质是最好不过了。在军队,就要讲智巧谋略,不使自己的兵士劳苦、疲乏为最好。打仗时,敌众我寡怎么打?首先应把我兵隐藏起来,不要叫敌人发现,只用少数兵去引诱,敌人被引诱来了,就中了我们的计策;如引诱而不来,就要详尽地研究城邑远近。相距远的话,即可尽力追击;相距近,则直抵城门,逼使敌人自相拥塞,我兵众后面掩杀,必胜无疑。假使我兵只有一二固山(旗),遇到众多敌人,那就一定避免与之接近,马上返回,寻觅大军,然后再去找敌人所在的地方。如果只是二三处的兵,需要合兵后,量力而行。这就是与敌人进行野战的作战方法。

接着,努尔哈赤又传授攻城的方法。他针对明军都以设防的城堡作为守御的阵地,说:攻打城堡山寨,要先观察它的态势,可以攻得下的,立即命令军队攻取,否则,就不要勉强进攻;如进攻却没有攻克,退兵回营,反而损害了军队的名声。胜败还取决于将帅的指挥。如果不劳己兵而又能克敌制胜,那才称得上擅长智巧谋略,无愧作三军的主帅。如劳师作战,虽胜何益?不管打什么仗,最上策就是自己不损兵折将而又能战胜敌人。

作战时,如何部署和调配兵力,对胜败关系甚大。后金的军队实行的是八旗制,其基层是牛录,构成了作战的基本单位。努尔哈赤十分重视如何发挥牛录的战斗力,他凭借多年的战斗经验,自有一套用兵的原则。他把这一原则也告诉了诸王贝勒,说:每个牛录有五十个披甲的人,要留下十个人守城,四十个人出战,其中二十二个人携带两个云梯,以备攻城。从出兵之日起,到战斗结束,每个兵士都不得离开本牛录旗纛,违反此令,定要逮捕审问。我的命令必须向本牛录的兵士传达贯彻,如不传达,就将本牛录额真各罚马一匹。如已传达,而部下不听,就将违令者斩首处死。五牛录额真和各牛录额真以及其他将官,凡是委派的任务,如能胜任,就接受任务;倘不能胜任,也要说明白不能胜任,可以不接受委派。明知不能胜任却又接受了任务,不只是影响一个人,如管理上百人,就误了百人的事;若管理上千人,就误了千人的事!这些事都是我做汗的大事,如做不好,也就误了国家大事!

努尔哈赤从战略讲到战术,进而讲了针对不同的情况,采取不同的作战方法。他要求诸王贝勒把他讲的这些都传达给所有将士(《太祖朝老满文原档译注》)。

努尔哈赤讲的是军事,实际也是政治动员,统一思想,做好战争准备,才能保证战争的胜利。

天命三年(1618)四月十三日上午十时,努尔哈赤亲统二万步骑,首次出征大明。出师前,按照女真的习俗,举行了庄严的"告天"仪式。由他授意书写的"告天书",毫不留情地痛斥明朝的种种罪过,阐明他有"七恨"而兴兵。"告天书"全文大意如下:

> 我父、祖居于大明边境,寸土未损,一草未折,秋毫无犯,明朝无故生事,杀我父、祖,其此一恨。
>
> 虽然杀我父、祖,我仍愿修好,曾立石碑,约定誓言:无论大明与满洲(即满族),凡越过双方边境者,发现即杀,发现而不杀,就处罚纵容而不杀的人。明朝背弃誓言,派兵出境,助守叶赫,此其二恨。

自清河（今辽宁本溪清河）以南，江岸以北，明朝方面的人每年偷出边境，侵夺和为害满洲地方，我执行盟约，予以逮拿处死。明朝背叛盟约，反而责备我擅杀，拘留派往广宁（今辽宁北镇）的使者刚果礼、方吉纳二人，并用铁索锁手，逼我在边境杀十人，将他们换回，此其三恨。

明朝派兵出边，守卫叶赫，把我已经行了聘礼的女子转嫁给蒙古，此其四恨。

我世代为你大明看边而居住的柴河、三岔、抚安（今属辽宁省境）三堡，本属我有，我耕种的粮食，却不许我收获，派兵驱逐我民，此其五恨。

边外的叶赫，是获罪于上天之国，大明却偏听其言，遣人送信，写下了种种恶言，对我侮辱，此其六恨。

以前哈达帮助叶赫，两次出兵侵我，我进行反击，哈达遂为我所有，这是上天给予的。大明却又助哈达，逼令我顺复哈达。其后，叶赫屡次将我释放的哈达人掳去。天下各国互相征伐，符合天意者胜而存，违逆天意者必败而亡！在战争中死锋刃的人，使其重生；已得的俘虏，强迫归还，有这种道理的吗？如果是上天委任的大国之君，应为天下所有国家的共主，怎么仅仅是我一人的君主？以前，扈伦诸部联合犯我，引起战争，因我符合天意，天厌弃扈伦而保佑我。大明帮助叶赫，就是逆天意，以是为非，以非为是，妄加评判，此其七恨。

我受凌辱至极，实难容忍，故以此七恨兴兵。

努尔哈赤诵读完毕，向天跪拜，将此告天书用火烧毁（《满文老档》、《武录》）。

这就是著名的"七大恨"讨明檄文。虽说是声讨明朝的罪过，却也是对全军将士的作战动员令。焚此檄文后，他又向诸王将领解释说："此次出兵打仗，并非我的本愿，主要是因为有这七大恨，其余小恨难以尽说，愤恨已极，才不得已发动了战争。"但是，努尔哈赤发动战争，绝不单单是为了复仇解恨。三十五年前，他打的旗号是为父、祖报仇，结果是统一了女真诸部。此次大规模兴兵伐明，打的旗号，仍是报仇解恨，但从内容看，已远远超出复仇的局限，而且有政治的含义。他敢于痛斥明朝皇帝，并起兵征战,是他同明朝的公开决裂,从此不再存在臣属的关系。这表明努尔哈赤决心同明朝战斗到底,目的还是争夺统治权。后来的一系列战争证明了这一点。他在宣布军队纪律时,也突出了战争的政治性质。他说:"在战争中俘虏的人,不准剥其衣服,不许奸淫妇女,有家口的,不要使他们夫妻离散。唯对抗拒不降的,杀无赦,除此,不得妄杀。"他不想借战争实施报复,而且要严格纪律,争取民心,有利于在明朝的土地上建立他的统治!

努尔哈赤建立后金国,仅仅过了二年零四个月,终于走上了同明朝进行战争的道路。尽管他知道这条路是漫长的,而且充满了艰难和风险,他没有别的选择,只有沿着这条路,向着既定的目标前进,不停地前进,直到生命完结!不论他是否意识到,他都是在执行一项历史使命,这就是把女真人——满族,重新引上复兴的道路,再造先世的辉煌!只有打败明朝,才能实现这一目标。

努尔哈赤已经六十岁了。他的威风、他的魄力,犹不减当年。他带领这支久经战阵的八旗精锐,义无反顾地踏上了征程。

从此,明统治下的辽东再也没有安静之日了。以此次战争为开端,将改变后金与明朝的各自命运。

二、首战抚清

努尔哈赤决策,首次军事进攻的目标,就是明朝在辽东东部边城抚顺(今辽宁抚顺市)。它的全称是抚顺千户所城。明朝军政机构实行卫所制。抚顺是次于卫一级的边境小城,隶属于沈阳中卫。城建于明洪武十七年(1384),周长仅三华里,但位置却很重要。它是辽东首府辽阳以东的边防重镇,明与建州三卫往来的交通冲要。在城东二十里的地方,开设马市,实则是贸易市场,专供建州女真与汉人进行互市贸易。抚顺城西距沈阳约八十里,西南至辽阳、西北距开原各约二百里。城东面,修筑了边墙,正面对着建州女真。如沿苏子河溯流而上,或经陆路,可直达努尔哈赤所在的赫图阿拉。从长远看,努尔哈赤欲进辽东,就非得打开这条通路不可。明朝欲遏制努尔哈赤,就必须守住抚顺城。后金与大明谁也不想放弃抚顺。因此,抚顺自然就成了努尔哈赤首次攻取的目标。

努尔哈赤敢于首先向明朝动武,是凭着他的丰富的军事经验和远见卓识而做出的一生中最为重大的决策。他必是胸有成竹,胜券在握,当无疑问。然而,在具体落实到攻取抚顺的时候,他不免有些踌躇,换言之,难免有几分担心。他明白,此战只能胜,不能败,如果遭到失败,后果不堪设想!

出征前,努尔哈赤同诸子商量,征询他们对攻取抚顺之计。第八子皇太极颇有谋略,在他的诸兄弟无计可出时,急中生智,向父亲献上一策。他说:"听说抚顺游击(官名)李永芳大开马市,至本月(四月)二十五日结束。在开马市期间,边备必然松懈。我们趁机攻取,必能获胜,但宜智取为上策,请父汗先命令五十人扮作贩马的商人,驱赶马匹,分做五路进入抚顺城。我随后带兵五千,夜深时赶到城下,举炮为号,内外夹攻,抚顺唾手可得。抚顺一破,其他几处不战可下。"(《明季北略》)

努尔哈赤听完皇太极的陈述,不禁大为高兴,多日来未曾筹出一计,而由皇太极完整地设计出来,心中的愁云顿消,马上表态,完全同意他这位爱子的建议。

四月十三日,努尔哈赤统领二万大军,分作两路出发,会于古勒山住宿。次日,选出五十人扮作马商先行,然后将两路军再分为八路:左翼四旗攻取东州、马根单两处;努尔哈赤及诸贝勒自率右翼四旗和八旗精锐亲兵直取抚顺。

入夜,努尔哈赤右翼军宿于瓦浑鄂漠之野。天不作美,忽晴忽雨,努尔哈赤反复观察天气,有些心神不定,突然对诸贝勒说:"阴雨天气,不便进兵,还是撤回去吧!"为这天气不佳,他竟决定撤兵。出师前,兴师动众,而此刻将偃旗息鼓而回,这反映了努尔哈赤对取胜尚无绝对把握,大抵是出于稳重,不愿冒更大的风险。他刚说出自己的想法,二子代善极力劝谏:"我们同大明和好已久,今因其不讲道理,酿成仇恨,发兵已至其境,如到此而回,那么,我们是与大明和好呢,还是为敌呢?况且我们已经兴兵,这件事谁能隐瞒得了?天气虽阴雨,我军有雨衣,弓矢也各有备雨之具,不必忧虑雨水沾湿,除此,还忧虑什么东西会沾湿呢?而且天下雨,更使大明防御松懈,意想不到我们会兴兵。这样的天气,实际有利于我,不利于他们。"代善一席话,把问题分析得头头是道,努尔哈赤顿觉眼前豁然开朗,心花怒放,连连称赞代善说得很有道理,便改变撤兵的主意,于半夜时,传令全军整装出发。正要起程,天气忽然转好,这真是云开月霁(以上见《武录》)！上天好像有意考验努尔哈赤的心诚与否,所以忽阴忽雨,到决策进兵时,才散去云雨,助他成功。努尔哈赤满心欢喜,内心也很感激二子代善,多亏他提醒,否则,岂不是使自己闹出笑话！

八旗大军排列百里前进。皇太极率五千人已抵达城下,吹笳为号,努尔哈赤亲自率兵往抚顺城接应。抚顺城内并无准备,守将李永芳对此毫无所知。先入城的五十人知道他们的军队已兵临城下,就在城内放火、呐喊,闹得满城惊慌失措,而城外已被后金兵包围,想逃也逃不出去。努尔哈赤决定招降,如遭拒绝,再发动进攻。后金兵在城外捉拿到一个汉人,让他带着招降信去见李永芳。他接过来信,信中强调的是,不投降,必死无疑,切莫后悔;如接受招降,城内军民都会保全,他本人可与之结为姻亲,破格提拔职务。最后,一再告诫:要相信信中许诺的条件都是可信的,机不可失,时不再来(《武录》卷二)。

李永芳读完了信,没有立即表态,却穿上明朝的官服,登上城南门的垛口,表示要投降,但同时又下令明兵准备防守。努尔哈赤见此情形,下令竖云梯攻城。其实,李永芳是故作防守的姿态,并没有认真防守,后金兵进攻不到一个时辰,已经登上城墙,守备王命印因组织抵抗而被斩了。这时,李永芳仍穿着官服,骑上马,从城门出来,缓缓走向后金兵营,前去投降。当见到努尔哈赤时,他下马跪在路旁,努尔哈赤在马上拱手答礼,接受他的投降。

抚顺城就这样轻而易举地被后金拿下,首战告捷。城内军民除少数抗拒而被杀外,绝大多数都放弃了抵抗,一律被收养,重新编户。同一天,共攻取抚顺地区大小城池十余个,小村四千余个。努尔哈赤进驻抚顺城。第二天,全军都出城至郊外会合,然后撤离抚顺,回到属境甲板安营,在这里,努尔哈赤论功行赏。此战共获三十万人畜,就地分给了部众,另将降民编了一千户。抚顺城内,有来自山东、山西、河东、河西、苏州、杭州、海州、易州等地的商人。努尔哈赤从中选出十六人,赏给银子做路费,把他的"七大恨"文告交给他们,让他们返回内地,广为宣传。努尔哈赤又留下四千兵于二十日夜里将抚顺城拆毁,把这座设备完善的抚顺变为不设防的城池,以防明兵卷土重来。

四月二十一日,后金班师。努尔哈赤料到明朝闻讯,会来追击。他就在离明境二十里的谢哩甸立营。不出所料,明朝辽东总兵官张承胤、副将颇廷相、参将蒲世芳、游击梁汝贵率兵一万,分五路前来追击。努尔哈赤闻讯,很不以为然地说:"他们不是来和我们交战的,只是虚晃一下,诈称把我们的兵驱逐出境,用以欺骗他们的皇上。我谅他们也不敢等待我兵之来!"他派巴克什额尔德尼给正准备迎战的代善、皇太极捎信:"停兵勿动。"他们兄弟俩奉命把军队撤到边界驻守,又请示说:"明兵若是等待我军之来就打,若是不等待,就是败走了,我们应乘机追袭其后,否则,我们默默而回,他们就会误以为我们害怕不敢打。"努尔哈赤批准了他们两人的建议,分兵前进,三处安营,占据有利地形,做好了迎战的准备。当交战展开后,后金很快占了上风,发挥骑射的长技,将明兵打得大败。更不幸的是,张承胤、蒲世芳等战死,颇廷相、梁汝贵冲出重围后,也相继战死于阵中。将士万人,生还者百无一二。

战斗结束,后金军队于二十六日返回赫图阿拉。后金与明首次交锋,以全胜告终。取抚顺时,并没有激战,真正交锋还是代善哥俩迎击张承胤等万人援兵,这是多少年来第一次对明用兵,后金军队显示出它的军威,打出了它的优势,明兵虽众,竟不堪一击!正如明朝御史张铨所评论:"承胤不知敌诱,轻进取败,是谓无谋;猝与敌遇,行列错乱,是谓无法;率万余之众,不能死战,是谓无勇。"(《明史·张铨传》)作为统帅的张承胤无谋、无法、无勇,岂能不败!根本原因,还是明将士腐败无能,指挥官缺乏良好的军事素养。

战后,努尔哈赤实践已许下的诺言,按明朝的典制,提升李永芳为三等副将,这比起他的原职游击已有了显著的晋升。努尔哈赤曾许诺李永芳结为姻亲,这时也予以兑现,将他的第七子阿巴泰的长女嫁给了李永芳,设盛大宴会,给他成亲。按辈分,努尔哈赤成了李永芳的祖父。从后金建国,这大概是满汉通婚的第一例。李永芳从明朝的一个普通的游击将领,摇身一变而成了后金国的皇亲贵戚,称"额驸"。李永芳也是明与后金战争伊始投降的第一人。这一事件对后来明将降后金(清)影响极大。努尔哈赤还把收降的一千户都交给李永芳管辖。努尔哈赤履行诺言,反映出他对李永芳叛明降后金这件事的高度重视,因为他从现实看将来,确信他的这一优惠政策必将产生重大效果。

值得一提的,还有一件事:努尔哈赤攻取抚顺时,又得到了一个将来更有大用的人才,他就是范文程。当时,文程还仅是个沈阳生员,即读书人。清官方史书说他"仗策谒军门",主动投靠后金,实际他是被俘人员,努尔哈赤本想把他同其他被俘人员处死,但知道他是个读书人,将对自己很有用,就赦免了他。经再一细问,才知道他是宋朝名相范仲淹的后裔,不禁肃然起敬,特意叮嘱他的诸子说:"他是名臣的后人,要好好对待。"(《碑传集·范文程传》)范文程堪称是治国的栋梁之材,他为皇太极和顺治两朝谋划国家大事,发挥了重大作用,在一些关键问题尤其展示了他的非凡的远见和才能,被清朝列为开国元勋之一。

努尔哈赤成功地夺取了抚顺,收降李永芳、范文程等人,信心倍增,于五月十七日再次出兵,进入明边界以内,十九日围攻抚顺以北、铁岭以南的抚安、花豹冲、三岔儿等,连续攻取了大小城堡共十一个。通过李永芳的劝降,后金又收降了许多百姓。

连续的胜利,频频得手,无疑鼓励了后金的士气。七月二十日,努尔哈赤又发动了攻清河的战役。清河堡(今属辽宁本溪清河城)位于抚顺东南,是仅次于抚顺的边防重镇之一。此地主要是明廷针对建州女真而严加设的防,原驻军达五千二百余人,被后金攻取前,又增援三千人,总数近万人,其中有炮手一千多人。后金兵临其地,驻清河的参将邹储贤用万人固守。努尔哈赤指挥八旗军队攻城,明兵从城上投放滚木石块,施放火炮,箭矢如雨,都不能阻挡后金兵的攻击,他们冲至城下,挖掘城墙,打开洞口,蜂拥而入;另一部分则竖云梯,从城墙上冒死飞跃入城,明兵四散溃逃。邹储贤杀了坐骑,放火烧了营房,率亲丁拼死一战。李永芳出面招降,储贤大骂,遂战死于城南门。游击张旆亦战死,全军近万人皆死于阵中。一场血战后,清河堡陷落。离此很近的一堵墙(城名)、碱场(今属本溪)二城的官民闻风丧胆,没等后金进攻皆弃城逃跑,后金兵不血刃而得两城,将两城拆毁,搜索所有粮食,然后班师凯旋。

抚顺、清河两次战役,中间相隔三个月,但后者实为前者的继续,是努尔哈赤发动的一次战役的两次行动,故史称"抚清之役"。

抚清之役,是明清(后金)战争史上双方首次交锋,以后金的全胜而结束。努尔哈赤从两次战役中获取了大量战利品,固然值得高兴,但更重要的意义就在于,努尔哈赤第一次触动明朝这个庞然大物,并不像原先想的那么可怕,也不难打败它。从战斗及其结局,努尔哈赤看到了明朝军队的种种弊端,也是其政治腐败的反映。如果说,努尔哈赤原先还有一点对明朝不可战胜的迷信,那么,经此战役,这点迷信完全被打碎了,信心大增;他的将士所表现出来的压倒一切的气概,良好的军事素质,使他确信这支军队足以同大明的强大的军事力量相抗衡。努尔哈赤比任何时候都有勇气和信念同明朝战斗到底!

明朝是在没有做准备的情况下,被努尔哈赤打了个措手不及,极大地损伤了"天朝"的至高无上的尊严,当它从失败中惊醒过来,岂能容许努尔哈赤对它的背叛,尤不能容忍对它进行挑衅!战争已经开始,并将继续下去,下一步,该由明朝组织反击,一举吞灭后金。明朝这样想,或这样做,谁也不会感到惊讶。事实正是如此。一场生死存亡的大搏斗正在日益临近!

三、决战决胜

努尔哈赤攻陷抚顺、清河二城,掠其人畜,斩其大将的消息,接连飞报到北京。昏庸的神宗及朝野上下,好像被击了一猛掌,无不震惊、恐慌!这是明统治辽东二百年来未曾有过的一巨变。早年曾有李满住、董山、逞加奴、仰加奴等女真首领"寇边"骚扰,而今,未曾料到的是,努尔哈赤比这些人更为凶猛,攻城夺地,拆毁城池,化为废墟!此前,尽管努尔哈赤与明朝发生了诸多纠葛,但尚未引起对方的过多注意,而抚顺、清河的失陷,却使明朝大为惊骇。明末所谓"辽事"问题,实际就是从努尔哈赤攻陷抚顺开始的。

努尔哈赤发动抚清之役,终于使明朝统治集团从睡梦中惊醒过来。在一片惶恐不安的气氛中,神宗责成内阁大臣会同兵部等各部门商讨对策。于是,调兵遣将,筹饷募兵,重点防御山海关、广宁、辽阳等重镇。虽说努尔哈赤远在辽东以外,并无内进的迹象,但明朝君臣好像大祸临头,各处布防,意在防卫京师。

明朝并不是仅仅加强防守,从一开始就酝酿对后金进行一次大规模的征剿。在得到抚顺失陷消息的当天,神宗除了指示应采取的应急措施,还提出了"大举征剿事",要朝中百官举行会议,讨论落实。过了二十天后,神宗找来兵部,再次强调征伐努尔哈赤的必要性。他说:"辽左(以处京师左侧得名)失陷城堡,陨将丧师,损害朝廷威望,莫此为甚。你部要与各有关督抚各官、沿边将士亟图战守长策。各处城堡,都要用心防守,遇有敌人进犯的警报,并力截杀,务挫狂锋。远调经略,且夕出关,援兵四集,即共同谋划,大彰挞伐,以振国威。"他还警告一些因循息玩、空谈军机的人:"国法具在,决不轻贷!"(《明神宗实录》卷五六九)

一向不务政事的神宗皇帝,确实被努尔哈赤的军事进攻震醒了,他已意识到事态的严重性,几年前梦中的"异族女子"真的举枪向他刺来,他再也不敢疏忽,不待大臣们提议,他先发出命令,准备大举进攻后金。有了皇帝的旨意,大臣们赶紧讨论,很快确定领兵的人选,他就是杨镐。此人于万历八年(1580)中进士,平步青云,累次得到提升,至经略朝鲜军务,援朝抗倭,遭到惨败,险些被正法!抚顺警报传来,杨镐再次被起用,任命他为兵部右侍郎经略辽东。在抚顺陷落近两个月后,于六月赴山海关,催调宣府、大同、山西、延绥、宁夏、甘肃、固原等边镇劲卒一万六千及蓟镇台兵,从国库支出饷银二十万两。神宗特赐尚方剑,授权杨镐:凡总兵以下各将官如不用命或犯有军纪等严重过失,即可军法从事,先斩后奏。

主帅杨镐已被任命,其余两件大事必不可少,一是厚集兵力,一是筹集充足的粮饷,两项缺一不可。除前调宣府等七镇兵之外,另增调叶赫出兵,再调属国朝鲜派兵。朝鲜应命,派元帅姜弘立、副元帅金景瑞率三营兵马一万三千人,渡过鸭绿江,参加这次军事行动。总集兵力有多少,史书说法不一。清朝官方文件说,杨镐集兵二十万,号称四十七万,显然夸大。因为清朝是胜利者,把战败者明朝的兵力说得越多,便越能说明清朝是以少胜多,战绩越是辉煌。明朝方面也各有说法,唯后来任兵部尚书的王在晋自著《三朝辽事实录》,追记此次出兵总数为八万八千五百五十余名,这个数字较为可靠。综合各种说法,明朝的兵力在十万以下,八以上。

近十万兵马,需大批粮饷。神宗批准,将这项负担转嫁给农民,每亩加征赋额,万历四十六年(1618),全国骤增饷银三百万两。他们把这项专用于征辽的饷银,称为"辽饷"。后随着战争的继续,加派逐年增多,三年间连续逐年增派,最后达到五百二十万两,这就是说,农民除了按亩纳赋外,还须额外再纳一笔辽饷,集全国此项加派,以五百二十万为岁额。这就是明末有名的"辽饷",后又为剿灭李自成等起义军,又加派了"剿饷"、"练饷",合称"三饷"。此为明末一大虐政,最终把明朝葬送,而"三饷"之来,即始于此次征剿努尔哈赤。

就在努尔哈赤攻陷抚、清的同年冬,明朝征调的各镇兵马及叶赫、朝鲜的援军云集辽东,粮饷也源源运来。现在问题,该是如何组织进攻。杨镐本无军事大才,虽任官三十余年,实际多在官场周旋,援朝战场上的表现,已露才拙,不足担当大任。但因他熟悉"辽事",被推为主帅。在面临制定作战方略时,他竟"计无所出"(《明史记事本末》)。朝中大学士方从哲、兵部尚书黄嘉善、兵科给事中赵兴邦等人不顾边防实际,以"师老财匮"为由,每天发红旗,或写信,催促杨镐赶快进战。杨镐心慌意乱,同各方督抚大员及有关将领紧急会商,最后制定出一套分兵四路、分进合击的战略,攻向后金的中心——赫图阿拉,企图一举歼灭。四路的阵容及兵力、主将配置如下:

沈阳一路,又称左翼中路。以山海关总兵杜松为主将,以保定总兵王宣、原任总兵赵梦麟为辅,命分巡兵备副使张铨为监军,统率二三万人马,自抚顺出关,从西面进攻赫图阿拉。

开(原)、铁(岭)一路,又称左翼北路,或直称北路。以原任总兵马林为主将,以开原管副总兵事游击麻岩等七人为将官,命开原兵备道佥事潘宗颜为监军,统率包括叶赫军队在内,共一万五千人,从靖安堡出击,攻其北面。

清河一路,也称右翼中路,或称南路。以辽东总兵李如柏为主将,以管辽阳副总兵事参将贺世贤等十二人为将,任命分守兵备参议阎鸣泰为监军,率二三万人马,从鸦鹘关出边,攻其南面。

宽甸一路,也称右翼南路,或直称东路。以总兵刘铤为主将,管宽甸游击事都司祖天定等六人为将,以海盖兵备副使康应乾为监军,会同朝鲜援军,共二万人左右,自凉马佃出边,从东面取赫图阿拉。

四路中,以杜松所部及李如柏所部兵力稍强,从正面进攻赫图阿拉,构成了主力部队。杨镐为全军主帅,坐镇辽阳,约定四路于万历四十七年(1619)二月二十五日出发,三月一日出边,二日于二道关合营进关。他把明军出师日期派人通知了努尔哈赤。

从神宗发出征剿后金的谕旨,到动员全国,征调雄兵猛将,厚增粮饷,皆倾注于辽东一隅之地,气势汹汹,大有灭此朝食之概。明朝发动大规模进攻,不仅是对努尔哈赤袭取抚、清的一次大反击,更重要的意图是,欲一举歼灭后金,将其扼杀于摇篮之中。

努尔哈赤攻取了抚、清之后,就料定明朝绝不会善罢甘休,肯定会大举报复行动。天命四年(1619)元旦刚过,努尔哈赤立即进行全面备战,派大贝勒、二子代善率五千兵马前往扎喀关(时称三道关)防守,抵御明军可能发动的进攻。而他亲统大军出征叶赫,夺取其屯寨二十余处,力挫叶赫士气,胜利回师。接着,派出一万五千人到萨尔浒(今辽宁抚顺东大伙房水库所在地,现已淹没于大水之中)地方运石,在近处的界藩山上筑城,另派四百名骑兵前来保卫。

二月二十四日,努尔哈赤收到杨镐的信,如其所料,明兵即将大举进犯。数日后,他接连得到哨探的报道,从西边抚顺方向,南边栋鄂方向,均已发现明兵。努尔哈赤沉着冷静地分析,对明朝的战略进行估量。他判断,明军的主力是从抚顺方向来的一路即西路杜松所部,应全力攻击此路军,然后再逐个歼灭其他几路军。他向诸贝勒大臣阐述他的作战方略是各个击破,归为他的一句名言:"凭尔几路来,我只一路去!"(《辽广实录》)

努尔哈赤迅速部署兵力,命令现驻原地的五百兵防御南路,其余所有八旗军队尽数调到西路,迎战明军主力。代善与诸贝勒大臣率军出城,向抚顺方向而来。正行间,哨探又报来最新情况:在清河方面又发现了明兵。代善认为,清河方面路远,且多山而路崎岖,一时来不了,只用二百兵去防护就可以了,我们应全力赴抚顺关迎战。说完,继续进兵,过了扎喀关,代善与达尔汉辖按兵不动,等候努尔哈赤到来。四贝勒皇太极因祭祀神灵稍迟,随后赶来,一见面就说:"我们筑城夫役都没有武器,界藩山虽然险固,假如明兵不顾死活,必欲强攻,我们的夫役将陷入阵中,那将怎么办?现在,我们要赶快去,那些夫役见我们来了,心里也就踏实了。"代善觉得弟弟说得有理,马上下令进兵。下午,赶到太兰冈,按照皇太极的主意,全军不能隐蔽,而是耀武扬威地驻扎于显眼之处,遇到敌兵,迅即布阵,让那些运石夫役看到我们大兵已到,也会奋勇参战的。全军继续前进,出铁背山前,恰与杜松一路军相遇,就在明军的前沿阵地前安营扎寨。

铁背山位于浑河上游与苏子河下游会合处,山势险峻,悬崖峭壁,是一天然险要。它西与界藩山相连,山上有绝壁剑立的吉林崖,浑河由东向西从山脚下流过,河之南即著名的萨尔浒。这里,即将展开的激战,将决定明军分进合击的胜败,在一定意义上说,也决定后金兴亡的命运!

杜松所率明军主力,于二月二十九日自辽阳出师,三月一日出抚顺关,抵达浑河岸时,天色已晚。将士们都想就地安营休息。杜松来到河边,发现河水深不及马腹,便令全军渡河。这正是枯水季节,河水不深。时届初春,在北方,冰雪尚未化尽,天气还是很冷的。杜松这位悍将,却不顾傍晚气温下降,率先脱掉衣服,骑上马,大喝一声,纵马跃入河中。诸将急忙请杜松把铠甲披上,以防后金的突然袭击。杜松哈哈大笑,说:"上阵穿铠甲,不是个男子汉大丈夫。我从小当兵,当到现在都老了,还不知铠甲有多重呢!"他一边说,一边麾兵前进。全军将士受此激励,也都跟着解衣渡河。按预定计划,二日进至二道关,会合李如柏部,两路并进。杜松自顾急于进兵,犯了冒进的大忌,酿下了悲惨的结局。

杜松自顾渡河,未曾料到的是,后金派往界藩保卫筑城夫役的四百骑兵已埋伏在萨尔浒山谷口。当明军兵马渡河至河心处,后金兵突然发起攻击,专攻明军的尾部,冲杀至界凡河,那些手无寸铁的筑城夫役也投入了战斗,占据了有利的地形——吉林崖。毕竟明兵数量占据绝对优势,很快从惊慌中镇定下来,冲上河岸。杜松挥师包围了吉林崖,发起了攻击,另分出一军,在萨尔浒山上扎营。

代善、皇太极率八旗军队赶到时,恰遇明军围攻吉林崖。遇此紧急情况,代善来不及请示父汗,当即作出决定:分左右两翼迎战,另派一千名甲士抢登吉林崖,与山上骑步兵会合,一齐由山上往下冲击;右翼四旗兵等山上发起冲锋时,从山下进攻明军,造成上下夹击之势。左翼四旗留在萨尔浒山,监视那里的明军。刚部署完,努尔哈赤匆匆赶到,代善向父汗报告了作战部署。努尔哈赤说:"天已经晚了,就照你们的决定去做吧!"他稍加修正,命右翼抽出二旗兵力去加强左翼四旗,用一切力量去攻击萨尔浒山上的明军,此军一破,其余不攻自破。

战斗迅速全面展开:左翼六旗数万军队向萨尔浒山上的明军发起猛烈攻势。在努尔哈赤亲自指挥下,以善射为长技的后金兵,漫山遍野散开,手持强弓、大刀,呐喊着向山上冲击。明军闻警,慌忙列阵,发铳炮轰击,爆炸声惊天动地,空旷的山谷激起一阵阵激烈的回响。夜幕降临,天昏地暗,咫尺不见人。明军点燃火炬照明,而后金兵在暗处,万箭齐发,如飞蝗一样射向明军,矢不虚发,明兵纷纷应声而倒。明军看暗处,找不准目标,铳炮弹都射到远处树林中去了,后金兵很少受损伤,乘势猛攻,很快冲入营中,明军顿时大乱,到处逃窜。后金兵如入无人之境,刀枪纷飞,所到之处,明军纷纷倒毙,尸横遍地……

与此同时,吉林崖上的后金兵也从上往下猛冲猛打,右翼二旗的兵及时地应援,夹击明军,将其置于腹背挨打的境地。杜松率诸将拼死搏战,杀得难分难解。努尔哈赤已袭破萨尔浒明军大营,立即挥师界藩,四面攻入,将明军分割成数块,短兵相接厮杀。兵器撞击声、战马嘶鸣声、喊杀声交织在一起,在夜空中震荡,真是惊心动魄!杜松在乱军中,左冲右突,无法摆脱如潮涌一般的后金兵的攻击。突然一箭飞来,正中杜松头部,接着他又身中数箭,一头栽于马下而死,王宣、赵梦麟等副指挥都在混战中阵亡,全军覆没。明军尸横遍野,血流成渠。他们的各种兵器、旌旗、甲杖、尸体浮盖于浑河之上漂泊,如解冰旋转而下。史称此次战争为"萨尔浒之战",是因为在这个地方打得最为激烈。此路为明主力,结果被歼,也就决定了此战的胜败结局。

萨尔浒之战刚结束,努尔哈赤率大军北进,恰好同马林所部明军相遇。原来,马林率所部出边后,于三月一日到达稗子峪,就地安营。当天深夜得知杜松军覆没,吓得不敢进兵,急忙撤到离萨尔浒四十里的尚间崖,紧急布阵,修筑防御工事,挖壕三道,壕外列大炮、鸟枪,在外层密布骑兵。尚间崖之西有斐芬山,潘宗颜率部驻守;游击龚念遂等率部也驻守在近处的斡浑鄂谟安营。

次日,努尔哈赤携八子皇太极率军不足千人,先攻龚念遂部,大败明军,龚念遂、李希泌等将领皆死于阵中。努尔哈赤正立马观阵,代善飞驰来报:马林部明军已在尚间崖安营。努尔哈赤未及通知皇太极,即同代善飞驰至尚间崖,见明兵已攻了上来,传令八旗骑兵下马步战。后金有左翼二旗兵力,已来不及下马,代善策马直冲上去,与明军混战。不多时,另外六旗也及时赶到,一齐杀入。明军靠枪炮接战,发炮的速度远不及骏马飞驰的快,当后金兵赶到近前时,枪炮都失去了作用,于是四散奔逃。副将麻岩等被斩于阵中。明兵死伤累累,鲜血染红了尚间崖下的河水。只有马林逃脱,保全了性命。努尔哈赤掉转进攻的矛头,直逼斐芬山。结局还是一样:明军尽没,监军潘宗颜与游击窦永澄、守备江万春、董尔励等皆战死。当马林等遭到惨败时,叶赫首领金台石、布扬古率部才进至中固城(今辽宁开原市中固村),看到明军败状,大为惊恐,吓得回师,才得以保全。

明军四路已失其两路,另两路,一为刘铤部,一为李如柏部。后金哨探已探明两路军,努尔哈赤先放掉李如柏部,集中兵力专攻刘铤部。他先派达尔汉辖率一千人为先遣部队先行,第二天,再派其侄儿、二贝勒阿敏率二千兵马增援。他与代善率大队人马随后出发。他们返回赫图阿拉,稍调整作战方略:命代善率部前去迎战刘铤,努尔哈赤仅留四千兵守都城,谨防清河方面的李如柏部的突袭。

刘铤部行进在崎岖的山间小道,行军速度缓慢,迟至三月二日才推进至清河,但已深入三

努尔哈赤大破明兵

百里。对杜松、马林二路军的失败,一无所知。行至清风山时,一位自称是杜松属部的士兵,带着杜松的令箭前来,催促刘𬘩尽快进兵。刘𬘩一见令箭,不禁大怒,痛骂杜松:"同是大帅,竟向我发号施令,岂有此理!"这个士兵传达完指令,就走了。此人正是努尔哈赤派出的间谍,诓刘𬘩快速进兵,以便用计破他。离赫图阿拉越来越近了,只听到炮声不断,刘𬘩误以为是杜松抢了头功,他再也按捺不住焦急的心情,下令加快进军速度,很快便进入后金兵的包围圈。这时有一队明军——实则是后金的军队,打着杜松的旗号迎了上来,声称是来迎接刘𬘩部的。四日,明军已进至阿布达里冈(今辽宁新宾县榆树乡嘎巴赛村南十里之地)。这一带荒无人烟,只见群山林立,层峦起伏,林木丛生。后金兵设伏于此,有皇太极率右翼兵自山冈下冲,居高临下冲击;代善率左翼兵攻取西侧,埋伏于瓦尔喀什山南深谷中的阿敏等率部从后面包抄,而冒充杜松部明军的后金兵从内部攻杀,顿时把刘𬘩全军搅得混乱而不成列。刘𬘩毫无思想准备,而且全军都行进在狭窄的山路上,无法展开队形,被后金兵分割,互不相应,很快被打得毫无还手之力。刘𬘩是明将中最为骁勇的一员猛将,使用一口镔铁刀,据载重达一百二十斤,在马上轮转如飞,人称"刘大刀"。但他此刻陷入重围之中,犹奋力死战。他的左右臂中流矢,伤重而不顾;又面中一刀,截去半个脸颊,还是死战不已,亲手杀死数十名后金兵,最后,这位南征北战的勇将终于倒在血泊里挣扎至死。他的养子刘招孙为救刘𬘩,同时战死(见《明史·刘𬘩传》)。战斗从上午一直激战到晚间,万余明兵除极少数侥幸逃脱,全部被歼,这山冈之间成了明军的坟场。

与刘𬘩军等同为一路的还有康应乾所领的一支明军和朝鲜援军。代善乘战胜刘𬘩军之锐气,南向进战,行至富察甸,两军相遇,不须细说,明军又败,康应乾仅以身免,剩下朝鲜军,不愿遭明军同样的厄运,都元帅姜弘立请求投降。代善与诸贝勒大臣共议,接受投降,把他们送到赫图阿拉,听候父汗处理。

坐镇辽阳的总指挥杨镐,一心等待四路捷报传来,不料先已传来的是两路军覆没的消息,顿时惊得说不出话来。待稍一冷静,他马上想到剩下的两路也必无胜利的希望,便急令刘𬘩、李如柏两路撤军。刘部路远,且已深入,命令尚未传到,已被消灭。李部路近,进军迟缓,幸亏努尔哈赤先放过了他,双方还未交锋,使他及时接到撤退的命令,才得以全军生还。

这次大战,历时仅四天,分三个战场进行,后金以六万兵力对明军近十万,以全胜而告终。明朝损失惨重,计阵亡道、镇、副、协、参、游、都司、通判、守备、中军、千把总等高级、中级及低级军官共三百一十余员(名),阵亡士兵四万五千八百七十余名;损失马、骡、驼共二万八千六百余匹(头)。战后,生存而归队的官军共四万二千三百六十余员(《三朝辽事实录》)。这就是说,阵亡者已超过总兵员近九万人的一半,现存的又不足作战时的一半。后金损失人员极少,他们公布的阵亡数字还不足二百人,将领级军官无一损伤。明朝方面于战后的报道,的确也未报过杀死多少后金兵,只是零星报的数字,或几人、十几人,至多如刘𫓧部消灭后金兵也不过一二百人。有的书如《国榷》说刘𫓧部杀敌最多,斩首三千级。如果此数字可靠,也是后金损失兵员的极限,而其将领确无一人受损。由此可作出判断:努尔哈赤以最小的代价,换取了最大的胜利。所得物资财富,改善了原先缺衣少穿的窘况,换上了鲜艳的衣服;所得装备,武装了自己的军队。战后,全军增至近二十万人(《建州闻见录》)。明朝知此,能不胆寒?实际上,后金的军队没有这么多,至多也不会达到十万。

明朝决策伊始,就抱定一举荡平后金的宗旨,如果取胜,后金则亡,满族不复存在;反之,后金不仅生存下去,而且会变得更强大,初步形成的满族共同体才真的开始登上中国的历史舞台。因此,这次大战,对后金来说,是一次命运之战;从长远看,此战也影响到明朝的未来命运,关系到它的衰亡。不言而喻,我们把这次大战又称为明清(后金)首次决战。无论是其规模,还是双方的作战方略,以及此战对明清(后金)政治的极大影响,在中国古代战史上都占有应有的地位。

论及此战的胜败原因,非几句话能说清的。简而言之,从后金方面说,努尔哈赤的战略战术完全正确。集中兵力,各个击破,这一古来作战的基本原则之一,努尔哈赤运用得十分巧妙,使军事艺术得到了完善的体现。仅以此战,说他是一位卓越的军事家、战略家,是当之无愧的。当然,他的胜利还有政治上的原因。后金是一支新兴的政治势力,有朝气、有进取心,上下一致,君臣一心,显示出蓬勃的政治活力,注入到为命运之战,为生存而战,从这个意义上说,努尔哈赤组织后金反击明朝的军事围剿,不能不具有进步意义。为正义而战,便产生出难以抵御的伟大力量,以此伟力何功不成!明军的失败,原因更为复杂,朝中大臣们纷纷评论,总结教训。从军事上说,所谓四路分进合击,首要的问题是将帅应该合心,统一行动,合击才能发挥战斗力。但实际情况是,杜松急进,马林迟缓,刘铤先行,李如柏故拖,如此不齐,就无法分进合击。他们各怀心腹事,或争功冒进,或胆怯迟疑,或将异己置于孤危之地,等等,如此怀私,岂能打胜仗!再说朝中阁臣"全不知兵",极力催战,致"马上催而三路丧师"(《明史·熊廷弼传》)。他们决策进兵,实际心里想的并不愿打,不过虚应故事而已。杨镐身为主帅,本没有大打的决心,甚至把出师日期事先通知了努尔哈赤,是何意也?不仅军事以至于此,深一层的原因,还是明朝政治腐败,将帅、大臣少有为国之心,虽武器精良、人马众多,终不免一败,并不令人奇怪。杨镐身为主帅,损兵折将,给国家招致奇耻大辱,被逮下狱,定为死罪,监押十年,迟至崇祯二年(1629)伏法。虽说罪有应得,但他也是做了政治斗争的牺牲品、他人的替罪羊。

第七章 进军辽东

一、攻克开铁

萨尔浒之战,是努尔哈赤起兵三十六年来亲自指挥的规模最大、战果最辉煌、影响最深远的一次空前的战役。可以认为,这次战争的结局,才真正为未来的大清朝的诞生举行了一次壮观的奠基礼。后金获此大捷,自然是举国欢庆,到处都洋溢着喜悦之情,庆幸他们免除一次毁灭性的灾难,得以生存下来。他们把这一切都归之"天命"的"眷顾",他们的每一个战役的胜利,也都是上天所赐予。努尔哈赤在向朝鲜交涉他们参战而被俘之事,明确声明:大明败而我胜,是"天之眷顾我",明"违天背理",故上天"罪大明"!其他还有满族著名学者额尔德尼更是不厌其烦地陈说此战为天意所定,斥责明"违背天意",一向"自恃国大兵众,逆天而行",所以,才遭到惨败,这就是上天谴责的缘故。后金得胜,正是得"天助的结果"(《太祖朝老满文原档》),如此等等,不一而足。但努尔哈赤并不完全讲天,也讲到作战指挥正确的重要性。在连破明三路大军后,努尔哈赤甚为欣慰,不禁笑逐颜开,对诸王贝勒说:"大明皇帝发来二十万兵,声言四十七万(此言不确,已如前解),分四路来战,各国都知道这件事,我若分兵破敌,他们一定会认为我兵多;我若往来剿杀,他们又会认为我兵强大。总而言之,我们胜大明,传于四方,没有不称道的!"(《武录》)

如果说,努尔哈赤攻陷抚、清,不过是向明小试锋芒,那么,经此萨尔浒一战,破明兵近十万,且以少胜多,则粉碎了明兵不可战胜的神话,原先对大明的恐惧心理便随着战争的结束而烟消云散了;对大明皇帝——神宗的神圣不可侵犯的迷信，也扫地以尽。上自努尔哈赤，下至诸王贝勒、普通臣民，比任何时候都充满了胜利的信念，在他们面前，已展示出一派光明的前途！

乘萨尔浒大胜之余烈，努尔哈赤迅速把目光转向了明在辽东北部两座重镇——开原和铁岭。

开原城(今辽宁开原市老城)，位于辽河中游左岸，其东和北两面毗连女真人住地，西北又与蒙古相接，是明朝通使和控制"外夷"的门户，战略地位十分重要。明洪武年间，在此城三万卫、辽海卫、安乐州，成为明朝辽东都指挥使司北部边境的一大重镇，明朝长期以来在此城驻扎重兵，设立关市，开通驿道，对联络女真和蒙古等少数民族，维持明在东北乃至全国的统治，发挥了重大作用。但是努尔哈赤统率女真人重新崛起，特别是后金建立后，开原城面临的威胁日益严重，它的战略地位越来越不稳固。还在明万历三十七年(1609)，明朝派熊廷弼巡按辽东，努尔哈赤虽在辽东境外统一女真各部，但这位巡按大人以他敏锐的目光，确已看清努尔哈赤将来必为辽东以至全国的大患。他以十分紧迫的心情向朝廷发出了"今急急救辽之策"，这就是要在开原增兵一千五百人，居中策应；在庆云堡(开原西南三十里)增兵一千五百人，或在静安堡，或在柴河堡，增兵一千人，用以防备"奴众"(指努尔哈赤)向内地发动袭击。他呼吁："此救开原第一议也。"(《明神宗实录》卷四五九)因为军队难调集，此议不了了之。

明朝还企图利用叶赫，扶植它来同努尔哈赤抗衡，这还是明朝惯用的"以夷制夷"的传统之策，也是个陈旧的药方子。明朝最怕女真和西部蒙古联合抗明。开原恰恰处于东边女真与西边蒙古之间，但"开(原)、铁(岭)远在东北，孤悬天末"，唯多建敌楼，修边墙，限隔夷(女真)虏(蒙古)合谋，才能保住全辽。这些挽救危辽的办法无一奏效。就说联合叶赫，对抗努尔哈赤，也行不通。因为此时的叶赫已衰弱，自知无法同努尔哈赤的新兴势力进行较量，惟恐得罪而惹出大祸，所以总是观望未定。杨镐令叶赫出兵，夹攻后金。他们不得已，勉强出兵，迟迟疑疑，不肯向前，才行至开原南二十里处的中固城，听说明军已败，赶紧回军，不敢同后金争锋。所以，明官员指出："夷虏合兵，开、铁危机，金(台石)白(扬古)不肯为用。"(《明神宗实录》卷五七一)

萨尔浒之战后,明朝对辽东的危机感加深了,不禁忧心忡忡,尤其忧虑开原与铁岭的安危。开、铁地远,鞭长未及,明朝衰弱,已是力不从心,还是想利用叶赫抵制努尔哈赤,要求叶赫扎营于开原,如果"奴贼突犯开、铁",叶赫即应发兵去"抢奴寨"。为达到这一目的,明朝极力拉拢叶赫,不时地犒赏。然而,叶赫已是无能为力,前叙天命四年(1619)正月,萨尔浒战役前夕,努尔哈赤率大军征叶赫,一直进兵到叶赫城东十里,它却无力自卫,还求救于开原总兵马林。只是努尔哈赤暂时避开同明军交战,各自退兵。显然,明朝企图利用叶赫保卫开原,也是枉费心机。

努尔哈赤的目标是夺取全辽之地。这个想法,在萨尔浒战后已明白地告诉了他的诸王大臣:"前日之捷,天也。勿以屡捷可恃,我必得辽(东),然后可以生活,你(们)当以尽死于辽东城下为心云。"(《建州闻见录》)攻取开原、铁岭,就是他"必得辽"的第一步。

天命四年(1619)六月十日,距萨尔浒战后仅三个月零六天,努尔哈赤终于把他酝酿已久的谋划付诸实施。他亲自率领八旗四万兵马向开原进军了。行军三天,正赶上天降大雨,河水猛涨。他向诸王贝勒大臣征求意见:"天气不好,是撤回去呢,还是继续进兵?如进兵,道路泥泞,河水猛涨,难渡怎么办呢?"经讨论,不要撤兵,先等两天,待水退地干,再进兵不迟。

此次出兵,带有很大机密性,不让明朝方面知道,以攻其不备。努尔哈赤担心在途中停留两天,万一军中有人逃出去,向明朝泄露他的军事秘密,就不好了,于是就采取声东击西之计:派出一百人组成一支精悍的小部队,悄悄返回抚顺,再从这里公开驰赴沈阳方向,在其周围抢掠,给沈阳驻军造成一个假象,误以为后金要进攻沈阳,由此吸引了明朝的注意力,忽略对开原的防守。

这时,派往开原方向察看道路的人返回来报告说:开原一带未曾降雨,河水未涨,道路也不泥泞。努尔哈赤大喜,立即传令大军起行。进军顺利,于十六日兵临开原城下。

明朝防守开原的将领有:总兵官马林、副将于化龙、参将高贞、游击于守志、备御何懋官等,推官郑之范署监军道事,负责守军的监军事宜。守将不少,但无准备,也没有实际的防范措施。本来,明朝早就担心努尔哈赤攻开、铁，许多大臣已提出加强防御的要求。可惜，他们只是说说，并没有认真地做准备。尤其是萨尔浒战后，更应提高警惕，加强战备。其中马林参加了四路进兵的军事行动，侥幸逃得一命，回到开原防守，尤应比他人想到开原已处于危险之中。事实是，马林和诸将竟失去警惕，以为天下太平。此刻，当后金兵已临于城下时，他们的军马还散放在百里以外放牧吃草。马林等慌忙应战，命多数兵布防在城外，以少数兵登城抵御。

努尔哈赤把后金兵分为两个部分，一部分推战车、抬云梯，准备登城；一部分以精骑为主，进攻城外的明兵。他们从城东南方面围攻，击败东门外明军，抢先夺门争入。城上明兵见势不妙，纷纷四面逃溃。后金兵四面追杀，全歼守军。马林、于化龙、高贞等将皆战死，郑之范于未开战前，先已逃跑。

在明朝无备的情况下，后金以绝对优势的兵力轻取开原城。战斗结束后，城门大开，努尔哈赤在诸将的簇拥下，登上城南门楼，端坐虎皮椅上，举目眺望，一派葱绿，层林如海，尽收眼底。明朝经营了二百多年的开原重镇，从现在起，已经属于他的了！这是继萨尔浒之战后，又一次旗开得胜，他心中喜悦，笑容满面。

后金攻开原的消息，很快传到距此百余里的铁岭。本城守将不能不前往救援，点齐三千兵马赶来，但开原城已破，而后金兵闻讯，迅速出战。明将自知不敌，掉转马头，率援军撤退。

从十六日到十九日，后金兵在开原城驻营三天，尽收全城财物、金银、牛马牲畜。城内两卫一州约十余万男人和妇女皆被屠杀殆尽，藏匿及逃出去而生存的仅约千人。撤离前，将开原城拆毁，城内所有房屋付之一炬，尽数烧毁，所得财物及一切有用的物资，都用牲驮、车载，三天尚未运完。一座名城被彻底毁掉了，十余万官民百姓被屠杀，实在残忍至极！后金用抢光、烧光、杀光的"三光"手段对付汉人平民百姓，只能认为是民族报复，且在后来的战争中一再表现出来。

当然，努尔哈赤并不一味主杀，凡是向他投降的，他都欢迎，来者不拒。开原城破后，驻守该城的守备、蒙古人阿布图巴图鲁、汉人王一屏、戴集宾、金玉和等六千总（军官名）带二十余人投降后金。努尔哈赤对此甚为满意，说："看这些人来降，就知道这是天在保佑我！"按职务的高低，他给予他们优厚的赏赐,有夫役、牛、马、羊、驼,以及金银、绣缎、布匹等物。从这些举动看,努尔哈赤又不失为仁慈,宽宏大量了。

攻克开原后,努尔哈赤并没有返回赫图阿拉,暂到界凡驻扎。诸王贝勒大臣离家久,很想回家团聚。努尔哈赤向他们说明,留在这里,整顿兵马器械,人也可以休息,为的是八月兴兵,攻打铁岭。

铁岭(今辽宁铁岭之一部分),明时建制为铁岭卫指挥使司,于洪武二十六年(1393)设治于此。它和开原具有相同的战略地位,为明代东北边防重镇之一。它比开原尤为繁华,到万历初年,辽东达到全盛。辽东名将李成梁祖居此地,父子五人掌辽东兵柄,城内居一卫世职的达到数百人。城大而坚,城外周长十余里,分内外城,城中皆官弁第宅,居民住外城。城内蓄养来自关内及本地妓女竟二千余人!每至傍晚,夹道皆弦管声。李成梁家族,家大业大,第宅之盛,器用之奢,无与匹敌。他在城东门外建一别墅,名曰"万花楼","台榭之盛,甲于一时"。难怪人们感叹:铁岭"繁华反胜内地"(《辽左见闻录》)。

铁岭与开原相距甚近,互为依存,在军事上,一城有警,一城必援。所以,两城颇具唇亡齿寒的含义。开原一破,铁岭惊慌,全辽也为之惊慌。无论是官员、百姓、士兵都被后金的屠杀和抢掠所吓,惶惶不安。从开原到沈阳,近三百里,只见沿途逃兵及逃难的百姓络绎不绝,有些将官也驮载行李,躲避到民房里。铁岭城中,有子女的、家中有钱物的都预先转移走了,后金攻城前,只剩下守城的军人。

一个月后的七月二十五日,天还没有亮,努尔哈赤率领五六万人马,突然出现在铁岭城下,明军全然不觉。当明白过来,驻守城外各小堡的守军,有一半没有来得及入城,就被后金兵拦截在城外,不堪一击,四散逃跑了。留在城里的守军慌忙登城防守。后金兵先攻城北面,携战车、云梯等攻城器具,冲往城墙下。城上明军施放枪炮,投掷石块、滚木,用箭射,力图阻止后金接近城墙。但后金兵不怕死,不惧炮火攻击,冒死把云梯搭在城墙上,攀缘而上,迅速攻破了垛口,蜂拥而入。明军又一次溃败,城被后金兵夺去。入城后,后金兵大肆屠杀,守城的游击喻成名、史凤鸣、李克泰诸将及士兵全被杀。李成梁先已去世,留在城里的族人还有很多,都死于后金的刀剑之下。仅李成梁的从侄李如桢一家就有十余人遇难。至清

初,人们还看到:"掘地数寸,即有刀镞、甲胄、髑髅诸物,处处皆然。"(《辽左见闻录》)

攻取铁岭,后金又是轻而易举,取之不难。攻城前,居民大多都已撤走,只留下军人,已失斗志,本无固守之心,只抵抗了一阵子,便崩溃了。城内死者多数是军人,百姓因先已逃走,死的少些。

攻城的战斗一结束,努尔哈赤入城,驻于明兵备道衙门。

当天夜里,喀尔喀蒙古贝勒宰赛、巴克、巴雅尔图、色本等率万余骑兵前来铁岭援明。他们没有立即进攻,而是埋伏在近城的高粱地里。及天亮,城里有十余人出城牧马,宰赛下令,将这十人追杀。后金兵闻警,急欲出战,但一时没有得到努尔哈赤的命令,不敢擅自进攻,只尾随蒙古人,密切监视。努尔哈赤得到报告,立即出城,责问诸将:"为何不战?赶快进攻!"努尔哈赤很痛恨宰赛,因为他夺去了为代善所聘的叶赫女子,又与明朝勾结,联合作战,因此传令诸王,一定把他杀死!诸王得到命令,便集中兵力猛攻。宰赛率众西逃到辽河,很多士兵争渡淹死在河里,被杀的更多。宰赛为辽河所阻,逃走不成,被后金生俘,他的部将十余人及士兵一百五十余人同时被俘。第二天,努尔哈赤召见,宰赛等叩拜。他的部下有人问候努尔哈赤:"汗与王臣皆无恙否?"皇太极抢先回答:"我军中有仆人夫役十数人破了头颅,其余都好!不知你们的鞍马都保全否?"他的意思是说,我军攻铁岭,只有十数人受了伤,问他们鞍马是否保全,明是讽刺他们都做了俘虏!此言一出,宰赛等惭愧得低下了头,无言以对。努尔哈赤出于政治需要,以分化蒙古与明朝的关系,还想把他们拉到自己这边,没有杀他们,连同被俘的一百五十余人,都予以释放了。宰赛自然很感激,从此同后金国和好,共同"合谋"伐明。

攻取了铁岭,又顺利解决了同喀尔喀蒙古的关系问题,这是努尔哈赤的一次意外收获。但是,没有开、铁的胜利,就不会有喀尔喀蒙古宰赛的归顺。显见,此战已产生了重大影响。

努尔哈赤在铁岭城里,论功行赏,将所得人、畜,尽数分给了士兵,他们分享了战利品,无不欢喜。三天后,班师凯旋。

此战后过了二十余天,到了八月十九日,努尔哈赤以开、铁已破,叶赫已失去外助,时机已成熟,遂决策征叶赫。最后他如愿以偿,叶赫被灭亡。

前已详述,此处从略。

开原、铁岭相继被攻取,明失两重镇,它在辽东的统治岌岌可危。努尔哈赤志在必得全辽,也仅是时间问题。灭叶赫,女真全部统一,且又促成了与蒙古的进一步联合,至此,在东北广阔的土地上,努尔哈赤横刀跃马任驰逐,再也没有任何力量可以阻挡住他前进的脚步了。

二、夺取辽沈

努尔哈赤连克开原、铁岭,灭叶赫,真是捷报频传,凯歌不断。他率大军返回界凡,养兵蓄锐,正在谋划下一个攻取的目标——沈阳与辽阳。

自萨尔浒之战明兵三路丧师的败报传出以后,辽、沈局势汹汹,朝野上下,人心惶惶。负有丧师辱国之责的杨镐被罢官,逮捕入狱,亟待物色一个更合适的人选,来替代杨镐,主持辽东防务。经廷议,一致推选熊廷弼经略辽东。此人乃湖北江夏(今武汉)人,早年中进士,他不同于一般文弱书生,长得身材魁伟,身高七尺(约近二米),有胆有识,知兵善射。为人正直,刚直不阿,一身正气。万历三十六年(1608),他首次出任御史巡按辽东之职,在辽数年,风纪大振,但终不为权贵所喜欢而被罢官,闲居在家。过了十年,即万历四十七年(1619),直到杨镐失败,人们才又想到了他。形势紧迫,身体衰弱、奄奄待毙的神宗,一切听廷臣之议,不假思索,马上任命熊廷弼为兵部右侍郎兼都察院右佥都御史经略辽东。熊廷弼奉命离家赴京,接受了此项重大的使命。他到了北京不久,正准备离京赴辽东时,传来了开原已陷落的消息,举朝又是一阵惊慌。国难当头,朝中大臣连神宗都把希望寄托在熊廷弼一人身上。他慷慨陈词,赤胆忠诚,毫无惧色,慨然受命,神宗为之感动,特赐给他一把尚方宝剑,以重事权。

熊廷弼率千人,号称精锐,实际是羸卒八百人,出京赴任。过了山海关,行至杏山(今辽宁锦西杏山),铁岭失陷。"辽必亡"的悲观气氛笼罩着举国上下。途中,不时遇到逃亡的人,包括一些官员,劝他们重回辽东,竟被敌人吓得不敢从命!八月三日,抵达辽阳。他到任后,马上出巡,视察防务,所到之处,召集流民,整修守具,布防兵马,人心安定下来。他整顿军纪,严处逃将、贪将。临阵脱逃的游击刘遇节、王捷,弃铁岭城而逃的游击王文鼎等,还有贪污军饷的游击陈伦等,都被斩首示众,全军受到震动。他设坛,亲祭抚、清、开、铁四城死难军民,号召辽东军民为国尽忠。他请兵器,又自造二百斤以上的大炮百门,以及各种武器,都准备齐全。熊廷弼苦心经营,原来四散逃亡的人陆续返回了家园,各军事要地都加强了防御,通过朝廷增调、当地募兵,军队已达十三万。辽东军事基本恢复了元气。

接着,他向朝廷提出了新的战略,要而言之有三:一曰恢复,一曰进剿,一曰固守。以目前形势而言,所谓恢复、进剿之事,谈何容易!"似又不如分布险要,以守为稳着。"根据他到各边隘口调查,确定四处为防御重点:在东南路为瑷阳,南路为清河,西路为抚顺,北路为柴河、三岔儿间。此四处正是后金出入路口,俱当设重兵,今日为防守,将来为进剿之备,每路应设兵三万;镇江(今辽宁丹东附近)设兵二万;辽阳为中枢,需再设兵二万,以策应各路;在海州(今辽宁海城)、三岔儿河设兵一万,联络东西;在金(今辽宁大连)、复(今辽宁瓦房店)一带设兵一万,防护海运。总计十八万兵力,皆无虚设。另需马九万匹、军饷三百二十四万两。这一部署,确实是一固守的"稳着",在明朝连续兵败之后,以守为攻,是一正确战略。

明在辽东的形势,已有明显好转。努尔哈赤大为惊讶,询问诸臣:"辽已败坏至此,是何人急忙整顿兵马得来?"孙女婿李永芳回答说:"凡事只在一人,如一人好,事事都好。"他指的就是熊廷弼。努尔哈赤当然指的也是熊廷弼。他奇怪的是,就凭他一人,竟把兵马整顿得这样好。李永芳认为,只要做主帅的人做事做得好,其他事事都会好。努尔哈赤同意他的意见,说:"我意亦想先取北关(即叶赫),免我有内顾之忧,将来得用全力去攻辽、沈。"(《明神宗实录》)的确,努尔哈赤惧怕熊廷弼,不敢贸然进攻辽、沈。他先取叶赫,固然是为解除内顾之忧,但也是为了暂避熊廷弼的锋芒。等攻下叶赫后,他并没有急于发动进攻,一则需要积蓄力量,准备打更大规模、更为艰难的大仗;一则是静观事态发展,等待时机。

果然,熊廷弼经略辽东一年间,明朝政治又发生了新变化。万历四十八年(1620),神宗病死,光宗即位不到一个月又死,熹宗初立,朝政更加混乱。帝位频换,熊廷弼请兵请马请饷都没有解决。他提的方略虽好,却无法落实,尤其严重的是,朝廷门户已开,党派纷争。熊廷弼为人耿介,不媚权贵,受到群起而攻击,一些大臣以他经辽一年,不出战,毫无建树为口实,由吏科给事中姚宗文首先发难,连章弹劾,同伙响应,调门迅速升级,简直把熊廷弼定为大奸大恶之人!他气愤至极,有口难辩,一气之下,交还尚方剑,力求罢斥。廷议允许其辞职。于是,熊廷弼又一次辞别辽东,重新回到家乡闲居。

熊廷弼被辞后,朝廷推选袁应泰代替熊的职务。泰昌元年(1620)十月,他被提升为右佥都御史,巡抚辽东,很快又升为兵部右侍郎经略辽东。此人也是进士出身,但治军逊于熊廷弼,没有熊那么"严",多有疏忽,过于自信,以至铸成大错。

自熊廷弼被逐而去职,后金加紧了在辽、沈周围地区的频繁的军事活动,大抵是试探性的,便于了解明在辽、沈的虚实。

天命六年(明天启元年,1621年)二月,努尔哈赤亲统数万大军,分八路进攻奉集堡(沈阳东南四十里处),实际是揭开了辽沈之战的序幕。此堡位于辽阳与沈阳之间,战略位置十分重要,特别是它作为沈阳的屏障,有它在,沈阳可保;否则,沈阳危而不可救。但努尔哈赤并没有攻击,很快就撤兵了。没过几天,他又出兵犯虎皮驿,至二月十八日,再次犯奉集所属的王大人屯……频繁的军事骚扰,正预示着一场大战正在临近。据从努尔哈赤家贸易回来的四名蒙古人向明朝密报:"奴酋"欲于闰二月来攻沈阳。还有被抢去又逃回来的辽民报告,他们看到"奴酋"正忙于大造钩梯营车,备粮粮,"将犯沈、奉"(《明熹宗实录》卷七)。明朝得此情报,十分紧张,一种不祥之兆笼罩了朝廷。

天命六年三月,正是初春的季节,辽沈大地还有几分寒意。努尔哈赤又开始了一次大规模的军事行动:向辽、沈发起了总攻,第一个攻击目标就是沈阳。

沈阳,为渤海国时所设之沈州,元时更名为沈阳路,以处浑河之阳而得名。明朝因之,改设为沈阳中卫。城周九里一十余步,和辽阳相比,只相当于后者的一半,还不具有中心地位,从战略上说,它实为辽阳城的藩蔽。

三月十日,在努尔哈赤亲自统率下,后金国大军自新筑的萨尔浒城起

努尔哈赤率军攻克沈阳城

程,携带大批攻城的板木、云梯、战车等器具,顺浑河而下,水陆并进,浩浩荡荡,直奔沈阳而来。昼夜兼行,于十二日早晨到达沈阳城东七里安营。在头一天夜里,明朝烽火台兵已发现后金大军,立即点燃了烽火报警。沈阳守城总兵官贺世贤与尤世功闻报大惊,当夜传令全军登城,各就各位,准备战斗。贺世贤是来自陕西榆林卫的一员猛将,早做了防御的各项设置:在城外挖了有一人深的陷阱十道,井底上插上尖桩;城壕内,仅隔几步远的地方,再挖一道壕,在壕内侧又修栅栏一道;在栅栏内,还挖二道深壕,其内侧筑拦马墙一道,留出炮眼,排列盾车和大小炮。如此周密布防,可见用心之苦!

努尔哈赤侦知城内外布防严备,不能硬攻,而采取诱敌出城、围而歼之的策略。十二日当天,努尔哈赤派少量精锐出战诱敌。但明兵出城至壕内,不离防御工事,努尔哈赤唯恐部下吃亏,没有与之交战。这说明主将不出,交战的意义不大。这一天,双方对峙,没有战斗。次日,努尔哈赤先以数十骑兵隔壕侦探,尤世功的家丁出城追击,后金兵四人被杀。贺世贤以为后金兵可以打败,不听别人劝阻,自率家丁千人出城迎战。努尔哈赤密授计谋,让诱敌的将士装出不堪一击的样子,佯装逃跑。贺世贤不知是计,只顾追赶,进入埋伏地点,后金精锐突然出现,四面全围,将贺世贤及家丁包围起来,同时进攻,贺世贤招架不住,边战边退。他已无法脱身,手舞铁鞭似蛟龙翻飞,击杀后金兵数十人,他本人也被乱箭射死。

在后金兵围攻贺世贤时,努尔哈赤下令攻城。成千上万的后金兵冒着明兵炮火和密集的箭矢,推着车直向城墙下前进。遇有壕堑,就挖土填、用草垫,其他大队人马蜂拥冲锋。因为距离近,炮弹都落在远处,而发炮过多,炮身炽热,装药即喷,失去了作用,后金兵一齐涌向东门。被努尔哈赤指使混入城内的蒙古人,乘机砍断吊桥绳,放下吊桥,后金兵破门入城。在城内,尤世功率部退至西门,被后金兵截住猛攻,寡不敌众,奋战至死。后金兵几处追杀四散的明兵,尸体遍地,堆积如山。据清朝文献说,共杀明兵达七万人(《满文老档》)。等战斗结束时,城内外几乎没有活命的。明参将夏国卿、张纲等一大批将领都战死了。

在后金已攻占沈阳时,一支由川浙兵组成的援辽大军已推进至浑河。本来他们是想同沈阳城内明兵配合,来个内外夹击,没料到沈阳陷落如此之快。领兵的将领之一总兵官陈策下令退兵,但游击周敦吉等将不甘心,一再要求同后金决战。于是,陈策将明兵分为两营,一营先渡浑河,在桥北立营,另一营在桥南立营。努尔哈赤抓住明兵正在安营的机会,当机立断,命右翼四旗兵,以精锐的摆牙喇为先锋,先攻击桥北营明兵。这支四川兵特别能战斗,同后金兵展开了一场肉搏战。后金兵也显示出顽强的战斗力,退而复进,再退再进,终于击败了饥饿疲惫的四川兵,将其全歼,后金也付出了重大代价,死二三千人。

后金兵乘胜渡河,进攻桥南万余明兵。他们在离浑河五里之外安营、掘壕、列战车枪炮。后金兵一过河,就在旷野展开,将明兵大营包围了数匝。明兵作殊死斗,战斗激烈的程度为交战以来所仅见。细节不必多说。此战之结局,还是明兵全被歼灭,总兵官陈策、童仲葵、张名世等都死于阵中。两支明兵都来自南方,不远数千里,前来援辽,血洒东北大地,以死相搏的精神十分感人。明朝闻报,留下了这样的记载:"自奴酋发难,我兵望风先逃,未闻有婴其锋者。独此战,以万余人当虏(指后金)数万,杀数千人。虽力屈而死,至今凛凛有生气。"(《明熹宗实录》卷八)川浙明兵本有如此之大的战斗力,而后金将其全歼,亦见努尔哈赤统率下的军队是多么强大!

当天晚上,努尔哈赤收兵,命诸贝勒各领精兵在东门外的教场安营,各将官率大军屯驻于城内。次日,努尔哈赤论功行赏,首先严厉谴责将领雅松,论罪处分。原来,昨日攻击浑河南岸明军时,又发现守奉集堡的明总兵官李秉诚、守武靖营总兵朱万户、姜弼等共率三万余明军,前来增援,行至白塔铺安营,先派出一千人马为前锋,继续进兵,以探前方虚实。正好与侦察敌情的雅松率二百精锐遭遇,雅松见敌众,拨转马头就走,所部二百人也跟着跑了。明兵尾随追杀。努尔哈赤闻报,勃然大怒,亲自率军迎战。皇太极急上马,领精骑驰在父汗面前,说:"父汗何需亲往,我愿领兵迎敌!"说完,率部疾驰。明兵见来势凶猛,不敢战,四散奔逃。皇太极一直追到白塔铺,明将李秉诚三总兵正布阵,皇太极不待后继将士,只率百骑杀入阵中。李秉诚不明敌情,因惊慌而急忙后退。皇太极乘机追杀,他的侄儿岳托、兄长大贝勒代善也率部赶来,追杀四十里,沿途击毙明军约三千人,胜利回营。皇太极身陷危境,是由雅松临阵逃跑造成的,努尔哈赤为此而愤怒,厉声斥责:"我的儿子皇太极,从我到他的诸兄都爱如眼珠子,就因为你败走才使他杀入明阵中,万一有失,你的罪就应凌迟处死!你为什么率我常胜之军,望风而走,失去我军锐气?"努尔哈赤怒气冲冲,痛骂不止。最后,将雅松定罪削职(《武录》)。努尔哈赤治军有胜无败和赏罚严明的军纪,是他的一贯作风。他已经六十三岁了,还亲自驰骋疆场。三十多年来,他总是身先士卒,不惧任何风险,为全军树立了榜样,激励了他们的勇气,始终保持了最旺盛的战斗力。这就是八旗军队无往而不胜的一个原因吧!

努尔哈赤在沈阳停留了五天,将所获人畜分给全军后,都先送回赫图阿拉、界凡、萨尔浒等地。此时他还没有据守此城的想法,也是因为兵力不足。若得一地,守一地,需要分兵守御,兵力分散各处,就没法再进兵了。况且即将攻取的辽阳,是东北第一大镇,没有足够的兵力是难以攻取的。此时,努尔哈赤不守沈阳,包括前取开、铁都已放弃,非不想守,实在是兵力不敷用的缘故。

三月十八日,努尔哈赤召集诸贝勒大臣,发布进军命令:"沈阳已拔,敌兵大败,现在,就率大军乘势长驱,攻取辽阳!"他问大家的意见如何,大家当然无不赞成。

努尔哈赤作战,向以兵贵神速著称,不给敌军以喘息的时间。此次攻取了沈阳后,稍加整顿,便毫不迟疑地挥师南下,将战场转移到了辽阳。努尔哈赤和他的军队面临着更为严峻的考验。

辽阳自战国以来,就是东北地区一座久盛不衰的名城。在清以前,二千年间,它始终保持了东北地区的政治、经济、文化、军事的中心地位,是名副其实的东北第一城!明建国初年,朱元璋接管东北,先在辽阳设辽东卫指挥使司,又改为定辽都卫指挥使司,洪武八年(1375),定机构名为辽东都指挥使司,简称辽东都司,至明亡而未改。它总辖辽东地区(相当今辽宁省境)二十五卫、二州。在后金攻取前,明朝经营辽阳已达二百四十余年,其城周为十六华里二百九十五步,规模之大,人口之多,经济与文化之繁盛,都居东北诸城首位。辽东又居有明一代号称"九边"之首,而辽阳又是辽东的心脏,防御的重点,自后金的警报频传,明朝一直在加强辽阳的防御能力。熊廷弼经略辽东一年,力主固守辽阳,在城四周挑堑浚壕,多达三四层,沿壕排列火器枪炮,环城四面分兵据守。袁应泰接任后,刚刚得知沈阳失陷的报告,就采取紧急措施,收缩兵力,集结辽阳,将奉集堡(今辽宁沈阳东南)、威宁营(今辽宁本溪高台子乡威宁营)的全部守军撤到辽阳,孤注一掷,做最后的抵御。

自失去开、铁,明朝马上就虑及辽阳、沈阳的安危,日夜担心,计无所出。沈阳失陷后,从辽东的将领,到朝廷内外,没有人怀疑辽阳必为后金的下一个攻击目标,而且几乎可以确定无疑。正如人们所预料的,十八日这天,努尔哈赤下达了进军的命令,浩浩荡荡的大军,自沈阳向南挺进。沈阳到辽阳,不过百余里,当晚行至虎皮驿,城内军民逃避一空,就地安营过夜。明军哨探很快发现了后金的行动,飞驰至辽阳,向袁应泰报告,据他们所见,后金大军"旌旗蔽日,漫山遍野,首尾不相见"。守城的文武官员无不心惊肉跳,一种危险的预感已袭上了心头。作为主帅的袁应泰,该做的都已做了,只有一件:等危机时,放太子河的水注入围城的壕内。此刻他便下了放水的命令,希图以深水壕来缓解或免除辽阳所遭的危险。

十九日中午,后金大军抵达辽阳城东南角,开始渡太子河,还没有全

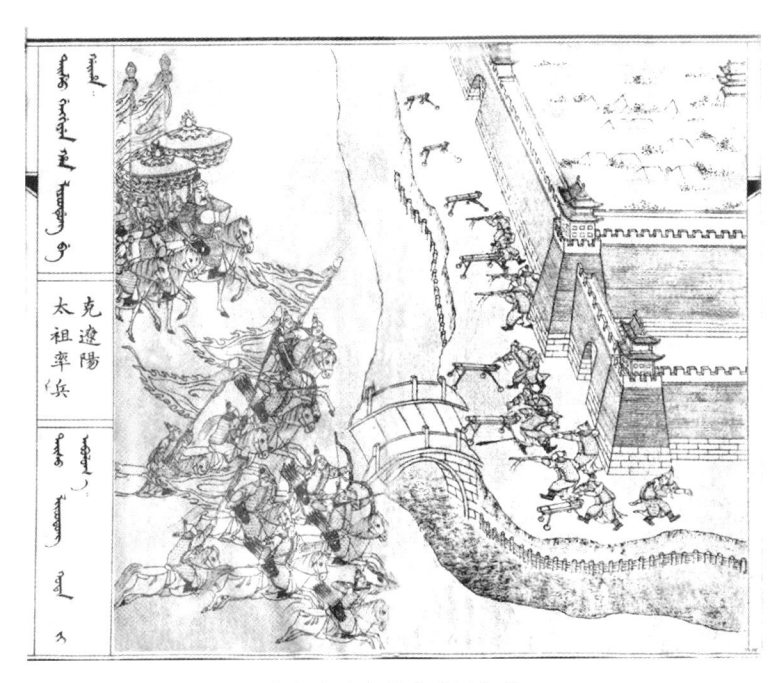

努尔哈赤率军进攻辽阳城

部渡完,袁应泰已派李秉诚等五将,率五万人马出城五里布阵,以图阻止后金直接攻城,减轻其压力。对于努尔哈赤来说,遇敌即战,从不惧怕。他观察了明兵的阵势,命击其阵的左尾。皇太极坚决要求进战。父汗无法,只好同意,随后派他的二黄旗兵帮助皇太极,也是加强防护他喜欢的这个爱子的安全。皇太极一马当先,直冲阵左之尾,明兵发射炮弹。可是,等炮弹快落地时,后金的骑兵已疾驰到炮弹的前面去了。总之,明兵装药、装弹、校正方位、距离时,皇太极统率的骑兵早已冲过去了,明兵所依赖的火器已完全失去效用!后金骑兵如风驰电掣般冲入阵中,左冲右突,顿时把明兵阵势冲得大乱。左翼四旗兵也随后杀入,两相夹攻,明兵大溃而逃。皇太极率部一直追杀六十里,至鞍山驿(今辽宁鞍山旧堡)而止。此时,袁应泰又派出一营明兵,从西门冲击,以接城外明兵。一出城,就遇到后金二红旗兵,刚一接战,就不战自溃,争相入城,人马自相践踏,积尸不可胜计!至晚,战斗结束,后金大军在城南七里的地方安营。辽阳之野的大会战,后金兵大获全胜。

后金兵粉碎了明军在城外的抵御,努尔哈赤及时地转入攻城战。二十日早晨,他率诸王贝勒察看了四周的护城河水,随即下达命令:"西有闸门,由左翼四旗将闸门掘开;东有进水口,由右翼四旗堵塞住。"他自统右翼四旗布置战车,在城边防御。他指示士兵们抬土运石,用以堵塞水口。不一会儿,左翼四旗报告:西闸门难以掘开,如夺桥而入可望成功。努尔哈赤说:"桥能夺则夺,如夺到手,速来报告,我就从此门进攻。"堵塞水口已顺利完成。这时,明帅袁应泰再做一次尝试,派出三万人马出城东门外布阵,排列枪炮三层,向后金兵发炮攻击。努尔哈赤命令绵甲兵推出用牛皮护面的战车,对付东门明军炮火。当车推到一定距离时,后金兵从战车后面呐喊着冲出来,抢渡壕水,与明军接战。明军的布阵,步兵在前,骑兵在后。一场混战,惊天动地,难分胜败。但后金的援兵不断补充,造成内外夹击之势,明军又垮了下来,争先恐后往城内败退,受到后金兵追杀,纷纷坠入护城河里淹死。尸积满壕,壕水变赤。夜幕降临,激战还在进行。西门夺桥已成功,左翼四旗已突入西城,占据两角楼。明军举火把,与后金兵酣战通宵。

战斗已进行到第三天,即二十一日黎明,右翼四旗兵也已登城,八旗将士合为一处,沿城驱杀明军。袁应泰命城内明军列盾阻击,又一败涂地。混入城内的后金谍工放火骚扰,小西门弹药起火,明军的窝铺、草场都被大火烧光,到处是烈焰冲天。明帅袁应泰在城东北的镇远楼督战,见大势已去,自缢而死,妻弟姚居秀同死,仆人唐世明纵火焚楼而死(《明史·袁应泰传》)。辽阳城陷落了,二千余年的名城再次易主,城头换上了五彩缤纷的后金八旗。辽沈大战到此结束。

当天中午,全城已经是结彩焚香,各家门前贴黄纸,书"万岁牌"以迎接努尔哈赤入城。努尔哈赤乘坐肩舆,在鼓乐声中,进入辽阳城,官民跪伏道路两旁,齐声山呼"万岁"。努尔哈赤进驻原辽东经略衙门,以此作为他的临时住所。

努尔哈赤亲自指挥的辽阳攻城战,不到三天就获得了辉煌的战果。辽阳城内,原有明官军包括援辽的共约十余万人,被后金彻底打垮。其中部分明兵非逃即降,死于战场的并不很多。文武将吏死者不少。除主帅袁应泰外,还有大将杨宗业、朱万良、梁仲善战死;分守道何廷魁于城破时,携妻投井死,同时死的将领共九人;监军道崔儒秀自缢死。辽东巡按张铨被俘,在努尔哈赤面前不屈不跪,只求速死,以报明朝。最后劝降不成,用绳索勒死,以成美名。据统计,自与后金开战以来,至辽阳之战,明总兵这一级的高级将领阵亡者共十四人(《廿二史札记》),其他中低级军官死者就更多了。明朝损失之重,由此亦见一斑了。

辽阳一破,辽河以东地区,自辽阳以南直至沿海,共七十余城闻风而降,明人皆剃发而成为后金的臣民。这意味着明在辽河以东的统治已经土崩瓦解。努尔哈赤志在全辽,已得其半,才用了九个多月的时间。速度之快,如风驰电掣,其势如秋风扫落叶,席卷河东,震撼全辽,动摇了明朝统治的根基。进兵辽东,是努尔哈赤一生中最为辉煌的时期。他在军事上所取得的一系列惊人的胜利,是他创造的奇迹。自兴兵以来,他不曾失败过,保持了常胜不败的记录,这在中国古代军事史上也是罕见的!

三、迁都辽阳

自萨尔浒决战以来,努尔哈赤马不停蹄,先开原,后铁岭,后沈阳,后辽阳,在辽东大地上,也是在人生的道路上,留下了一串串闪光的足迹。他靠着坚毅不拔的钢铁般的意志,远大的追求,抓住历史的机遇,创造了常人所无法企及的奇迹。他从穷乡僻壤,一跃而入肥沃富饶的辽河平原;从世居的边鄙小村,驰入繁华的辽东的大城雄镇。他一进入辽东,如困在沙滩的蛟龙入海,翻腾自由,自开原以下,势如破竹,所向披靡。他为子孙打开了通向北京的道路,正在向前迅跑,日益缩短与北京的距离!

在通向最后定鼎北京的途中,他建设了一个又一个都城,那都是他事业发展的里程碑,真实地记录了他的事业发展的各个阶段。

在努尔哈赤的创业中,建都、迁都之多,恐怕历代帝王很少有能赶得上他的。但这在少数民族所建的王朝中,并不乏其例。如契丹、鲜卑、女真、蒙古等所建政权,也是屡易国都。因为他们是游牧、渔猎民族,从草原,从山林,逐渐走向农耕地区,进入繁华都市,随着事业的大发展,往往是国都随建随迁。这种情况,在汉人所建政权中较为少见。

前已交代,努尔哈赤创业之初,先建佛阿拉城。此时期尚未建国,严格地说,佛阿拉还不能算作都城。但从创业、建根据地这层意思上说,此城也具有都城的性质。真正算作都城的,是在正式建国时所确定的赫图阿拉,它是名副其实的后金(清)第一都城。

努尔哈赤在赫图阿拉居住到第十五个年头的时候,他已感到这个老城已不适应他的需要。赫图阿拉距离明朝边界远,为重重山岭所隔,多属山间羊肠小路,行军、运粮十分困难,而且要耽搁很多时间,对军事尤为不便。要发展事业,准备同明朝进行长期斗争,必须离开这僻远的山区,到靠近明边、交通便利的地方建城居住。他选中界凡这个地方,作为筑城适合之地。此地原为建州女真哲陈部的一个小山寨。界凡为满语,汉译为"河流交汇处"之意。从地理位置看,它居适中之地,距沈阳仅百余里,距辽阳二百余里,离抚顺则近在咫尺。抚顺战役已结束五个月,即天命三年(1618)九月,努尔哈赤正式提出重建界凡城的主张。初议是将此城作为屯兵之所,如他解释说:"我们就要和大明国进行战争,如出兵打仗,我们居住大城西边的兵还方便些,但东边的兵相距过远,实在太辛苦了。若在西边靠近大明的界凡建城居住,诸贝勒大臣就可以到大明的边界内放牧牲畜,使明朝居住在边境的人不能耕种,种了的田地不能除草,已经种的不能收割,收割的粮食不能晒打。我们可以放鹰打猎。把明朝的人困在城中,使他们不能出来,等他们忍耐不住出兵时,我们就进行攻打。"(《太祖朝老满文原档》)

诸贝勒大臣听了努尔哈赤的解释,多少明白了筑新城的军事意图。后来,朝鲜人李民寏却更深一层地看破了努尔哈赤的政治图谋。他这样写道:"今者弃其旧穴(赫图阿拉),移居者片(界凡),列筑坚城于中原(指明朝)之界,且耕且守,更出迭入,焚劫沈、辽之间,殆尽无遗。闻近日大举收掠禾谷云。此不过坐困之计也。"(《建州闻见录》)。这段话,写于萨尔浒战后,对努尔哈赤迁城事,作了如此深刻的分析,精辟地概括出努尔哈赤制服明朝的战略是"坐困之计"。一个外国人把中国的事看得如此清晰、透彻,的确是识见卓异。努尔哈赤身边的人对筑城的事,茫然不解,后来还反对迁居;堂堂大明竟也麻木,熟视无睹。与这位目光敏锐的朝鲜人相比,未免过于迟钝了。

努尔哈赤与诸贝勒大臣议定后,派出大批夫役,先营建基址,准备木石工料。因天气渐寒,工程暂停。

第二年,即天命四年(1619)二月,天气转暖,努尔哈赤派出一万五千人夫赴界凡,搬运石头,继续筑城。这时,有关明兵进攻的风声很紧,所以,他又加派四百骑兵保护他们。不久,萨尔浒战役爆发,筑城再度中断。战后,努尔哈赤深谋远虑,打定主意,将都城迁往界凡。四月三日,他对诸王贝勒大臣们说:"战马羸弱,当趁春草喂养,我想据界凡筑城,屯兵防卫,令农夫得以耕种土地。"他没有明说迁都,还是强调屯兵种地,也许出于慎重,免致众议不一,有碍他的计划的实行。他亲自相看地势,占卜"吉壤",选址筑城,择旷野处牧马。至六月,界凡城基本完工,努尔哈赤行宫与诸王臣军士房屋皆建成。

界凡城的规模与具体建筑,史书缺载,现仅据考古发掘和实测,可略见当年界凡城的全貌。界凡城依山势而筑,分主城与东西两个卫城,分建在铁背山三个山头上。主城位于中段主峰上,全城东西直线长度为一千二百一十米,其东端九十米的地段,为宽十八至二十米的平坦地带;北城墙为天成,皆悬崖绝壁,长一千二百一十二米余,高度在五十米到八十米之间。南墙以山险墙为主,部分为石筑坡墙,共长一千三百六十二米余。城内已发现五处房址,其中二处房屋位主城东端,为城内最宽阔而平坦处,规模最大,地表散布有大量砖瓦和建筑饰件,还有少量青花瓷片等遗物。对照《武录》记载,比较五处房址规制,考古学家断定此二处房址当为努尔哈赤及诸王妃居住的行宫遗址。城内还发现有警卫和防护用的两处防守台,还有与西卫城相通的东城门等。

为防卫主城,在铁背山西端的独立主峰上建一城,称西卫城,南控苏子河口,西视浑河河谷,形势尤为险要。在主城之东,低于主峰的一条向南弯曲的凹形台地上,建一城,称东卫城。两卫城皆有城门与主城相通,既独立,又联为一体。论规模,论险峻,都超过了赫图阿拉。如今已过去了数百年,遗迹仍然班班可考,亲临其地,不难想象当年努尔哈赤创业之艰巨,并为此付出了沉重的代价(以上详见《清前遗迹考察纪实》)。

据《建州闻见录》的作者所亲见:"者片(界凡)城在两水间,极险阻,城内绝无井泉,以木石杂筑,高可数丈。"努尔哈赤及其诸王和他们的后妃、侍卫人员住在城内,而"王臣军士"的"大小胡家皆在城外水边"居住。

界凡城筑好后,努尔哈赤对诸王贝勒大臣们说:"我兵马不过浑河,就在边界处牧马,就行了。"不料,诸王臣提出了异议,他们说:"不如还都,各修马厩,割草牧养,用水给马洗澡,马自然就肥壮了,而士卒都可以回家,也便于整修器具。"努尔哈赤耐心解释:"你们明明都知道,当此六月炎天,行军打仗已二十天,自此归家,远近不等,或有二三天到家,或有居都城之东,需三四天才到,现在天气炎热,马匹过累,到哪天才能肥壮?我打算居界凡,就地牧马,早日把马养得肥壮,八月时兴师伐明。"诸王臣不愿迁居,在一个地方住久了,也习惯了,故土难离。在赫图阿拉,都有家产,来到新城,一切还得从头开始。顾虑或私念种种,他们没有理解努尔哈赤的政治抱负和军事意图。但努尔哈赤主意已定,力排众议,坚令迁都,命家眷,包括他的后妃及诸贝勒的妻室,都接到界凡城来。王臣们不敢再予反对,遵命而行。当家眷接到新城后,他举行大宴,以示庆贺。

努尔哈赤迁都界凡后,赫图阿拉城呈衰落状态。天命四年(1619),迁都的当年,朝鲜人亲眼目睹了赫图阿拉的破败景象:"外城颓圮几层,外城内居人尽移之者片(界凡)云。"这证明赫图阿拉城的居民大都迁到了界凡,原都城顿失生气。努尔哈赤自此离开赫图阿拉,伴随着他的前进脚步,他离赫图阿拉越来越远,从此一去不复返。

努尔哈赤在界凡城只住了一年零四个月,于天命五年(1620)再迁至萨尔浒。

萨尔浒为满语,汉译为"木橱"之意,形容山上林木繁茂。城以山名,即建于萨尔浒山上。前述萨尔浒大战,就发生在这里。此城原属建州女真苏克素浒部,城主就是瓜喇、诺米纳、奈哈兄弟三人,后被努尔哈赤所取。

萨尔浒城,位于今辽宁抚顺县李家乡竖碑村西北,隔浑河与铁背山上的界凡城遥相对望。该城离抚顺更近了一步,相当于今抚顺市的郊区。还在修建界凡城时,努尔哈赤也开始营建萨尔浒城,到天命六年(1621)闰二月十一日,完成了全城的营建。从现存遗址测定,它以一道城墙为隔,分为内外两城,东为外城,亦称东城;西为内城,亦称西城。两城比较,东城大于西城。现存残墙为四千二百八十七米余,东、西、南、北四城门与一便门,清晰可辨;西城则存二门,还有房屋遗址六处,与《满文老档》所记相符。全城规模很大,仍建于山上,用工相当艰巨。至城建成之日,努尔哈赤便想到筑城夫役的辛苦，不禁为之动情，说："筑城的人夫最苦，应当赐给牛犒劳他们。"群臣却建议说："与其用国中之牛，何不等到抢掠了大明的牛驴，再赐给他们食用！"努尔哈赤升殿，召集诸贝勒大臣训诫："作为君主，没有野外露宿的道理，所以才筑城居之。君明才成国家，国家得到治理，才成为君。所以，天作之君，君施恩于臣，臣敬爱君，这都是天经地义的礼制所规定。至于王应爱民，民应尊敬王，做主人的应怜惜仆人，仆人应为其主人而作，而主所获之财及所猎之物，亦应与仆人共享。如此，互相关切，上天喜欢，受到人爱，岂不是皆大欢庆？比如，筑城的木料、石头，难道是从筑城的地方来的吗？凿石于山，采木于林，从很远的地方搬运来，就已经很辛苦了，而逐块筑垒，不是更辛苦吗？你们刚才说的话，实际是不愿把自己的财物拿出来！你们说用掠大明的牛驴赐给，可你们知道吗？征大明是出于正义，如果为了犒赏筑城夫役去抢掠，这是万万不行的。"正说着，副将布尔津后到，努尔哈赤便问："你从何处来？如此喘息不定，想来你是徒步走的？"布尔津回答说："臣自筑城的地方（萨尔浒）来。"努尔哈赤借题发挥，说："你空身行走，尚且感到劳累倦乏，运木石而筑城的人，难道就不劳累？"

努尔哈赤由一件小事，引发出一大通讲话，摆事实，讲道理，诸王贝勒大臣心服口服。于是，努尔哈赤把牛赏给筑城夫役。当时，盐十分匮乏，被视之如宝。努尔哈赤把国库中储存的盐，也分给他们，以奖励他们筑城的功绩。

天命五年（1620）九月二十日，全城尚未完全建完，努尔哈赤率群臣自界凡城迁到萨尔浒（《满文老档》）。在这座城里，努尔哈赤谋划大举伐明，发动了辽沈大战，大获成功。半年多后，因攻克辽阳，再迁都到那里。努尔哈赤在萨尔浒城只住了半年多一点时间。人走城空，任岁月剥蚀，此城已淹没在荒草密林之中。

努尔哈赤攻克开原、铁岭、沈阳后，皆弃而不守，及攻下辽阳后，他的想法大变。这是天命六年（1621）三月二十一日，即攻克辽阳的当天，他召集诸贝勒大臣，又提出迁都的事，向他们征求意见。他说："辽阳是上天赏赐给我们的，我们是迁来居住呢，还是仍回本国呢？"诸贝勒大臣都说应返回本国，没有一个人的话符合努尔哈赤的想法。他摇了摇头，说：

"如果我们撤兵,辽阳必然为明朝收去,重新固守,凡攻克下来的各城堡的百姓,以及逃散到山谷躲避的人,都遗留在这里了。放弃已得到的疆土而还国,必然劳烦我兵再次征讨。辽阳乃是大明、朝鲜与蒙古三国的适中之地,是战略要地,我们应当住在这上天给予的地方。"

诸王贝勒大臣都被说服了,认为努尔哈赤说得很有道理,一致同意迁都。议定后,努尔哈赤马上派人前往萨尔浒城,去接后妃皇子。

努尔哈赤重新规划城内居住区,把原明已降的官员和百姓都迁移到北城居住,南城作为努尔哈赤与诸贝勒、大臣、八旗将士、本族百姓的居住区。至四月五日,后妃、诸贝勒及大臣等眷属,自萨尔浒城平安地到达了辽阳。从这时起,辽阳实际成为后金的都城了。

天命七年(1622)三月,努尔哈赤又提出在辽阳附近另建新都城的问题。他的理由是:"赖皇天保佑,将辽东地方交给我们。但是,辽阳城很大,已经陈旧,多年失修,已颓废不堪。这里,东南有朝鲜,西北有蒙古,都没有被降服,如放弃他们而征大明,难免有内顾之忧,必须另建城郭,派兵坚守。这样,我们便能坦然地前驱征明,就没有后顾之虑了。"诸贝勒一致劝谏,说:"如舍弃已得之城和所居之房屋,重新建造新城,这不是给百姓增加负担了吗?"努尔哈赤反驳说:"既征大明,岂容中止!你们只顾惜一时之劳,而我唯远大是图,如以一时之劳为劳,前途大事何以完成?我打算让降民(即汉人)筑城。至于房屋,可以各自去建。"

建新城之事,实际反映了努尔哈赤与诸王贝勒大臣对前途、目标想法的不同。努尔哈赤是从更高、更大、更远的方面来认识这个问题的,他的儿子及各大臣是从眼前的利害得失或从小处着眼,提出了异议。但他们的想法不见得没有道理,以新占之地,又劳民大兴土木,无疑是加给百姓的一项巨大负担。事实是,这座新城尚未完全建完,努尔哈赤又迁都了。新城转瞬变成一座废墟。从这个结果看,当初兴建也许是多此一举!努尔哈赤曾十分担心的朝鲜、蒙古并没有乘后金征明而袭击辽阳。但当时努尔哈赤强调保持对朝鲜与蒙古的警惕是必要的,防患于未然,高瞻远瞩,深谋远虑,正是一个政治家的胸怀和眼光。凡预测政治的、军事的风险,宁可信其有,不可信其无,有备才能无患!努尔哈赤以其雄辩的理论思想,坚定不移的意志,总是征服了他的臣属的心。所以,建新城虽有争论,最后还是按照他的意志办事,选定辽阳城东八华里的地方,即太子河东,起造新都城,给它起了个名字,称为东京。其规模小于辽阳城,自不必细述。如今,城墙及各种建筑物全毁,唯在地面尚留基址遗迹和一座门。

第七章 进军辽东

第八章 辽西鏖战

一、血战西平

辽沈大战后,时局的最大变化是在辽西开辟了战场,而雄峙辽河西岸的广宁城(今辽宁北镇),首当其冲,立刻成为努尔哈赤争夺的一个重要目标。努尔哈赤欲得广宁,必战西平堡明军的前哨。这场血战与攻取广宁是一个战役的两个战场,为叙述方便,首叙双方血战西平堡。

此战之由来,当从明朝决策固守辽西说起。

努尔哈赤以迅雷不及掩耳之势,只用三天时间就把明在东北统治的中心城市辽阳轻取到手。消息传至京师,好像发生了一场大地震,强烈地震撼着朝廷,朝臣不约而同地预感"河西(指辽河以西至山海关的地区)必不能保",有大厦将倾之感!刚即位的熹宗皇帝急令"京师戒严",兵部甚至"请各勋戚、九卿科道,并本部司属官员分守正阳等十六门"(《明熹宗实录》卷四)。朝廷如此惊慌,一目了然。

这时,辽东明兵一片混乱,正在大溃逃中。辽阳城陷时,城外明兵顿时溃散,向西奔至三岔河,约三四万溃兵争抢渡河,吵嚷着要去山海关。不只兵逃、民逃、商逃,官也逃,"武臣望风奔溃"。据山东登州海防道按察使陶朗先报告,他"接渡辽左(即辽东)避难官民"无数,其中各级将领共五百九十四员,金州、复州、海州、盖州(今属辽宁南部地区)等卫所官员与居民男女共三万四千二百余人,还有商人二百余人(《明熹宗实录》卷五);逃入朝鲜境内的辽东百姓更多,"前后数十万口"(《燃藜室记述》),就连尚未波及战火的辽西地区也已风声鹤唳,从广宁到宁远(辽宁兴城)一带,已定居数百年的"土著"都向西逃去,自塔山(今辽宁锦西塔山)至闾阳(今辽宁北镇闾阳),相距二百余里,"烟火断绝矣"(《明熹宗实录》卷三)。

努尔哈赤取沈阳,特别是下辽阳,给辽东地区带来的大动荡,是多么悲惨!

在一阵惊慌之后,熹宗才和他的枢辅阁臣估计前线的军事形势,谋划应急对策。大多数人力主固守辽西,如兵部尚书崔景荣说:"今辽左唯有辽西一块土耳,若不拼力固守,何以遏其(指努尔哈赤)长驱!"他已看出,不守辽西,后金铁骑就会长驱直入,威胁山海关,若山海关不保,京师则亡在旦夕。河南道御史张捷慷慨陈词:要"刻刻以失辽东为恨,着着以守河西为主"(均见《明熹宗实录》)。

固守辽西,广宁是关键。诸臣所议,所见略同。这样,固守广宁以保辽西的方针得以确立起来,凡现有兵马钱粮都优先供应给广宁。与此同时,朝廷选将命官,改善和加强军队的指挥系统。王化贞被任命为广宁巡抚,负责广宁等地的防务。此时明朝还亟需一位能统筹全局的封疆大吏,担负起山海关外的全部防务。可是,朝中大臣谁也不敢担此重任,有人忽想起解任在家的熊廷弼,认为他是最合适的人选,说他熟练边事,才略胆识无出其右者。廷臣们这才认识到熊廷弼代替杨镐经略辽东的作用,承认他"守辽一年,奴酋未得大志"。阁臣刘一燝感叹:"假使熊廷弼在辽东,当不会落到这步田地!"熹宗也很后悔,说:"熊廷弼守辽一载,未有大失,换过袁应泰,一败涂地!"他要追究当时是谁首先倡议劾廷弼,是谁伙同参与,以至将祖宗百战封疆拱手"送贼"(指努尔哈赤)。他指示吏部将此事查清,为廷弼洗冤,同时,起用他为兵部右侍郎,全权经略辽东军务。旨意下达到江夏(今武汉),廷弼想起前两次经略辽东的不幸遭遇,非常伤心,婉辞而不赴命。熹宗急得不得了,这个好声色之乐的皇帝,此刻也六神无主,只得一次次发下旨意,温语中带着命令,优勉中包含着恳求,"甚有哀切之词"。他派的信使钦差一次又一次疾驰在千里驿道上,付诏勒限,州司临门,急于星火,催逼上道。

熊廷弼接到熹宗的一份份手诏,禁不住流下眼泪。在皇帝屈尊的感召下,他终以国家安危为念,毅然奉诏,离家赴京,开始了他第三次也是最后一次的人生之旅!

熊廷弼到京陛见皇帝,一应细节自不必说。只说他制定了固守辽西,渐图恢复的战略防御计划,即著名的"三方布置策"。其三方布置是:第一,以广宁为主,重点设防,部署马步大军,以迎击后金主力;第二,在天津、登州、莱州各置舟师策应,从海上牵制,乘虚进入辽南沿海地区,击其侧背,迫使后金回师内顾,从而收复辽阳;第三,以山海关为适中之地,屯重兵,设经略,节制三方,待各镇兵马大集,然后三方并举,实行战略反攻。后又补充请联络朝鲜,出师鸭绿江上,以助明兵声势。这就使"三方布置"更臻于完备、周密。

坚守防御,是熊廷弼的一贯战略思想。守而后战,是对付强敌的有效战略。明在萨尔浒、开原、铁岭、辽阳、沈阳连遭惨败,兵力衰弱,士气低落,而后金势力大振,士气处于极盛状态,明朝在劣势的情况下,唯分布险要,以守为稳着,是唯一可取的战略指导方针。朝廷完全接受了他制定的"三方布置策",他请兵二十万,经全国总动员,集兵已近三十万,其中广宁地区驻军达十二万。还有兵饷,预计千余万两,比辽阳之役备兵十八万,军饷八百万还多出很多。熹宗和廷臣们为力保大明江山,不惜"极天下之力,以充辽饷"!凡廷弼所请,无不允准。

明天启元年(1621)七月初,熊廷弼离京,再次踏上征程。熹宗赐尚方剑一口,副总兵官以下,凡不用命者先斩后奏;赏赐银两、纻丝等物,备极优厚;又在京城外赐宴饯行,命文武大臣陪饯。宴罢,另拣选京营兵五千、马六千匹,护送熊廷弼出关,以壮其行。熹宗给他以极高规格的特殊荣宠,把千百万资财泻于一隅之地,表明辽西得失实系大明江山的安危,孤注一掷,全部希望都寄予他一人,以图转危为安。明兵备战,主帅走上战场,预示着又一场大战即将到来。

经过几次大战,显示出后金已占有战场上的主动权,居于优势地位。努尔哈赤的指挥艺术发挥得淋漓尽致。在他的决策并亲自指挥下,后金铁骑以连续作战的方式,快速而突然的进攻,短促而猛烈的袭击,连下开、铁,一举夺沈阳,再举下辽阳,其势如锐不可当的狂飙,所经之处,席卷而下。努尔哈赤战略上的进攻战、战术上的速决战这一用兵特点,在战场上一再地表现出来,并节节获胜。他攻下辽阳后,却不满足已取得的胜利,当八旗将士还沉浸在巨大胜利的喜悦之中,他却把进攻的矛头指向了辽河西岸的重镇——广宁,并为夺取它而迅速进行准备。

就在攻下辽阳的第九天,即三月二十七日,努尔哈赤派遣五子德格类和侄儿斋桑弧率八旗的八大臣及由各牛录抽出的一千兵,前往辽河,武装侦察该河浮桥。辽河流经海州西七十里,在此形成三岔河,过河西北行百余里,可直通广宁。明时,视此河为广宁"天险",是联系河西与河东的一条通道。每年通水期,以三十条船揽成一列为桥。明委派专人或一员指挥或千百户官员,负责渡口事宜。努尔哈赤派兵侦察的目的,打算从这里渡河,袭取广宁。侦察的结果是:桥已被拆毁,两岸与河面上一条船也没有!努尔哈赤为慎重从事,再派奸细潜入广宁,直至京师,侦察明军虚实与兵力部署。这已是他惯用的一种手段,在沈阳、辽阳战役中发挥了相当重要的作用,明熹宗和诸臣也惊叹:"辽失全以内应!"明已提高了警惕,在广宁、在京师已发现并连续逮捕了努尔哈赤的"奸细",这使明朝更加惊慌,防不胜防,兵部惊呼:"广宁奸细无处不有,内地奸细无处不有!"大有草木皆兵之惧。

到了五月,努尔哈赤的孙女婿、汉将李永芳等已集舟师,将在黄泥洼集结兵马;六月,又在另一处张义站集结。广宁城内明兵惊恐万状,昼夜传烽火,上下官兵半个月来未敢合过眼。

但是,努尔哈赤却迟迟没有发动进攻,除了渡河存在实际困难,他的后方还很不稳定,牵制他向广宁进军。这时候,辽南地区连续发生汉人的各种反抗活动。更严重的是,明将毛文龙从朝鲜出击,只率二百余人于六月间袭取了镇江。努尔哈赤十分震惊,急忙派出四大贝勒即代善、莽古尔泰、阿敏、皇太极分别到辽南或镇江,严厉地镇压了当地反抗活动,收复镇江。因此,进攻广宁的时间便往后推迟了。

天命七年(1622)来到了,努尔哈赤也迎来了他的六十四岁之年。正月十八日,努尔哈赤留下宗弟多毕等几人统兵守辽阳,他亲统五万人马,离开辽阳,冒着刺骨的寒风,挥军西进,目标直取广宁。

努尔哈赤把大军分作三路:一路自柳河(辽宁海城附近),一路自黄泥洼(辽阳西,太子河渡口),一路自三岔,同时出发。努尔哈赤本人从黄泥洼乘船,顺流而下,次日即十九日宿于东昌堡(海城市牛庄南)。二十日,至辽河。此段为太子河、浑河、辽河"合流"处,故称三岔河。后金主力集结在这里,并从这里渡河。明广宁巡抚王化贞部署的防河兵,见势不妙,掉头就跑。他采取分兵据守的作战方针,诸如西平、镇武、西兴、西宁、平洋诸堡,为明防边哨所,都在广宁东或东南,彼此相距从几十里到百余里不等,都派兵守御。作为主帅的熊廷弼坚决反对分兵,"兵分则力弱",是"自弱之计也"。王化贞根本不听,以其广宁巡抚的兵权,自做主张部署兵力。努尔哈赤就利用这一致命弱点,集中优势兵力,逐个吃掉,剪其羽翼,孤立广宁,最后再攻破它!

后金先头部队不受阻拦地渡过了三岔河,直扑西平堡而来。西平堡守将副总兵罗一贯奉王化贞之命率三千人据守此堡。后金兵一到,先攻南门,西平堡参将黑云鹤不听劝阻,出城迎战,兵败退回堡里。次日,二十一日,他又出战,被斩于马下。其时,后金兵蜂拥而至,五万多人马将西平堡重重围住,战车、云梯、铁钩等攻城器具都推出阵前,准备大举攻城。努尔哈赤命李永芳指挥攻城,他以明降将的身份,派出一名使者,举着旗,来到城下,招罗一贯投降,说:"我们知道罗将军是男子汉,快投降吧,愿与将军共享富贵!"罗一贯站在城楼上,大骂李永芳:"逆贼!朝廷何曾亏待你,为什么要叛变?你难道不知道我罗一贯是个忠臣义士吗?"他也举起一面旗,大喊李永芳的名字:"逆贼快降,免你一死!"李永芳大怒,下令攻城。罗一贯凭城固守,用猛烈的炮火还击。后金兵密布在城堡的四周,成了炮火准确的轰击目标,每一炮弹落地,随着一阵震天动地的轰响,后金兵即倒下一片,死伤累累,没过多长时间,城下积尸几与城平!后金兵冒着炮火,拼死攻城,三次将要破城,三次被击退。激战中,一矢飞来,正射中罗一贯的一只眼睛,难忍的疼痛,使他丧失指挥的能力,但士兵仍然人自为战。火药已用完,矢石也用尽,援兵无影,西平堡陷入绝望之中。

激战到中午,城里突然停止轰击,后金兵迅速推出战车,进至城下,竖起云梯,此时明兵已失去抵御能力,眼睁睁地看着后金兵如潮水般一拥而上。西平陷落了。罗一贯决心以身殉国,他面朝南——京师的方向,拜了一拜,不胜悲愤地说:"臣力枯竭,城失守了!"说完,举起佩刀自刎而死。都司陈尚仁、王崇信也自刎殉国。守城的三千明兵全被歼灭。后金兵将全城血洗一空。此战后金也损失很重,明方报道,说死伤六七千人(以上见《明史·罗一贯传》、《三朝辽事实录》等)。

西平堡刚被攻破,后金将领已经发现大队明兵正向这里移动。这是王化贞与熊廷弼派来的援兵,共三万余人。王化贞听信心腹将领孙得功的主意,尽发广宁兵,以孙得功为先锋,与祖大寿会同守闾阳驿的祁秉忠部,前来西平解围。孙得功原为守沈阳的贺世贤的部下,他已暗中降后金,预谋利用援西平之机,想办法促使明军失败。

发现明援军后,努尔哈赤迅即下令整队迎战,发起攻击。明将孙得功分兵左、右翼,令刘渠上阵,他则退到阵后,前面刚一交锋,他就大喊:"败了!败了!"一边喊,一边冲出阵先逃,副将鲍承先紧随其后逃去。明军见主帅已逃,一哄而散。正在交战的刘渠,不明原因,无心恋战,拨马而走,随溃兵奔逃。后金兵乘势掩杀,至沙岭(广宁南,西平附近),大肆围歼明兵。努尔哈赤亲临战场指挥,后金兵勇气大增,挥舞刀枪,进行一场大屠杀。在乱军中,明将刘渠的马蹶倒,将他掀翻在地,他被砍死。祁秉忠身中二刀三矢,幸被家丁救起,冲出重围,行至中途,伤重而死;镇武堡副将刘征中箭落马;刘式章身中一箭,从臀部穿过,把他"钉于马鞍之上"……明援兵三万余人,在沙岭全军覆没。

到康熙时,沙岭一带,到处还是"白骨纵横沙草间"。有一法名"心月"的和尚,为超度亡灵,募金雇人捡遗骨,每天不下数十人做此事,将近十年,"寒暑无间",始将白骨捡尽,分别安放到三座大冢里掩埋,坟高三四丈,周围二十余丈,人们称为"万人坟"(见《辽左见闻录》)。

西平围城,沙岭打援,努尔哈赤首开进军辽西的胜利纪录,为夺取广宁扫清了障碍。

二、计取广宁

就全辽而论,辽阳、广宁、开原三大镇雄踞鼎峙,明代称为"形胜之区"(《全辽志》)。辽阳居辽河之东,地处辽东腹心,位置最要。北为开原镇,明视为"河东根本",设总兵守。广宁处辽河西,与辽阳隔水相望。清代地理学家顾祖禹作了这样的描述:广宁"西卫渝关(山海关别名),东翼辽镇(辽阳),凭依山海,隔绝戎奚,地大物博,屹然要会"(《读史方舆纪要》)。朝鲜麟坪大君途经广宁时说:全城"周遭亚于辽阳",医巫闾山"雄峙城北,以御大漠"(《松溪集》)。广宁处于辽河东西之间的冲要之区,早在洪武初,在辽、金时的广宁府旧址筑城,周长九里余,墙高三丈,池深一丈五尺,宽二丈。洪武二十三年(1390)置广宁卫,设总兵官抚镇。自此,广宁成为辽西一大重镇。到明中后期,城内常驻官军一万零四百余人,如加上它所辖的台堡守军,则达一万四千四百余人(《全辽志》)。明失开原、辽阳,"形胜之区"亦遭残破,广宁愈发显得重要,成为"全辽根本",故议守皆以广宁为重。

　　明朝对广宁的认识取得了一致意见,特遣王化贞驻广宁,受熊廷弼节制。不幸的是,熊、王对辽西的战守问题,各持一端,尖锐对立。熊廷弼的"三方布置策"主守,以守为战;王化贞主战而不言守,宣称:"不战必不可守,不过(辽)河必不可战!"两人由意见分歧,发展到势同水火,意气用事,致使辽西战守无定。本来,朝廷已批准熊廷弼的"三方布置策",但王化贞拒不执行,熊的方略受到严重干扰,无法贯彻落实下去。王一意孤行,另搞一套,一味主战,反对固守。他一再请战,"愿以六万兵进战,一举荡平"后金。他向朝廷许下诺言,夸下海口:"仲秋之月,可高枕而听捷音!"在他看来,打败后金易如反掌,只需六万兵就可以"一举荡平"!

　　王化贞为人刚愎自用,《明史》评论他:"素不知兵,轻视大敌,好漫语。"这是说他根本不懂军事,好说大话,麻痹轻敌。他独出心裁,自行其一个荒唐的战略:以投降后金的李永芳为"内应",外借蒙古察哈尔林丹汗兵四十万,实行内外夹攻,他"以不战取全胜"。他利用旧关系,屡次派遣间谍潜入后金,招李永芳为明朝效力。他哪里知道,已做了后金汗的孙女婿岂肯再反顾明朝!明间谍一走,李永芳马上向努尔哈赤报告。努尔哈赤将计就计,指使他假意同意为"内应",从中获取明朝的军事情报,还可利用这绝好的机会,在明将中进行策反,为后金取广宁时做"内应"。李永芳果然得到一名将领降后金,他就是前面曾提到的孙得功。孙接受了李永芳的诱导,秘密地与后金来往,策划取广宁的计谋。王化贞弄巧反拙,自以为得计,将来的悲剧都是由此而造成的。至于借察哈尔林丹汗的力量,也属白日做梦!王化贞的这套"以虏攻奴"的战略,很快落了空,努尔哈赤挥军渡辽河时,直至明朝广宁兵败,根本就看不见蒙古一兵一卒前来策应。但有一次军事行动获得意外成功,这就是明天启元年(1621)七月,王化贞派遣所属部将、都司毛文龙率二百人袭取了镇江。他大肆宣扬,自吹是按他的指使的"奇功",举朝大臣也欢呼为"奇捷"。于是,兵部也兴奋异常,听信王化贞主战的战略,催促熊廷弼出关督师,进兵赴援。熊廷弼不得已出关,驻扎在离广宁一百二十里的右屯卫(辽宁凌海右卫)。他为此很恼火,上疏指责王化贞擅自行动,干扰和破坏了他的战略计划,而用镇江的小胜来掩饰其错误的作战方略。熊廷弼个性强,随意顶撞那些权贵,得罪了他们,引起嫉恨。兵部尚书张鹤鸣与廷弼失和,独喜王化贞,凡王有所请,无不同意,却不通知廷弼知道,暗中鼓励王不必受廷弼的节制。熊又上疏点名抨击张鹤鸣,张从心里更加痛恨,对熊请办的事,一概不予答复,也不办。

围绕熊、王两人的争论,朝廷也形成了两派,整天吵吵嚷嚷,舌战、笔战,党同伐异,争执不休,更激化了党派的对立与斗争。熊、王两人"终日争战争守",相互攻击,一方赞成的事,另一方必反对,反之亦是。结果,弄得下属将吏无所适从,都被逼在战不战、守不守之间,凡事都受其牵制而无作为。经略与巡抚不和,已达到"通国皆知"的地步!熹宗和廷臣试图调解两人的矛盾,却越闹越大,连熹宗也制止不了,只好委托兵部召集大小廷臣,研究出一个解决问题的办法。会议于天启二年(1622)正月十一日召开,共八十余人参加,就熊、王去留的问题表态,最终并没有达成共识,提出十五六种方案,但基本大多偏向王化贞。熹宗指示吏、兵两部共识,在经略与巡抚中选用一人,另一人调出辽西另用。他们的一致意见,拟留王化贞,将熊廷弼调出。还没等最后裁决,努尔哈赤已大举进兵,朝廷感到"临敌易将,必误军情",遂罢前议,宣布仍以两臣协心共事,功罪一体。问题并没有解决。就是在两人尖锐对立、各行其是的情况下,西平孤立无援而招致失陷,三千将士无一生还;所派援兵三万,在沙岭又被孙得功所破坏,全军将士没有几个人能逃得一命的!

努尔哈赤统大军战罢沙岭,没有马上进兵广宁,仍回西平堡驻扎,等待广宁方面的变化。孙得功已许下诺言,预谋回广宁擒获王化贞,与广宁城一起献给后金。努尔哈赤很乐意兵不血刃地得到这座辽西重镇。

当努尔哈赤挥军渡辽河的消息一传到广宁,全城士、农、工、商及官吏都非常恐慌,很多百姓纷纷逃出城,避难于山中。西平和沙岭败后,孙得功等率先逃回城里,向他的同伙公开散布说:"敌兵快到广宁城了!"谣言顿时四起,闹得全城沸沸扬扬,人们更加慌乱,街市喧嚣,城门紧闭,不少士兵自城墙缒下逃命,仅仅几天,除了驻军,广宁城几乎成了一座空城!孙得功开始采取行动,到处煽惑人心,他们又封闭府库及火药库,准备迎接努尔哈赤进城(《国榷》)。

王化贞对这一切一无所知,还蒙在鼓里,看到城内混乱,人们纷纷出逃,他又无力加以阻止,也拿不出应对措施。二十二日晨,他刚起床,正阅读军报,突然,参将江朝栋未经允许,擅自闯入他的卧室。王化贞受到惊吓,后声呵斥。江朝栋顾不得礼仪,急上前拉住他,大呼:"情况非常危险,快走!快走!"王化贞顿时吓得不知所措。江朝栋挟起他就往外走,直奔马厩牵马。但马已被叛兵窃去,幸亏还有忠于他的将领送来七匹马,江朝栋把他扶上马,两名家丁徒步跟随,还有行李四箱,用两峰骆驼驮着,匆匆朝城门赶去。

此时,城门已被叛兵把持,叛兵上前阻止王化贞逃跑,大喊:"你不能走!"上前先夺了一峰骆驼。王带着乞求的口吻说:"此皆往来书札,并无什么值钱的东西。"叛兵打开箱子,确无财宝,于是动手殴打他和从人。正打得不可开交,江朝栋率数十人赶到,挥刀乱砍,把乱兵驱散,保护王化贞一行出城,跟跄西奔。辽东巡按方震儒还在城内,尚未起床,等他听说王化贞已逃,也慌慌张张地单骑西逃去了。

身为广宁巡抚的王化贞与方震儒,连一个后金兵的影子还没看到,就糊里糊涂地弃城逃跑了。不久前,他还一再发出"一举荡平"的豪言壮语,此刻,都抛到九霄云外去了,只顾一时活命,连国家的封疆都弃而不要了。这为他以后种下了悲剧的祸根。

王化贞一行,逃出了广宁城,直趋西奔,向山海关方向逃去。途经大凌河(辽宁凌海),正遇上熊廷弼。熊廷弼在得到西平与沙岭惨败的紧急报告后,忙引五千兵马,自右屯出师,前来增援,驻扎闾阳驿。监军许慎言力劝速救广宁,计擒叛将。金事韩初命反对此议,力阻救广宁。在这关键时刻,熊廷弼犯了一个致命的错误,不管出于何种动机,他竟不救广宁,却率人马退还,从而铸成大错!原来行至大凌河前,恰巧同王化贞相遇,王一见熊的面,不禁涕泪涟涟,哭了起来。熊冷笑一声:"六万军一举荡平辽阳,现在怎么样?"化贞羞愧不能答,略停一会儿,提出如何守住宁远和前屯卫两城。廷弼没好气地说:"哼!都晚了。你如不受骗出战,不撤广宁兵去镇武,能有今日之败吗?现在,正是兵溃之际,谁还肯为你固守?唯一的办法,就是保护百万生灵入关,不被敌人掳去,也就够了!"化贞已被吓得没了主见,只好一切都听廷弼的了。廷弼把自己所率五千人马交给王化贞指挥,负责殿后,他与韩初命等引领百姓进山海关,在大撤退中,他下令"清野",将各城的仓库物资包括粮食及军事设施付之一炬,尽行焚毁。只见烈焰冲天,浓烟滚滚,明朝把全国资财倾注于辽西,以图阻止后金的进攻,转瞬之间,化为灰烬。

从王化贞弃广宁,到两人决策全面撤退进关,这样重大的问题,未经请求朝廷,擅自丢弃封疆,为国法所不允许。且不说王化贞如何懦怯,贪生怕死,就说廷弼,也有两大失误:一误为未能迅速而果断地勇赴前敌,救援广宁,而是知难而返。可以相信,以他当时的威望和权势,坐镇广宁,是可以稳定军心民心的,不致溃乱得不可收拾。连王化贞于事后也向皇帝承认,他弃广宁前,城内守军尚有一万六千余人,假如廷弼及时赶到,以所率五千人协守全城,再招集各处散兵,也可达到三万左右,凭广宁城坚,是可以坚守住的。当然化贞也就不会逃了。但廷弼计不出此,是畏敌,还是有意看化贞的失败,大抵两种因素兼而有之。二误为丢弃关外,又犯了逃跑主义的错误。将辽西丢弃,置山海关于后金面前,再次震撼京师。他也是没见后金一兵一卒,闻风而逃,把锦州、宁远、中前所、中后所等多处要塞统统丢弃,其过失又在化贞之上!熊、王大撤退,给辽西百姓造成深重灾难。蓟辽总督王象乾向朝廷报告兵马及百姓溃退的悲惨景象:连日来,援辽溃兵数万,到处都是,遍山弥谷;逃难的辽民数十万,隔于溃军之后,携妻抱子,露宿霜眠,朝乏炊烟,暮无野火,前怕溃军劫掠,后忧"奴众"之抢夺,啼哭之声,震天动地……(《三朝辽事实录》)廷弼擅撤关外兵民,确是自取杀身之祸!

王化贞逃离广宁后,孙得功和他的同伙千总郎绍贞、陆国志、守备黄进等把守城门,控制了全城。

二十三日,孙得功派七人前往努尔哈赤驻地西平堡,迎请进城。努哈赤终于等来了好消息,十分欣慰,当即赏给来人银两和作为信物的信牌。

二十四日,努尔哈赤下令全军拔营,开赴广宁。孙得功与黄进等率士民早已出城,在城东三里望城岗恭候。他们打着旗,撑着伞盖,抬龙亭,备轿子,吹奏鼓乐,迎接后金兵进城。努尔哈赤颇有心计,他命八旗贝勒与李永芳先进城,在教场扎营,对全城搜索一遍,确认空城无备,他才放心地骑马入城,在明巡抚衙门即王化贞的办公之处下马,作为他的临时行宫。后金兵不战而得广宁,距王化贞逃跑仅隔两天。清太宗崇德六年(1641),汉官石廷柱曾总结以往的经验时说:"当年沈阳得,而辽阳随破;沙岭捷,而广宁随之。"(《清太宗实录》)这是说,沙岭决战,消灭明军精锐,广宁传檄而定。

后金占领广宁后,环广宁周围各堡镇不战而降,共四十余个堡镇及其将吏、所属百姓,都归入后金的治下。

努尔哈赤体恤将士辛劳,允许八旗各军休整十天,打算继续向西进兵。休整后,大军西进至中左所(辽宁锦州境),行军百余里,沿途所见,满目荒凉,人烟断绝,途经大、小凌河、松山、杏山、塔山等镇(今属辽宁省境),几无所得,就返回了锦州。努尔哈赤熟视辽西形势,发现广宁西、锦州北的义州(今辽宁义县)地理位置重要,当即派次子代善、八子皇太极领兵取义州,诱之不降,经过八个小时的战斗,将城打破,守城的三千明兵全被歼灭。努尔哈赤授给孙得功为游击之职,隶镶白旗,统辖归降的明兵,移驻义州。

努尔哈赤夺取了广宁,是继辽沈大战后的又一巨大胜利。他掩饰不住内心的喜悦,特命将他和诸王贝勒的后妃都接到广宁,共同庆贺他所取得的辉煌胜利。她们从二月十一日从辽阳出发,十四日抵达广宁。努尔哈赤举行盛大宴会,他和诸贝勒、后妃们,以及诸大臣都沉浸在胜利的喜悦之中。

十六日,努尔哈赤在广宁城接受翁牛特蒙古明安等十七贝勒与喀尔喀等部台吉率所属军民三千余户前来归降,举行盛宴欢迎。

次日,努尔哈赤命诸贝勒统兵守广宁,他和后妃们起驾回辽阳。他命令将广宁城内的财物全部作为战利品运回辽阳。广宁的财富最多,而且毫无所损,王化贞逃跑时,都丢弃在城里。据明兵部题报:战前,全国援广宁,计调兵十数万,转饷二百万,发币金数百万,器具、火药、鞍马、牲畜、刍粮数十万,"尽付于奴酋"。后金以车载牲驮,运送了数月才运完。同时,努尔哈赤下令将锦州、义州等河西地区的汉人百姓全部迁到河东地区居住,直接置于后金的管辖之下。这些事情都处理完,努尔哈赤命驻守广宁、义州等城的八旗军队撤回辽阳,放弃而不守,放火焚城,尽成灰烬。他以兵力不足,放弃了已得之疆土,人口与财富收取一空,只把一座座无人烟的废堡丘墟留给了明朝。

双方自抚顺、清河首次交锋以来,数年间,明朝"竭四海九州之力,不能成尺寸之功"(《明熹宗实录》),土地丧失,数十万将士血染沙场,投入数以千万计的财富全部转入后金之手。而此次广宁之失,造成辽西大溃退,损失尤重。熊廷弼、王化贞两人承担了"失陷封疆"的全部责任,双双入狱,以"功罪一体",都判处死刑。迟至天启五年(1625)八月二十五日半夜,在阉党魏忠贤的操纵下,将熊廷弼神秘处死。王化贞直到崇祯五年(1632),在众多廷臣的坚持下,才被押赴西市斩首,"以平公论",广宁失陷这件公案,才最后了结。

三、再迁沈阳

天命十年(1625),努尔哈赤已经六十七岁了。古人云:人生七十古来稀。按当时说法,努尔哈赤快到古稀之年。但看上去,他的身体仍很结实,精神状态也是蛮好的。国中军政大事,他照旧办理,所谓事必躬亲,仍不减当年。他不停地思考大事,一心想使他开创的事业继续下去。他的儿子们——诸贝勒,以及诸文武大臣,无不俯首听命,举凡要事,有关国家前途大计,都听他决断。

这年三月的一天,努尔哈赤召集诸贝勒大臣议事,突然提出迁都沈阳的想法。这使诸贝勒大臣大感意外,甚至感到难以置信。因为他们刚刚迁入新建的东京城,有些工程还在继续修建中,况且上年(天命九年,1624年)刚把景祖(觉昌安,努尔哈赤的祖父)和显祖(塔克世,努尔哈赤的父亲)及努尔哈赤的已故皇后叶赫纳喇氏的遗骨自赫图阿拉迁来,重新安葬在东京城东北四里许的杨鲁山。谁也不会怀疑，努尔哈赤已把东京城作为永久性的都城。现在，努尔哈赤又要舍弃东京，把都城迁到沈阳，他们都没有思想准备，一时想不通，不赞成迁都，都加以劝阻。他们说："东京城新筑，宫殿和衙署才建成，百姓的居室还没有建完，现在又要迁移，正赶上荒年，粮食匮乏，吃的和用的都不足，又兴繁重的劳役，百姓负担加重，不堪其苦，对国家不利。"

他们说的都是实情，不无道理。而且他们的意见都很一致，说话的口气也很坚决，一般情况下，能够阻止迁都的动议，迁都不会成为现实。但努尔哈赤却与众不同，他筹划好的事情，是不可更改的，不管多少人反对，哪怕就是他一人赞成，也必须照办不误！不过，好在他总是讲清道理，分析得失是非，最后使别人即他的臣属都心服口服，乐意执行他的决定。

诸贝勒大臣讲明理由后，他也讲了一大篇理由，这些理由是他们未曾想到，也未曾说过的，高瞻远瞩，更有说服力。他详细说明迁都的必要性："沈阳是一形胜之地，向西征伐大明，由都尔鼻（今辽宁彰武）渡过辽河西，路直且近；向北征蒙古，二三天可以到达；向南征朝鲜，可由清河路进兵。而且从沈阳到浑河、苏克苏护河（即流经赫图阿拉的苏子河）上游地方伐木，顺流而下，用以建宫室、当燃料，是用不完的。从这里出去打猎，离山林近，野兽也多，河中各种鱼类，也便于捕捞。对这件事，我已深思熟虑，难道你们就不考虑吗？"

两相比较，努尔哈赤是从国家的安危和长远的发展来考虑这件大事的。诸贝勒大臣想的是眼前的利益，眼下一时的困难。按努尔哈赤的一贯原则是，眼前的利益必须服从长远的需要，即使牺牲眼前利益也在所不惜！这就是说，他们各自考虑问题的出发点不一样，努尔哈赤高居于诸贝勒大臣之上。

努尔哈赤对沈阳战略地位的分析完全正确。如果打开当代地图，一眼就会发现沈阳的确是"四通八达"，居适中之地。北去开原以北，西北靠蒙古，东部距抚顺、丹东至朝鲜，西通山海关，路近且又直达，地面开阔，有更大的回旋余地。就道路来说，也便于骑兵奔驰。如在辽阳，西征明朝所经道路就很难走。努尔哈赤征广宁，是从黄泥洼、三岔河等处西行的。这一带处辽河下游，地势低，每当夏秋季，地湿而泥泞，到处积水，称为

"辽野大泽",难以行车,人马亦陷泥潭之中,唯冬季枯水季节,地面结冰,路面见好。这就限制了后金的军事行动,对征明是不利的。如从沈阳走都尔鼻一线,已接近内蒙古草原,地势平坦而开阔,行军打仗极便。在皇太极时期,征明或伐蒙古都走这条路,成为后金军事活动的便捷之路。现今沈阳已成为东北第一大都会,交通的枢纽,实际是对努尔哈赤识见的认同。可以说,努尔哈赤是发现沈阳战略地位的第一人!从迁都沈阳后,辽阳垄断东北地区二千余年的战略地位为之一巨变,从那时起,辽阳的中心地位便让位给沈阳,而它本身也衰落下去,直到三百八十多年后的今天,辽阳不过是个中小城市,在辽宁省许多后起的城市也远远地超过了它。努尔哈赤在阐明迁都的理由时,也有未便说明的原因,或许清朝官方把他已说出的另外理由给删去,而不予载录,这就是处辽阳而带来的近忧。努尔哈赤居辽阳的四年期间,辽阳城内外,延至辽南,时时发生汉人的反抗活动。如,在食品、水井中投毒,袭击后金兵,大批汉人逃亡,一度使努尔哈赤不安,感到在辽阳不稳。辽阳城大人多,都属汉人,处在汉人的包围之中,不便控制,他已感受到威胁。新建的东京城,并不理想,不只是城小,所处地势无险可守,地形逼仄,城内地势隆起,自城外可以仰攻,难以守御。总的来说,努尔哈赤考虑了各种因素,远虑与近忧,使他下决心离开辽阳,另到沈阳开辟新天地。

往次迁都,努尔哈赤总是先建城,然后从容进城。此次迁都,却显得过于匆忙,也未曾建新城,就匆匆地迁走了。时间是在三月初三日,早晨,努尔哈赤亲自到父、祖墓去告别,在二衙门杀了五头牛,烧了纸钱,然后,才离辽阳,赴沈阳。他的兄弟子侄、妻儿老小及近十万八旗军拔营而走。当天晚上,就宿于虎皮驿(沈阳南十里河)。四日,至沈阳。辽阳距沈阳为一百二十余里,仅行了近两天,就赶到了沈阳。努尔哈赤此次迁都给人的印象是,特别仓促,好像辽阳太危险,巴不得赶快离开!

的确是太匆忙了。他提出迁都的想法才几天,就马上动身,人走城空,一座崭新的东京城,努尔哈赤和他的文武大臣们只住了还不到两年,真是席不暇暖,而在辽阳总共也只住了四年,就匆匆地走了。东京城遂变为一座废城,它经受不住三百多年的风剥日蚀,终于在地面上消失了!

看来,努尔哈赤对舍弃东京城毫不吝惜,诸贝勒提出百姓过劳,他也没有怜悯之心,为了远大目标,牺牲眼前的一些利益,是完全必要的。

努尔哈赤迁都沈阳后,只住了一年多就去世了,他来不及大规模地营建、改造该城。在这一年多的时间里,全城仍依明沈阳中卫城的规模,未做大的改建或扩建。对沈阳城的全面改造和拓展,以及现今所存沈阳故宫,大部分都是清太宗皇太极时期完成的。努尔哈赤迁沈阳后,究竟搞了哪些建筑,史书缺载,或记事过简,因而长期困惑着中外学者。直到近年发现用满文标注的《盛京城阙图》才解开了努尔哈赤迁沈阳后居址及建筑之谜。努尔哈赤进沈阳前后,首先必须解决住处问题。照理说,他仓促迁都,未及建宫室,可以暂住原明衙署。可事实是,他没有进驻。有的书说,努尔哈赤进沈阳后才始筑宫室(《督师纪略》)。这种看法也长期影响了学者的研究。据新发现的《侯氏宗谱》载,其先人侯振举一家居海州(海城)黄瓦窑,与其所属工匠于天命九年(1624)先已奉命在沈阳营建"汗宫",即《盛京城阙图》所标注的满文、汉译为"太祖居住之宫"。其位置坐落在沈阳城福胜门(大北门)与地载门(小北门)北端,也就是明万历年间所修的北城门(俗称"九门")——"镇边门"里的西南邻。这是一座长方形两进院落的建筑群,为努尔哈赤及后妃的住所即寝宫。如《督师纪略》记载:"(努尔哈赤)自筑宫于沈阳瓮城",在沈阳城外另筑小城,指的就是努尔哈赤所居的两进院落。此外,在他居住地远近疏密不一,另分建诸贝勒府第。

在建汗宫的同时,还修建了处理国务的"大衙门",或称为"大殿",后改称大政殿与十王亭,均属同期建筑。办公地与居所分开,与建东京城的规制是一致的。大政殿,早期称为大衙门,是建在高约一米半的"须弥座"上,台基上雕刻精细的荷叶、净瓶状石栏杆,殿顶为八角重檐攒尖式,满铺黄琉璃瓦绿剪边。此殿已历经努尔哈赤的子孙们修缮,屡经油饰彩绘,虽已失原貌,但其框架、结构等仍不失其基本风格。在这座大政殿的两侧,依序排列十座亭子,左右或东西对称各为五座,其东侧为左翼王亭和镶黄、正白、镶白、正蓝四旗亭子;其西侧为右翼王亭和正黄、正红、镶红、镶蓝四旗亭,两翼十亭子,又称"八旗亭"。八旗主固山额真各据一亭,加上左右翼王亭,故又称"十王亭"。此十王亭与大政殿为一组建筑。以现在故宫内部方位,处东侧,把它定名为故营东路,为努尔哈赤时所建;

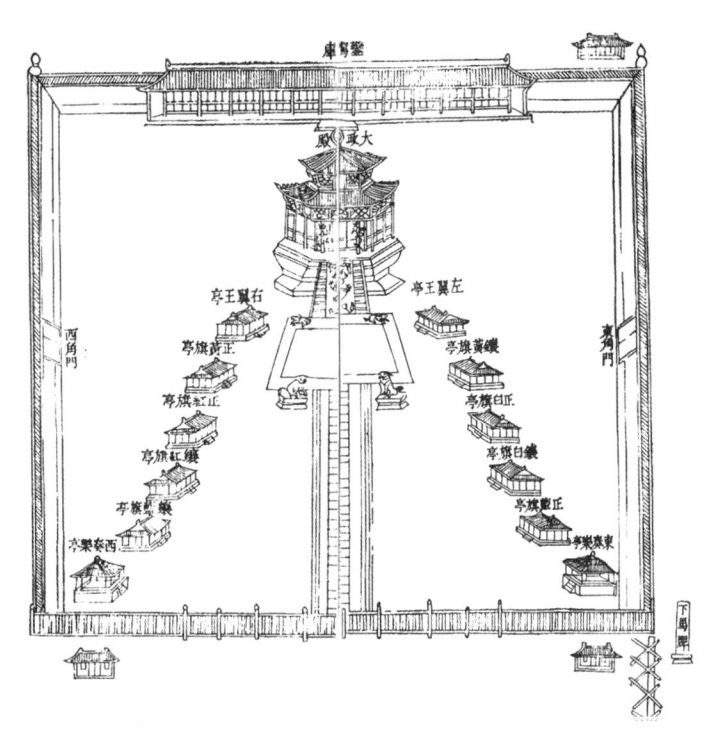

大政殿、十王亭平面图

西侧的建筑,规模大,主要是皇太极时所建,定为故宫西路,以与前期建筑相区别。整个故宫得到很好保护,大政殿与十王亭业经重饰油彩,辉煌不减当年。风格独特,殿亭一组十分和谐而壮观,成为现今沈阳故宫的一大景观。

乾隆四十三年(1778),清高宗远足巡视盛京,浏览大政殿与十王亭,赋诗一首:

> 一殿正中居,十亭左右分。
> 同心筹上下,合志立功勋。
> 辛苦缅相共,规模迥不群。
> 世臣胥效落,宗子更摅勤。

这位"盛世"天子对大政殿和十王亭的赞美,缅怀先祖创业的盛况,感慨系之,溢于字里行间(以上参见《盛京皇宫》)。

应该说,努尔哈赤迁到沈阳,还属草创,他未来得及进行大规模建设就去世了。沈阳城全面改造、扩建,是皇太极时期完成的。关键问题,不在于建多少,规模大小,而在于努尔哈赤以战略家的眼光,选择了沈阳作为创业的都城。这是他为他的子孙入主中原前选定的最后一个都城。历史已经证明,他的这一选择是完全正确的。占据沈阳,就是占据了战略的制高点,经过皇太极在位十七年的艰苦奋斗,沈阳不仅是后金(清)的稳定的都城,也真正成了它创业的最稳固的根据地。迁到沈阳,就是在向北京的漫长道路进军中又前进了一大步!

努尔哈赤屡建都城,又屡次放弃,表现出一种勇于进取的开拓精神,随着他前进的脚步,他落脚到哪里,就把都城建在哪里。他不慕古,不留今,与时推移,为后金(清)造成了骎骎乎前进不已的态势。从努尔哈赤屡迁都城,可以想见他的胸怀和气魄,是何等博大,能不感受到他的恢宏气势吗!唯有此气势才开创了一代伟业,他当之无愧!

四、治辽新政

辽沈大战的胜利,使努尔哈赤实现了占有辽东的夙愿。南自金州(今辽宁大连市),北达开原,东迄镇江(今辽宁丹东市附近),西至辽河的广大地区,已归属为后金的国土,生活在这一国土的人民也成了后金的国人。他统治的人民,已不是在建州的单一的女真(满族)民族,而是人数众多的广大汉人,还有蒙古人及其他少数民族。其经济与文化水平也远远高于建州地区。面对这一新情况、新形势,努尔哈赤及时调整政策,采取新措施,以巩固他在辽沈地区的统治地位。

任何一个国家或民族的政权,能否巩固或发展,首先取决于内部的稳定,上下一致。努尔哈赤深通此道。他的政权建立伊始,就以突飞猛进的速度向前发展,疆域扩大,人口大增长,他们个人的财富也日益以倍数增加。努尔哈赤为保证他的国家政权得以正常运行,必须协调一致,理顺上下关系。他首在加强和完善"八和硕共治国政"的政治体制。前已述及,努尔哈赤立国之初,就建立了八旗贝勒共商国政的政体。每有国中军政大事,都在他办事的"大衙门"两侧搭八个帐篷,八旗诸贝勒、大臣分八处就座,在努尔哈赤的主持下,共商大计。八旗旗主,都由他的兄弟子侄——贝勒担任。同时,从中确定二子代善为大贝勒、侄儿阿敏(速尔哈赤之子)为二贝勒、五子莽古尔泰为三贝勒、八子皇太极为四贝勒,"佐理国政",国人呼他们为"四大贝勒"。他们四人的地位又高于八旗贝勒,是努尔哈赤的得力助手。这种权力分配,是在爱新觉罗家族内部进行的。努尔哈赤通过血缘的亲族关系,牢牢地控制国家政权。进入辽沈后,努尔哈赤感到有必要加强这种"共治"的政体,作为防止内部权利之争的有效手段。天命七年(1622),刚刚结束广宁之役,努尔哈赤从广宁返回辽阳,三月三日,通过问答的形式,重申和进一步发挥"八和硕贝勒共治"的政治理念。八贝勒首先发问:"上天所给予的国家规模,怎样才能得以稳定、统一?所赐之福祉,怎样才能永远承继而不变?"他们问的是将来之事,实质是汗位继承问题,自然地联系到如何治国。

努尔哈赤对此做了明确的回答。他说:"继我之后为君者,不能让强势之人继承。此类人一旦为君,恐怕就会恃强恃势,得罪上天。而且一个人的见识能赶得上众人的智慧吗?你们八人为八旗之王,如果同心为国,可保国家无失。你们八王中,有才德,能接受劝谏者,可继承我之位,若不善于接受别人的劝谏,不遵行天意,可以更换,推选有德者为君。至于八王理国政时,或一王有得于心,所言有益于国家,七王应明白其意而进一步发挥。如自己无能,又不能赞同他人的才能,又默默无言,应选子弟中(指八王的子侄)贤明的人代替他。更替时,如本人有难色而不愿意,也不能迁就本人的愿望。八王或有事到别的地方去,当告知大家,不可私自前往,如去谒见君(汗),应聚众共议国政,共商国是,推举贤良,斥退谗佞小人,不使他们一二人接近君(汗)前。"

努尔哈赤的这番谈话,中心思想就是强调八贝勒共商事,共治国,共同推选汗位的继承人。天命八年(1623)二月七日,努尔哈赤为加强八贝勒共治的体制,任命满洲都堂官八人,每旗断事官各二人,蒙古断事官八人,汉人断事官八人。这八人断事官,合称"八大臣"。按努尔哈赤给规定的职责,八大臣是八旗贝勒的辅政大臣,具体监督八贝勒的言行,"观察诸贝勒的心",不管是个人或他人之事,都要当众按公处理。谁有了错,不承认,态度不好,八大臣若发现其错误,就说是错,如果拒不接受,就向汗报告,此其一;要考虑国事如何办理才能成功,怎样才能防止失败,如果发现有善于治道的人就荐举,此人能管理政事就奖励、提升,如不能胜任,就惩恶降职,此其二;总兵官以下各将领大臣,要认真考虑作战的胜败,怎样能取胜,如何防止失败,等等,能治军的人,要上奏,不能治军的人也要上奏,此其三。他认为,如果不降职或革退坏人,坏人怎能害怕呢?如果不升用好人,好人以何为荣呢?你们把每件国事都做好,那么,我生养的子孙、任命的诸大臣都会受益。对此,我就感到心满意足了。

努尔哈赤实行八贝勒共治,最关注八贝勒的行为举止,不惜采取各项有效措施,以防止他们出现偏差。他又任命每旗贝勒下大臣各四人,他们的具体职掌是,把历代兴亡的事例写在书上,称为"箴言","挂在脖子"上,不离诸贝勒左右,经常打开箴言阅读,牢记在心。规定:八贝勒家采捕的东珠、貂皮、猞猁狲皮,以及灰鼠皮等各种毛皮、鸟的羽毛、吃的果品,总之,凡入八贝勒家的东西,都要把采捕的人名、采捕的数量,具册呈报上来,由四大臣收取,分出好坏等级,定价钱后,平均地分给八家,不准八贝勒参与,以你们的意见处理。如贝勒不听你们的话,也不读箴言,在分配时隐匿多分,就把此事向你们的同事通报,随后向上级诸大臣报告,诸大臣议定后,再向其他八贝勒报告,然后再向汗上奏。担任监视八贝勒、脖上挂箴言的大臣明知各自的贝勒恶行,却不报告,就要像被处死的人一样处理(以上见《满文老档》)。

国家政治共商共治,财物亦按八和硕贝勒均分,汗赏赐必均,称为"八分",享受此种待遇的称为"入八分",其他宗室不得此待遇者,称为"不入八分"。八分之名,从本质上说,是"得预朝政之称"(《听雨丛谈》)。

努尔哈赤不采用秦汉以来中国历代的君主专政政体,创立了八和硕共治国政的体制。这种体制,说得通俗些,是汗领导下的八和硕贝勒集体负责制。汗虽居最高统治地位,但不能随意行使最高权力,而受到八和硕贝勒的严格制约。八和硕贝勒组成的共商会议,成为国家的最高权力机关。他们有权废立君主(汗),决策国家军政大事,任免官吏,司法诉讼,皆决于他们的共同会议。努尔哈赤的深意,是把今后的新君都置于诸贝勒的监督和约束之下,可保新君不得走上邪路;政权由八家均享,财物亦由八家均分,防止因财富不均而起争端;权力唯均,也防止个人权力膨胀而导致争权。所设各旗辅政大臣,又是八贝勒的强有力的监督和约束。

一言以蔽之,这一体制是八旗制度在国家政治上的具体应用。前叙努尔哈赤迁都沈阳所建大衙门即大政殿与八旗亭,就是八和硕贝勒共治国政的典型象征,也是国家最高权力的生动体现。这种体制在创业的初期,发挥了重大的作用,行之有效。在艰难创业阶段,需要从上到下的共同奋斗,需要同甘共苦,有事共商,有福同享。但是进入封建政治和文化高度发展的辽东地区,这种带有原始的氏族军事民主制,是难以适应其需要的,均衡地权力分配必将被君主专制所替代。在统治对象主要是汉人的情况下,在政权的最高层排斥汉人参政,而是清一色的女真(满族)人,又系爱新觉罗氏独掌权力,也排斥了异姓贵族,这些都难以维持长久。所以,皇太极即汗位后,逐渐削弱八和硕贝勒的权力,而变为他与另外三大贝勒共坐南面执政,再变为他一人南面独尊,实现了君主专制政体的最终确立。不管怎么说,不能否认八和硕贝勒共治国政在特定的历史时期所起的积极作用。

努尔哈赤未出建州时,主要是面对本族的女真人,但进入辽沈地区后,一个紧迫的问题,就是如何对待汉人,对他们实行什么样的政策。这关系到满(女真)汉民族一体和后金政权能否巩固的大问题。概括地说,努尔哈赤的民族政策,就是崇满抑汉。在战争期间,他实行"抗拒者被戮,俘取者为奴"的政策。攻开原时,全城军民没有逃跑的都一律屠杀,进辽、沈时,只屠杀交战的明兵,对汉民百姓不再杀戮,而留下来为奴仆。如《啸亭杂录》说:"国初时,俘掠辽、沈之民,悉为满臣奴隶。"他把被掠被俘的汉人,都作为战利品,按功劳大小,分给大小满族贵族包括各级将领为奴仆。战后,他规定满汉人合居一处,要同吃、同住、同耕。满族(女真)处于统治地位,而且他们尚武不尚农,不务耕种,虽然谓之"三同",但汉人不能不受到欺凌和压迫。例如,他们任意索取汉人的财物,用汉人的牛车,强令汉人为他们运粮草等等。另一方面,将一部分俘掠的汉人编入农奴制的拖克索(庄),规定汉人每十三个男丁编为一庄,给牛七头,耕地百"日"(读"以"音,为东北地区民间计算土地的计量单位,一日地,合六亩,谓之一个男劳力一天耕作地亩之数,故名),其中八十"日"供庄丁自食用,二十"日"作为官赋。努尔哈赤按满官品级,每备御官各赐给一庄,这些庄丁就成了他们的奴隶。

在战争中被俘或投降的原明将吏,时称"汉官",随着战争的不断扩大,迅速增加,努尔哈赤歧视他们,把他们分给诸贝勒大臣管辖,打骂、凌辱已成为平常之事。在满族贵族的管辖下,汉官们的财物常被强行取用;所有马匹,汉官不得骑,满族官员任意骑用;所有牲畜,汉官不得使用,满官用低价强行买去,汉官一旦病故,其妻子给满官家为奴。他们中很多人一年到头,粮食不够吃,每每出卖自己的仆人,典当衣服以糊口(《清太宗实录》)。抚顺战役时,范文程入后金政权,开始颇为重视,但进入辽、沈后,他就被冷落,满腹才能不能得到使用。李永芳已成了努尔哈赤的孙女婿,本为一家人,但也受到努尔哈赤的怀疑。曾因为一件小事,努尔哈赤大发脾气。天命八年(1623),听说复州(辽宁瓦房店)汉人叛逃,努尔哈赤打算马上派兵镇压。永芳出于慎重,便劝道:"复州人叛变,消息是否真实?或许有人故造此谣言,应予查清,然后再决定是否发兵。"经查问,消息可靠,他便转怒于永芳,气冲冲地痛加指责:"当初你在抚顺,我以为你是个明哲之人,故将千金之女给你做妻子。多亏上天眷佑,我兴兵以来,攻无不克,一直攻到广宁、蒙古等地。你李永芳为何不信?因为你不相信上天对我的保佑。所以,汉人常认为我不能长久地待在辽、沈,辽阳人才屡次叛逃!你可知道刘邦、宋太祖、朱元璋不都是起自寒微而得到天的保佑当了皇帝吗?你是否轻视我?为了照顾各方面的影响,不治你的罪,可我心中十分痛恨!"事后,怒气未息,革去了永芳的官职,过了些日子,又恢复了原职,但已不如从前那样信任了(《满洲密档》)。

努尔哈赤发这么大的火,毫无道理,借题发挥,发泄了他对汉人的积怨。这也难怪,自从他进入辽沈地区后,汉人不断反抗,甚至暴动,闹得他心里烦躁,对汉人产生了莫大的疑问,便把火气发到了永芳身上。实际上,努尔哈赤的狭隘的民族主义情绪很重,他把汉人都看作是被征服者,也没有把明朝将吏同一般老百姓区别开来,一体歧视、压迫。有一件事,很能说明问题:天命九年(1624)四月,他派人去赫图阿拉,把他的父、祖及皇后叶赫纳喇氏的遗骨移到东京,重新安葬。在遗骨将至辽阳时,他率群臣出迎二十里,迎至"接官亭",他命人用干草扎成汉人形状,然后,"放炮呐喊,斩草人以夺其地"。显然,他把汉人都当成敌人,杀他们,夺他们的土地。举行这样的仪式,最鲜明地反映了他的狭隘的民族情绪是相当强烈的。

努尔哈赤压迫汉人,掠他们为奴,汉民、汉官不断逃亡,社会骚动不安。努尔哈赤制定严厉的《逃人法》,凡逃跑的,一经逮住,统统处死。法律严苛,却没有收到实际效果,反而增加了汉人的恐惧心理,逃亡仍是不断。到皇太极时,以极大的魄力来改变其父生前的错误政策,实行"满汉一体",汉民地位得到改善,汉官得到重用。对此,满洲大臣感叹:"昔太祖(努尔哈赤)诛戮汉人,抚养满洲。今汉人有为王者的,有为昂邦章京的;至于宗室,今有当官的,有为民的。时势颠倒,一至于此!"(《清太宗实录》)这番感叹,道出了当年努尔哈赤对待汉人的实况。努尔哈赤对汉人的政策,是他进入辽沈地区以后为政的最大失误,所造成的后果十分严重,幸赖皇太极及时纠正,才使后金转危为安。

努尔哈赤得到辽阳后,就不想走了,改变以往攻一处丢一处的做法,要在辽沈地区立足下来。除了政治上的长远目标外,还有经济方面的原因。这从他一次讲话中反映了他的这一思想。事情是由扬古利额驸的儿子尸体要送回萨尔浒老家引起的。天命六年(1621)四月十一日,进城刚好二十天,努尔哈赤召集诸贝勒大臣到他的办事衙门,就移尸老家的事,对他们说:"为什么要送回萨尔浒呢?在那里的尸体都要运到这里来。你们这些贝勒大臣,连无比喜爱的辽东城(辽阳)都不想住!我国的奴隶们逃跑,都是因为没有盐吃。现在有盐吃了,辽河这边所有的地区都已投降,为何我们要丢弃而走呢?……"(《满文老档》)。

辽阳的富庶,充足的食物,对努尔哈赤有着强烈的吸引力,这是不言而喻的。他说到盐,在建州十分缺乏,自与明断交后,从辽东贩盐的路已中断,只有靠抢掠,仍不敷用。所以,盐成了后金尤为贵重之物,甚至把它作为奖品赏给有功之臣。正如努尔哈赤说的,因为没有盐吃,大量奴隶逃跑了,用任何手段也制止不了。到辽阳后,盐非常充足,辽南沿海产盐,取之不尽,用之方便。为了得到盐,也不能离开辽阳。当然,努尔哈赤占据辽阳不走,绝不仅仅是为了盐的问题。他是向诸贝勒做思想动员,不能不以实际利益晓之利害关系。

努尔哈赤打算永久地占领辽东,就必须解决经济问题,让百姓都能种上地,打了粮食,有饭吃,社会才能安定,后金的统治才能得到巩固。努尔哈赤对经济问题,发展生产的事,也是心中有数。他从五月至六月初,先后到鞍山、海州、穆家堡、黄泥洼等地视察,一方面加强防务,一方面看到了肥土沃野,可以耕种。这里,地近辽南,处辽河下游,土地很肥沃,但因战争以来,人口走死逃亡,闲置的荒地触目皆是。回到辽阳后,七月间,努尔哈赤下了一道命令:从海州收取十万"日"(每日六亩)土地,从辽阳收取二十万"日"地,共收取三十万"日"地,分给当地驻军耕种,自己解决粮食问题,这就是历代常常实行的军事屯田的办法。他把这一行之有效的屯田法在辽沈地区重新推行,以解决荒田多而无人耕种的实际困难。努尔哈赤不准富人多占土地,雇人耕种,粮食吃不完去卖。规定今年种的田,各自收获,为己所有。决定:一个男丁,给田五饷种粮,给田一饷种棉;乞丐、和尚也一样分田,自食其力,乞丐也不讨饭了。每三个男丁共同耕种一饷田,给国家缴纳贡赋,这就是"贡赋田";男丁要服兵役,每二十个男丁中出一人当兵,一人应差即承担国家的公共事项。在明统治时,官员及随从,向农民勒索的粮食一年就达五百斛,还勒索柴、菜等,及银子十五两。努尔哈赤宣布:所有这些额外勒索、加派等,从本年(1621)起一切全免(《满文老档》)。

努尔哈赤不杀降,凡投降的汉人不杀,这是进辽阳后才明确了的政策。降人不杀,就是保护了社会劳动力,主要是农业生产者,他们发展农业生产,为后金增加财富。社会很快恢复了秩序,渐有起色。

五、亲蒙联姻

与汉人形成鲜明对照的是,蒙古人受到了努尔哈赤特殊的优待。蒙古人与女真(满族)人在生活习俗上,除语言有差别外,其他都是十分相近的。如,服饰、善骑马、对天崇拜等,几乎没有差别。这种天然的条件,使两个民族具有天然的亲近感。但也不是一开始就亲近起来,而是经过斗争,最终使两个"马上"的民族建立了最可靠的同盟。

明末,长期生活在长城以北的蒙古族,已分裂为三个部分:以戈壁滩为限隔,居于长城以北、沙漠以南的,延及东北地区,称为漠南蒙古;大漠以北,延伸至今蒙古国境内的蒙古,称为漠北蒙古,或喀尔喀蒙古;

大漠以西,包括今青海至新疆准噶尔盆地的蒙古,称为漠西蒙古,或厄鲁特蒙古。终明之世,蒙古人同明朝和战交替,双方关系时好时坏。明朝把它视为北方的最大边患,"防虏"是明代基本政策之一。三大部中,以漠南蒙古最强大,其中又以察哈尔部最强盛,她的首领林丹汗崛起,兼并诸部蒙古,大有一统之势。当他向东北扩展时,便与努尔哈赤统一的女真各部相冲突。

最早同努尔哈赤发生冲突的是漠南蒙古科尔沁部,万历二十一年(1593),该部参加九部联军,为努尔哈赤所败。次年,该部遣使与努尔哈赤通好。后来,该部于万历三十六年(1608),援助乌拉布占泰,共同对付努尔哈赤。后以建州兵盛,退出战斗,再次要求同努尔哈赤重建盟好。双方达成协议,以互通婚姻建立姻亲关系。于是,科尔沁部明安贝勒将自己的女儿博尔济锦氏嫁给努尔哈赤为妻,是为建州与蒙古通婚之始。不久,努尔哈赤又娶了该部孔果尔贝勒之女为妻。自此,双方娶亲不断,努尔哈赤的四个儿子代善、莽尔泰、皇太极、德格类都娶蒙古女子为妻。其后,又有他的另两个儿子阿济格和多尔衮,分别娶了蒙古女子。特别是皇太极即位后,又续娶了科尔沁蒙古女子,如孝端文皇后、孝庄文皇后、宸妃都是科尔沁人。皇太极的儿子福临当了皇帝,也娶的是科尔沁女子。在蒙古诸部中,科尔沁与清朝建立的关系最早,也最亲密。乾隆帝巡视科尔沁时,写诗加以赞扬:"塞牧虽称远,姻盟向最亲。"(《蒙古游牧记》)同样,清(后金)皇室的公主也纷纷远嫁蒙古诸王公。满蒙王室通婚,已形成一个传统,"北不断亲",肇始于努尔哈赤。由通婚发展成政治军事上的联盟,既针对林丹汗,也针对明朝,在这方面,取得了巨大成功。

开始,努尔哈赤只认识到,蒙古"越敌国(指明朝)而来者,不过有所希图而已"。他认为蒙古前来交好,是希图得到钱财,所以赏赐的东西很优厚,蒙古王公皆大欢喜。但随着斗争的发展,他很快认识到,蒙古诸部对他有重大的实际意义,感到善骑射的蒙古是一支可以利用的力量。基于这一思想,他由被动而改主动,积极发展对蒙古的关系。尽管如此,努尔哈赤以其桀骜不驯,叛服无常,仍保持着高度的警惕,蒙古是他心目中的"敌国"之一。他把蒙古人形象地比作天上的浮云,说:"云合会成雨。蒙古部合起来就变成军队,分散时,犹如天上云收而雨止。当分散时,我们要赶快夺取他们!"(《武录》)他在同蒙古发展亲善关系时,对其不驯者也采取军事行动解决问题。

漠南蒙古各部纷纷通好后金,向它靠近,除了努尔哈赤极力拉拢,诱之以利,还有一个重要原因,这就是察哈尔部林丹汗强暴,到处侵扰各部,向他们征收重税,掠取财物,稍有不顺,就受到征伐。他们无力抗御林丹汗,便投靠强大的努尔哈赤,求其庇护。努尔哈赤充当起他们的"保护人",公开同林丹汗对抗。

天命四年(1619)十月二十二日,林丹汗遣使,致书努尔哈赤,公开发出军事威胁。此段文字易懂,不须翻译,现征引如下,以存全貌:

> 蒙古国统四十万众英主青吉汗(即元朝始祖成吉思汗,林丹汗为其裔孙),谕问水滨三万人英主安否。大明于吾两国乃仇雠也。吾闻自戊午年(天命三年,1618)来,大明始受兵于汝国,今夏我已亲往广宁,招抚其城,取其贡赋,倘汝兵往图之,吾将不利于汝。吾二人原无交恶,若吾所服之城为汝所得,吾名安在?设不从吾言,二人之是非,穹苍(指天)鉴之。(《武录》卷三)

蒙古地方有四十万众,是个传统概念数字,泛指整个蒙古而言。林丹汗自称是"四十万众英主",表示他是大漠南北蒙古的统治者。他嘲笑只拥有"三万人"众的努尔哈赤,毫无顾忌地进行军事威胁,不准他取广宁城,否则将兵戎相见。

努尔哈赤向他的臣属公布了这封信,引起群情激愤,有的要求杀掉来使,有的请求割掉来使的鼻子再放回去。努尔哈赤说:"你们发怒诚然是对的,我也很生气,但此事与来使无关,是派他来的那个人的罪过。"他决定扣留使者,以示抗议,过一段时间放他回去。

天命五年(1621)正月十七日,努尔哈赤致书林丹汗,文字较长,现摘引如下:

> 阅来书,汝为四十万蒙古主,吾为水滨三万人主,何故恃其众以骄吾国乎?闻昔大明洪武(帝)取大都(北京)时,四十万蒙古摧折几尽,奔逃者仅有六万,不尽属汝……(其中)三万之众,据汝之右,任意纵横,于汝无与;即左三万之众,果尽属于汝耶?三万且不足,乃

以昔日之陈言自哆为四十万,而鄙吾国止三万人乎?天地岂不知之!然吾国虽小,不似汝之众;吾力虽绵,不似汝之强,但得天地垂祐,哈达、辉发、兀(乌)喇、夜黑(叶赫),暨大明国抚顺、清河、开原、铁岭等八处,俱为我有……想大明未受吾兵时,汝初与构兵,弃盔甲、驼马,空身败北;再与构兵……一无所获而回。不知二次所得者何处人畜?所克者何处名城?所败者何处大兵?……大明、朝鲜,异国也,言虽殊,因衣冠相类,二国遂结为同心;尔、我,异国也,言虽殊,而服发亦相类。汝果有知识者,来书当云:皇兄征吾旧日之仇国,蒙天垂祐,破其城,败其众,同心协力,共图有隙之大明。如此不亦善乎!……

(《武录》卷三)

努尔哈赤的这封信针锋相对,毫不留情地狠狠奚落了林丹汗一顿,揭露其短处,从其祖宗被赶出北京,直到他被明几次打败,嘲笑他吹牛吓唬人,讽刺他忘记祖宗被逐的耻辱,却贪财好货,受明朝利用。努尔哈赤讲清利害关系,还是希望像朝鲜同中国明朝关系一样,他们两个民族也联系起来,共同对付他们的仇国——明朝。

林丹汗读了此信,恼羞成怒,马上把努尔哈赤的使者囚禁起来。努尔哈赤根本不理会林丹汗的威胁,于天命七年(1622)发兵取广宁,林丹汗慑于后金的强大,不敢与之争锋。努尔哈赤采取笼络蒙古的政策,分化瓦解林丹汗的势力。他先后同科尔沁、扎鲁特、敖汉、奈曼、喀尔喀等部蒙古建立了友好关系,"刑白马乌牛",举行盟誓,实际是建立了军事同盟,而通过结亲,更巩固了双方的关系。林丹汗在蒙古诸部中受到了孤立。天命十年(1625),林丹汗攻打科尔沁部,科尔沁部向努尔哈赤告急,努尔哈赤毫不犹豫地派他的得力勇将、爱子皇太极率精锐驰往科尔沁救援。林丹汗闻讯,下令连夜拔营而逃。可见他是很惧怕努尔哈赤的!努尔哈赤救援科尔沁等部,在蒙古中产生了广泛的影响。他们不甘受林丹汗的欺凌,拒绝他的统治,于是,纷纷投靠努尔哈赤,把他奉为"可汗",做他们的保护人。到皇太极时,才彻底打垮林丹汗,统一漠南蒙古,归于后金(清)的统治之下,成为后金同明斗争的强大的同盟军。

随着蒙古人加入八旗军队的人数日益增多,天命六年(1621),努尔哈赤始设蒙古牛录,次年,又增为蒙古旗,表明蒙古已在后金政权中占据重要地位,这是汉人所不及的。皇太极天聪九年(1635),将蒙古旗增为蒙古八旗,其后,又创设汉军八旗,与满洲八旗并列,共为二十四旗。这一切,都首创于努尔哈赤,不管后世子孙如何英明,也无法替代他的开创地位。

第九章　兴旺家族

一、妻多子众

乾隆四十一年（1776），清高宗缅怀其先祖努尔哈赤在萨尔浒之战中所创下的开基立业的战绩，亲书《萨尔浒之战书事》文，刻于青石碑上（现存沈阳故宫），颂扬说："祖（努尔哈赤）同兄弟子侄之众，率股肱心膂之臣，亲冒矢石，授方略……我大清亿万年丕基实肇乎此。"这位大清皇帝正确地估价了先祖的诸兄弟子侄在开国创业中的重要作用。如果他的兄弟子侄为数不多，就难说有那么大的作用。事实上，努尔哈赤的家族的确庞大，人丁兴旺，人才济济，以努尔哈赤为家长的爱新觉罗氏家族，堪称是后金国中第一家。

家族、家庭在社会中是一个经常变化的因素。伴随着努尔哈赤起兵创业、后金国的建立和发展，他的家庭及整个爱新觉罗家族也在不断发展，走上了兴旺发达的繁荣道路。他初创业时，其父、祖被杀，但他们的同辈人尚在，他的兄弟及叔伯兄弟尚年轻，他们的下辈即子女尚少，已出生的，都不过是几岁或十几岁的幼儿少年。三十多年过去了，努尔哈赤的父、祖辈都已过世，他的子女辈都已长大成人，除了个别年岁还小，大都已成家立业，子女成行。在他晚年时，孙子辈又构成了未来的最新一代，有的已长成青年，同父、祖辈奔驰在疆场上，为国效力。到他去世时，已在战场上足足驰骋了四十四年，他的子侄辈已成了国家的主宰力量，其孙子辈则是继续创业的急先锋。

娶妻生子，是家庭变化的开始。努尔哈赤兄弟五人，他排行老大，自然是先娶妻成家。他何时有了第一个妻子佟佳氏,史无记载。但已知他的第一个孩子是女孩,后追封东果格格,是在他二十岁那年出生的。史载他十九岁时与父亲分家。想必是他于是年成亲,才独立门户的,或早于此年,应在十八岁时成亲的。接着,他二十二岁时,妻子佟佳氏又生一子褚英,是为长子;二十五岁起兵那年,又生次子代善。这是起兵前,努尔哈赤家庭的主要成员。女真社会也盛行一夫多妻制,一个男人娶几个妻子,是与家庭的经济状况也包括社会联系在一起的。如果家里很穷,娶一个妻子尚可维持,再多娶一个或几个,已不胜负担,就不会再娶了,如乞丐恐怕连一个妻子也娶不起,更不用说两个了。努尔哈赤起兵后,势力虽很小,但毕竟是一百人至几百人的首领,身份不同于一般平民百姓,他娶的妻子也多了起来。到二十七岁那年,即起兵的第三年,他的第三子阿拜、第四子汤古代相继出生,他们的生母分别是兆佳氏、钮祜禄氏。她们何时被娶入门,不得而知。除了她俩,还有没有尚未生孩子的妻子?也难以考究。但可以说,到这时,努尔哈赤至少已有三个妻子了。这是没有疑问的。他的家庭成员在继续增加。时隔两年,努尔哈赤二十九岁,他的第五子莽古尔泰为富察氏所生,次女称嫩哲格格为伊尔根觉罗氏所出。这说明他又增加了两位妻子。加上前三个妻子,共有五个妻子、五个儿子、两个女儿,连他自己,全家已达十三口人。如果家中没有相当的经济实力,如何养活这么多人口?

努尔哈赤起兵正好五年时,他已经三十岁,据明朝方面所得到的情报,他拥有精锐骑兵已满数千,引起明朝的密切关注。他的事业已形成一方政治军事势力,海西女真诸部酋长不敢小视,开始同他建立亲善关系。于是,哈达部贝勒扈尔干把自己的女儿纳喇氏嫁给了努尔哈赤,不久,叶赫贝勒纳林布禄为表示亲善,则把自己的妹妹许配给了他。他把孙女即长子褚英的女儿嫁给了费英东,栋鄂部首领何和礼归建州,他把长女给他为妻。

次年,他的第六子塔拜、第七子阿巴泰相继出生,他们的生母分别是钮祜禄氏、伊尔根觉罗氏。万历二十年(1592),他三十四岁,第八子皇太极降生,他就是努尔哈赤未来事业的继承人,赫赫有名的清太宗。他的生母则是叶赫贝勒杨吉砮的女儿,名孟古姐姐,也是纳林布禄的妹妹。嫁给努尔哈赤时才十四岁,后病逝,皇太极即皇帝位,追封其生母为"高皇后"。稍后,比皇太极晚生一个月左右的第九子巴布泰生,其生母嘉穆瑚觉罗氏是努尔哈赤新娶的妻子。皇太极的姐姐、努尔哈赤的三女儿莽古济生年不详,但可断定为早于皇太极一二年或二三年出生。皇太极即位后,与这位三姐关系不太好。

以后,陆续出生的子女还有:

第四女穆库什,生母嘉穆瑚觉罗氏;

第十子德格类,生母富察氏;

第十一子巴布海,生母嘉穆瑚觉罗氏;第五女、第六女亦为其所生。

清太宗皇太极

值得一提的是,努尔哈赤三十九岁时,长孙即褚英长子杜度出生;四十岁,次孙为二子代善长子岳托出生。这两个孙子是未来的杰出人才,在皇太极时期,成为英勇善战的悍将和千军万马的统帅。

努尔哈赤四十三岁时,喜事再临家门:迎娶乌拉贝勒满泰之女、布占泰之侄女纳喇氏阿巴亥为妻,她时年仅十三岁。她生下第十二子阿济格、第十四子多尔衮、第十五子多铎。第十六子费扬古,是努尔哈赤最后一个儿子,于天聪九年(1635)获罪处死,因被除籍,官书不载生年与生母。据史家考证,疑为富察氏所生。第十三子赖慕布是努尔哈赤五十三岁时出生的。在多铎之前,还有第七女、第八女也是最后两个女儿相继出生。

努尔哈赤娶的最后一个妻子,是蒙古科尔沁部孔果尔贝勒的女儿博尔济锦氏,是年为万历四十三年(1615),建国的前一年,他已五十七岁。这该是他人生中最后的一次喜悦。这位最后的妻子没有给他生一男一女。

努尔哈赤娶妻生子,都截止到后金建国前夕,而建国后,他一个也未娶,不再有子女出生。自然规律所致,他毕竟已进入老年,生子女恐已不易。至于娶妻,这在历代皇帝中是没有年龄限制的。看来,后金建国后,努尔哈赤不想再为娶妻所累,以全部精力投入到同明朝的战争中,战役一个接一个,每个战役前都需精心筹划,临战时,他都亲自统率大军,亲临战场指挥。所以,自开战以来,他很少有时间闲住宫内,大抵也没有心思再续娶了。应当指出,在努尔哈赤的婚姻中,有相当部分或大多数是出于政治上的原因而结亲,这就是我们常说的政治联姻。他的哈达、叶赫、乌拉、蒙古妻子大抵都属于这种性质的婚姻。他的妻子多,这也是一个基本原因吧!

总计努尔哈赤一生中,共娶了十六个妻子,生有十六个儿子、八个女儿。平均每个妻子生子女一个半。这样,在努尔哈赤的家庭中,直属成员共计四十一人。努尔哈赤的直系孙子辈尚未统计。努尔哈赤去世前,他的第十二子阿济格已二十二岁(虚龄),他本人成婚,他的十一个哥哥都已娶妻生子,自无疑问。如,已确知努尔哈赤在世时,八子皇太极已有子三人,即豪格、洛格、格博会(后二子未及成年而夭折),他的另外八子都是努尔哈赤去世后出生的,不包括在努尔哈赤的家庭成员内。这就是说,在阿济格之前的十一个兄长中,平均有子女二人,应有二十人左右,亦即努尔哈赤的孙子孙女。从第十三子赖慕布往下,至第十六子,到努尔哈赤去世,最大才十五岁,最小的才十一二岁,不到成婚年龄,即使成婚,因缺乏生育能力,很难为祖父生孙子。加上已有的孙子孙女数,其家庭成员可达六十人左右。无论从哪个方面衡量,这个家庭在后金国中都是第一大家庭,如果再包括努尔哈赤的本族人,称得上是无法比拟的庞大家族。

努尔哈赤的族人,是指他的直系亲人外,其兄弟及侄辈与侄辈所生子女即孙子辈的人员,构成了族人的当然成员。还有与努尔哈赤为叔伯兄弟的同辈人及他们的子女,虽与努尔哈赤的支派渐远,亦属爱新觉罗氏家族之人。

努尔哈赤有四个弟弟,其中二弟穆尔哈奇有子十一人,三弟速尔哈赤有子九人,五弟巴雅喇有子九人,唯四弟雅尔哈奇生平不著,有无子女不详。已知的努尔哈赤这四个弟弟共有二十九个儿子,都是他的侄儿,加上他的十六个儿子,他有子侄共计四十五人。他们是来自努尔哈赤的父亲塔克世的子孙。另外,塔克世兄弟五人,塔克世排行第四,他的三个哥哥礼敦、额尔衮、界堪,为努尔哈赤的伯父,排行第五的塔察篇古则为叔父。除了父亲早年遇难外,在他创业二三十年前后,他的这些伯叔相继谢世。但他们的子孙却繁衍下来,都是努尔哈赤事业的参加者。如,天命七年(1622)正月,努尔哈赤亲征广宁,留下他的"宗弟"多毕、伯胡吉、沙进及"妹夫"苏巴海统兵留守辽阳,其责任也不小。这宗弟或系叔伯之兄弟,或系祖父觉昌安诸兄弟所遗子系,亦称"宗弟"。苏巴海的妻子,是努尔哈赤的"宗弟"吉白里、杜吉胡之妹,是受努尔哈赤的指令出嫁的,所以称苏巴海为妹夫。从《武录》中所见,还有一些宗族兄弟及其子女参加了他的事业。到努尔哈赤晚年,他的这些叔伯兄弟所存无几,而是他们的子孙与他的诸子孙一同成长起来。

父亲塔克世的上辈,为努尔哈赤的祖父觉昌安。他有兄弟六人,号称"六祖",其子孙颇众。这些子孙在努尔哈赤初创业时都健在,至晚年,大都不在了。皇太极继汗位后,塔克世兄弟的子孙后代还有些,如塔克世的长兄礼敦(努尔哈赤的伯父)之孙色勒等,与皇太极也是兄弟辈。还有更远的如努尔哈赤的祖父觉昌安兄弟德世库等人的后代。天聪九年(1635),皇太极下诏,规定德世库等先祖的子孙以"觉罗"为氏,系红带子;塔克世的本支为宗室,系黄带子。自此,宗室与觉罗(为旁支及远支的族人)有了区别,不过是用以区别亲疏、论等级。

努尔哈赤家族家庭最盛之时,该是他晚年的时候。虽然他上一辈的人已不在了,与他同辈的兄弟或老或多已辞世,但他的子侄辈与孙子辈的人数会更多,可为长辈人数的三倍、四倍,约达二三百人。

努尔哈赤的发家史,是在他起兵以后迅速发展起来的。可以说,没有创业的成功,就不可能有家庭的兴旺发达。他的本族人大多被吸引到他的事业中来,同沾荣光。权力、地位、财富接踵而至,有了多娶妻的条件,故其族人、兄弟、子侄,其妻妾成群,子女成行,人丁繁盛,造成了爱新觉罗氏的空前发展,这是努尔哈赤事业发展所带来的必然结果。

二、兄弟子助

在中国封建社会,以皇帝为中心的皇室宗亲,总是分享到崇爵厚秩,占据国家要津,执掌重权,居人臣之极限。历代皇帝都借助血缘的宗法关系,来维系一姓之统治。因此,无功而受禄,无才而拜爵,这在皇室中,已是司空见惯之事,并不令人惊奇。但与此稍有不同的是,往往在创业时期,那些未来的皇室贵胄们同异姓文武,不乏出生入死,血战疆场之士,共同创造了一代国家政权。这些在中国历史上都有史实可据。

努尔哈赤固称雄才大略,是高踞于同时代群雄之上的一代伟人。但他所开创的事业,又非他一人之力所能完成的。除了如乾隆帝所颂扬的,集中了一大批"圣嗣贤臣"、"股肱心膂之臣"外,努尔哈赤的"兄弟子侄之众"所起的作用,实不能低估。从一定意义上看,他们所起的作用,往往是关键性的,也是决定性的。在汉官、蒙古参加以前,从人数上说,爱新觉罗氏的人占了多数,论才能,他的兄弟子侄的确是名不虚传,几乎个个能征惯战。可以认为,努尔哈赤创业是本族人共同创造的事业,这种情况,在历朝历代并不多见。当然,这不是说,在努尔哈赤周围的精英中,异姓并不重要。从总体来说,他们辅助了这一伟大事业的成功。事实确系如此。

努尔哈赤的兄弟子侄既是他的亲戚手足,又是他的治国重臣,能征惯战的悍将和统帅,因而不能不是创业的骨干力量,发挥着主导作用。

起兵初最困难,险恶重重固然来自各方面,其中一个重要方面是来自家族内部的阻挠和破坏。就说努尔哈赤起兵的当年,他的三祖父索长阿第四子龙敦,按说是他的族叔,却挑唆诺米纳兄弟背弃与努尔哈赤联合进攻尼堪外兰的盟约,致使尼堪外兰逃跑了。还有六祖父宝实之子康嘉与别人同谋,勾引哈达出兵,让本族人理岱做向导,抢劫努尔哈赤所属的瑚济寨。更为严重的是,长祖父、二祖父、六祖父的子孙同谋,派刺客刺杀努尔哈赤,幸被发现;龙敦又唆使沙木张(努尔哈赤庶母之弟)去谋害努尔哈赤的妹夫刚哈善,因他支持努尔哈赤起兵复仇而被杀害。努尔哈赤欲为妹夫报仇,族叔胆小,劝他勿去。……族人大多对起兵持反对态度,或中立观望,龙敦的思想能代表他们的共同态度,如他对族人说:"今大明打算帮助尼堪外兰在甲板筑城,让他当满洲之主,况且还有哈达援助,你何故跟随淑勒(努尔哈赤)呢?"他们出于私利,以为跟随了尼堪外兰,就不会得罪明朝,因此就跟努尔哈赤作对。

这种状况,直到努尔哈赤杀了尼堪外兰,才开始有了根本改变,他们也不再为难努尔哈赤,再没有谋害的举动,相反,还积极参加进来。努尔哈赤宽宏大量,往事一概不究,差不多都予接纳。他们跟随努尔哈赤共同创业,发挥了积极作用。《武录》中留下了有关的记录。万历十三年(1585),努尔哈赤攻哲陈部,有五祖父包朗阿的两个孙子嘉陈和桑祜礼,是努尔哈赤的族兄弟,临阵畏敌,不敢进战。努尔哈赤怒斥:"你们在家,每每在族中称王称霸,今见敌兵,为何如此胆怯?"说明本族人已参加了统一建州的斗争。攻兆嘉城时,有族弟叫王善,被敌压倒于地,对方举枪欲刺,努尔哈赤急发一矢,射中敌面额而死,王善得救。前叙努尔哈赤率大军攻广宁,以族弟三人留守辽阳,等等。

在努尔哈赤亲属中,远近支的族人不及他的诸兄弟和子侄的作用大。努尔哈赤起兵时,"兵不满百",已经包括了他的亲属在内,主要还是他的亲兄弟及父亲的弟弟等为主要成员。起兵的第二年初,努尔哈赤伐理岱,以大雪,山高路险,"太祖之叔暨兄弟辈同劝回兵"。他的叔父,即其父的弟弟;兄弟辈,首先是他的同父的四个弟弟,二弟穆尔哈奇比他小两岁,三弟速尔哈赤小他五岁,四弟雅尔哈奇小七岁,至起兵的第二年,也已十八岁,最小的五弟巴雅喇,才出生两岁。可以肯定,努尔哈赤的前三个弟弟都参加了他的事业。在初期创业中,他的二弟弟穆尔哈奇和三弟弟速尔哈赤是他的左膀右臂,以英勇善战而著称。前叙努尔哈赤率马步五百征哲陈部。他仅率少量兵马先行,突与八百敌兵相遇。努尔哈赤率二弟穆尔哈奇与两名家人,下马步战,杀入重围,竟把敌人击败。哥俩追至界凡,努尔哈赤先射对方为首一人,将其射倒,穆尔哈奇又射死一人,其余皆坠崖而死。努尔哈赤收兵,兴奋地说:"今以四个人打败八百之众,实天助啊!"由此战观之,穆尔哈奇的勇气和箭法,不在努尔哈赤之下。击九部联军,他的两个弟弟亦在军中冲锋陷阵。万历二十六年(1588),他的最小的弟弟巴雅喇才十七岁(虚龄),率领比他大两岁的侄儿、努尔哈赤的长子褚英及大将费英东等,领兵一千,征讨安褚拉库,大获全胜而归。努尔哈赤给他的这位勇敢的幼弟赐号"著力格免"(借自蒙语,汉译为勇敢的,意志坚强的),长子褚英赐号"洪巴图鲁"(汉译为旺盛的英雄)。万历二十七年(1599),努尔哈赤将征哈达,三弟速尔哈赤自告奋勇请战:"可令我为先锋,试看如何?"努尔哈赤同意,给他一千兵马先行。速尔哈赤曾自言:"我自幼随征,无处不到。"其兄努尔哈赤起兵之年,他才十九岁,自此随兄出征,无战不往。努尔哈赤的四个弟弟,是他的手足,又是他的心腹依靠。

在他的最小的弟弟巴雅喇走上战场的时候,他的儿子们也成长起来,其长子褚英、次子代善与他们的这位小叔年龄相仿,率先踏上征途,在著名的乌碣岩战斗中,已充分地显示出褚英与代善兄弟俩的崭新的军事风采。他们奉父命前往东海瓦尔喀部斐优城迎护其部众归建州。参加此次行动的还有他的三叔速尔哈赤,其表现比两个侄儿大为逊色。途遇"白光"一道,叔以为是凶兆,欲班师。两侄儿不同意,说不管是吉是凶,父亲派我们来了,如果半途而返,父亲以后就不再用我们了。他们强拗叔父之意,强行进兵。在返回途中,行经乌碣岩,遭遇乌拉一万人马的阻击,又是兄弟俩各率一军奋勇冲阵,将乌拉兵击败,代善亲斩乌拉一贝勒父子。叔父却迟迟不进战,及至乌拉兵败,才驱兵前进。回来后,努尔哈赤对两子的表现非常满意,都分别赐英雄的称号,速尔哈赤也跟着沾光,得到了赐号。其后在屡次征讨东海诸部女真时,他的幼弟巴雅喇独当一面,率将士出征,得胜而返。这期间,他的侄儿、速尔哈赤的二子阿敏,比代善小两岁,已走上战场。《武录》所载,万历三十六年(1608),阿敏时年二十三岁,首次出现战场,是与叔伯兄弟褚英同为主帅,领兵五千攻乌拉部,攻克宜罕山城而回。可以肯定,在此以前他已参加征战,只是因为小,为一般成员,不见载《武录》,及至领兵,地位上升,始载入官书。在建国前后,他的亲弟济尔哈朗也走上了战场。他的第七子阿巴泰则于万历三十九年(1611),首次出现于《武录》的记载:这年,他与大将费英东等统兵一千,征讨窝集部所属乌尔左宸、穆陵二卫。万历四十年(1612),努尔哈赤发起对乌拉部的大规模征伐。他率诸王出征。诸王包括:二子代善、侄儿阿敏、五子莽古尔泰、八子皇太极四大贝勒及其他子侄,显出新一代人已成长起来。在这一次大战中,他们既任一军的统帅,又是率先冲阵的先锋,一举将强大的乌拉灭亡。

在早期,努尔哈赤的四个弟弟除雅尔哈奇无所表现,其他三个弟弟都有重大建树。唯幼弟巴雅喇年少,稍逊于他的兄长。速尔哈赤地位尤重,是仅次于努尔哈赤的第二号人物。他不仅善战,还善于从事外交活动。他先后五六次赴北京朝贡,与明朝建立了良好的关系;与朝鲜交往,赢得了朝鲜的信任;与乌拉有姻亲关系,彼此感情颇深。可是,努尔哈赤的这几个弟弟都没有他活得那么长。速尔哈赤死于万历三十九(1611)年,穆尔哈奇死于天命五年(1620),幼弟巴雅喇死于天命九年(1624),他们的岁数都没超过五十岁。他的长子褚英于建国前的万历四十三年(1615)被处死。他们死后,四大贝勒就成了后金政权中的核心人物。其中,又以代善为首,仅次于父亲的地位。

新成长一代的子侄,主要是在后金建国后对明的一系列战争中,发挥了极为重要的作用。努尔哈赤已进入晚年,年龄偏大,其征战也不能像年轻、壮年时亲自厮杀,全靠他的众多子弟冲锋陷阵了。在首战明朝的抚顺和清河及以后的萨尔浒、沈阳、辽阳、开原、铁岭、广宁等各战役,都靠了他们的力量。他们没有辜负父亲的希望,每临战及战斗开始,都毫无保留地献智献勇,每战必胜。皇太极献计,智取抚顺;代善与皇太极配合默契,在接受父亲的指导下,两人随机应变,大破萨尔浒明军,又以计取南路的刘铤所部。攻打沈阳、破辽阳,皇太极总是一马当先,屡次争先进战、请战,非凡的勇敢,超群的武功,所向披靡。攻叶赫山城,十分艰难,代善与皇太极等担任主攻;西进广宁,努尔哈赤诸子侄随征。西平血战,沙岭打援,皆赖其力。攻义州,代善与皇太极受命,克其城。这一系列的辉煌战绩,为后金的大发展谱写了一曲又一曲的胜利凯歌!

在努尔哈赤的最后二三年,他的幼子及孙子开始崭露头角,登上历史舞台。如第十子德格类、十二子阿济格、十五子多铎、侄儿济尔哈朗(速尔哈赤第六子)、孙子岳托(代善长子)、杜度(褚英长子)、萨哈廉(代善三子)、硕托(代善次子)、豪格(皇太极长子)等,都先后投身行伍,参加战争。努尔哈赤为培养他们,让他们办理外交,如同蒙古诸部的交往,举行盟誓,努尔哈赤指使这些子孙侄代表他,宣誓盟约。像岳托、硕托、萨哈廉等都被祖父封为贝勒，幼子多尔衮等掌一旗的权力。到努尔哈赤去世前，他的十六个儿子，除了年幼的多铎、费扬古，都已成长起来，成为这个大家族中生机勃勃的第二代，第三代人也开始崛起，少数人已与他们的父辈并肩战斗。到皇太极即位时，努尔哈赤的子侄正年富力强，最年长的代善也不过四十四岁，其余都在三四十岁之间，有的还不到二十岁。他们已身经百战，经受了非凡的考验。此时第三代人也已跻身于父叔行列，同操军国大计。他们都成了创建大清王朝的生力军。

努尔哈赤创业，多得兄弟尤其诸子侄之助，还在于婚姻制度的多妻多子，使家族发展特别庞大，再是早婚早育。如多尔衮于天命九年（1624）才十三岁，就在父亲的指令下，跟蒙古科尔沁部台吉桑阿尔寨之女成亲。早婚的结果，便使家族发展特别迅速，人丁兴旺。当他们还是个少年或刚长成青年的时候，努尔哈赤就把他们带入激烈的战争环境中，经受锻炼，增长才干，成为他的事业之助。他的子侄都是在战争中成长起来的。当他逐渐衰老时，事业后继有人，个个都能独当一面，完成他规定的各项任务。他造就和培养了两代人才，为未来皇太极的执政注入了巨大的活力，使皇太极，也使其后世子孙受益无穷。

三、家庭纷争

历来帝王之家，跟世俗人家的生活并没有什么不同，他们有幸福，也有痛苦；有融洽，也有矛盾斗争。大概人世间的幸福都是一样的，而痛苦甚至不幸却是各种各样的。在帝王皇室宗族内，他们除了血缘关系，还结成了政治关系，在他们每个人的思想上不能不打上政治的印记，而通过具体行动反映出来，就变成了含义明确的政治行为。如果皇室内部和谐一致，那说明他们的政治关系调解得宜，保持了上下左右的平衡，假若发生矛盾或斗争，就会成为一场政治冲突。历来皇室的斗争十分残酷，原因在于此。

努尔哈赤的家庭也不例外。事业每取得一步进展，都会给这个家庭带来莫大的宽慰；每取得一次胜利，都使家庭成员感到欢欣鼓舞。在那艰苦创业的年代，尤其是创业的最初几年，努尔哈赤的兄弟和族内部分亲属,与他同甘苦,共患难,度过了一段最艰难的日子。当消灭了仇人尼堪外兰、统一建州以破竹之势向前发展的时候,爱新觉罗家族的人纷纷加入,家族势力迅速膨胀。努尔哈赤趁着明朝在辽东的衰弱形势,在统一建州及海西诸部女真的道路上迅跑。疆土日广,财富日厚,努尔哈赤的地位与权力并增,他的诸兄弟也如同水涨船高,随着他的权力和地位而上升。家族内的矛盾由此而产生,很不幸,终于酿成了兄虐弟、父杀子的悲剧。

家族内的矛盾,首先在努尔哈赤与二弟速尔哈赤之间展开。

要说努尔哈赤与速尔哈赤的关系,真可以说是患难兄弟。努尔哈赤九岁,他五岁,母亲去世,兄弟俩相依为命,青少年时,同出外谋生,吃尽了苦头。父、祖被害后,兄弟俩怒火中烧,含恨起兵,仇人尼堪外兰授首。兄弟俩继续战斗,有时两人一起,有时是单独征战,统一建州,北上同哈达、叶赫、辉发、乌拉争锋,所向克捷。速尔哈赤同其兄一样,冲锋陷阵,屡建奇勋,两人并驾齐驱,威名同著。由于他英勇善战,努尔哈赤给他赐号"达尔汉巴图鲁",汉译为"神圣的英雄"。努尔哈赤因居长、位居第一、自称王时,速尔哈赤则称"船将"。

速尔哈赤渐渐名闻中外。他在明朝人的心目中,地位与其兄努尔哈赤相等。他们称努尔哈赤为都督,也称速尔哈赤为都督,给他们以同样的待遇。努尔哈赤常派他进京朝贡,明朝给他的礼遇规格很高。史载万历二十五年(1597)七月,"建州等卫夷人都督、都指挥速尔哈赤等一百员名、纳木章等一百员名,俱赴京朝贡,赐宴如例"(《明神宗实录》)。这是明朝官书所载,把他跟努尔哈赤一样看待,根本看不出有什么差别。因为他排行第三,明朝人又称他为"三都督"。实际上,明朝人不是有意抬高他,而是看到他同努尔哈赤一样都威胁明在辽东的安全。明朝镇守辽东的总兵官李成梁很看重速尔哈赤,让其子李如柏娶速尔哈赤之女为妾,大抵出于笼络,示好于兄弟俩,以维持辽东的安全。到李如柏出任辽东总兵官时,当地却传出一首歌谣:"奴酋女婿作镇守,未知辽东落谁手!"(《明神宗实录》)从明人眼中看速尔哈赤,证明速尔哈赤影响在外,同时,也证实他的地位与权力、军事实力及威望是很高的。

邻国朝鲜人看速尔哈赤,也是如此。朝鲜通事何世国等前往努尔哈赤居处,努尔哈赤在家招待,按礼仪规定行礼、设宴。然后,再到速尔哈赤家,一样行礼、设宴。兄弟俩各向客人赏给礼物。稍有不同的是,努尔哈赤宰牛,速尔哈赤宰猪。朝鲜人还看到两人的差别,如万历二十四年(1596)申忠一出使建州所见:"奴酋"有诸将一百五十余员,"小酋"(速尔哈赤)有诸将四十余员,但服色与努尔哈赤一样。据朝鲜人记载,努尔哈赤掌握军队万余人,他有五千余人。所以,朝鲜人把速尔哈赤看成是建州女真中仅次于努尔哈赤的第二号人物。

随着地位的提高,实力与影响的增长,速尔哈赤已不满足于现状,不安其位,他要与其兄平起平坐,共同分享权力。在接待申忠一时,速尔哈赤已不加掩饰,直截了当地说:"日后你若送礼物,不可将我们弟兄分出高下。"此话已透露出他的心声,他不甘居于其兄之下,而事事、处处都须同等分享。不言而喻,兄弟俩的关系不再亲密无间,裂缝已经出现。努尔哈赤正在加快统一女真的步伐,走向建国,需要集中权力,定于一尊,不允许有人另搞一套,自行其是。这样,努尔哈赤与速尔哈赤的矛盾便暴露出来了。二人第一次出现裂痕是在万历二十七年(1599)九月征哈达的战役。前叙速尔哈赤会自告奋勇,自荐充任"先锋"。努尔哈赤予以同意,给他一千兵马先行。令人不解的是,到了哈达城下,遇到哈达兵出城迎战,他却按兵不动!努尔哈赤来到时,他却说:"敌兵出城抵御。"努尔哈赤很生气,当即斥责他:"这次出来打仗,难道是因为敌人城里没有防备吗?"接着,他又"怒喝"一声:"带你的兵向后去!"他要亲自进攻。速尔哈赤受到斥责,便组织进攻,但进路受阻,只好绕城而行,哈达兵从城上射箭,军中受伤的很多。后在努尔哈赤的指挥下,还是攻占了哈达城。也难怪努尔哈赤发怒,因为以前速尔哈赤作战很勇猛,从没有像这次在敌人面前按兵不动。这只能说明速尔哈赤对其兄不忠,没有给予合作,不听调动,表现消极。

更严重的一次,是前文所叙的乌碣岩战斗。进兵途中,于夜晚出现"白光",速尔哈赤便以"凶兆"为借口,要退兵;回来时,在乌碣岩与乌拉的万人大军相遇,乌拉兵被褚英、代善率兵打败,而他领兵五百,在山下逗留,还有常书、纳齐布两将领百余人跟着他,不出战。及至返回赫图阿拉,褚英、代善报告战况,努尔哈赤以常书、纳齐布领兵不战,论罪应死。速尔哈赤代为求情,说:"杀了他们,就等于是杀我!"话说得如此严重,其实是要挟,努尔哈赤只好饶了两人的命,改死为罚。速尔哈赤的表现,如按努尔哈赤的军令,无疑应处死,但当兄长的未予追究,也算照顾了手足之情。但自此以后,努尔哈赤不再派遣他领兵打仗了。

努尔哈赤不再派他领兵,实际是剥夺了他的军权。在战争年代,没有军权,就等于失去了一切。女真人崇尚武功,以立下战功为最高荣誉,并以战功取得爵位和封赏。速尔哈赤不能出外打仗,就失去了荣誉,无法在女真勇士、悍将中立足。由此看来,努尔哈赤的这个决定比杀他还难受!速尔哈赤果然难以忍受兄长对他的惩罚,散布不满的话,说:"这样活着,还不如死了!"他不甘心这样生活下去,就同长子阿尔通阿、二子阿敏、三子札萨克图谋划,于万历三十七年(1609)正月,背离努尔哈赤,逃到了黑扯木自立。努尔哈赤一面谴责,一面规劝弟弟回心转意,但毫无效果。努尔哈赤大怒,杀了他的儿子阿尔通阿、札萨克图,还要杀阿敏,被皇太极诸兄弟力谏,才得以活命。速尔哈赤的全部财产也被没收。速尔哈赤已陷于绝境,被迫重返赫图阿拉,向兄长悔过认错。努尔哈赤对自己的胞弟已恩尽义绝,毫不留情地把他囚禁起来。他被投进一间居室,用铁器把门封闭起来,仅留出两个穴口,送饮食与大小便之用。他忧郁至深,心中气难平,囚室的生活没过多久,于万历三十九年(1611)八月,死于囚室,时年才四十八岁。

速尔哈赤之死,明朝很是惊讶,受到很大震动,特以很高的礼节前往吊唁。明朝强调的是,速尔哈赤"向来中国(明朝)宣谕,无不听命"。他对明朝忠诚,说他是个"亲明派",也不过分。努尔哈赤是不赞成与明过分密切的,就难免兄弟两人对明的政策上发生分歧。努尔哈赤顾忌弟弟的势力坐大,且已在行动上表现出不服他的权威。努尔哈赤采取囚禁的方式,羞辱他的人格,摧残他的精神,使他很快死去。兄弟俩的矛盾,无疑是权力之争,当矛盾无法调和时,必置对方于死地。努尔哈赤利用自己的权力优势,击败了弟弟,还杀死了两个侄儿。他消灭了自己的竞争者,巩固了自己的统治地位。

由父子之间引发的矛盾,终将自己的亲儿子送上断头台,是努尔哈赤家族内的又一次残酷斗争。

褚英是努尔哈赤的元妃佟佳氏所生,于起兵前三年——明万历八年

(1580)降生。他在十六个兄弟中,排行老大。他出生的时候,父亲已与祖父分家,生活并不富裕。父亲起兵后,处境艰难,时刻有生命的危险。他就是在动荡不安、充满了风险的环境中度过了童年。到了十九岁时,他便投身行伍,跟随父亲,开始了戎马生涯。他英勇善战,统率过千军万马,常常与其二弟代善出征,创造了一系列惊人的战绩,乌碣岩之战,是他展现杰出军事才能和勇武精神的著名战例之一。努尔哈赤创业初期,得其三弟速尔哈赤与长子褚英之大助,功不可没。努尔哈赤给予信任,十分赞赏,曾给褚英赐号"洪巴图鲁"、"阿尔哈图门"。

褚英在政治上有抱负,渴望将来继承父亲的汗位,掌握生杀予夺大权。但他性情孤傲,过于自信,心胸狭隘,锋芒毕露,容不得不同意见,更容不得他嫉恨的人,报复心强,必欲置之死地!

随着统一大业的迅速发展,建立国家,南面称君指日可待。努尔哈赤正走向成功,大业垂成。可是,他的年岁也越来越老,而政事却繁重,日胜一日,他感到精力远不如从前,苦于负担过重,很想找个助手,也是安排一个继承人,使他创下的江山后继有人。这个助手,也只能在他的诸子中寻找。努尔哈赤对中国传统文化有着深刻的了解,他知道历代都通行嫡长子继承制度,可以避免在君位转换时发生骨肉相残,保证政权平稳过渡,一姓统治世代传下去。他想,如果我子身一人,自然得另想办法解决。现在,我有这么多儿子,理应从中选出一个来执政。可是,选谁好呢?他感到很为难。照理说,褚英为长子,按嫡长子继承制,他为继承人也是顺理成章,其他兄弟都无话可说。知子莫如父。他明明知道自己的这个大儿子,心胸狭窄,不能宽厚待人;如果选择他的一个弟弟,却抛开长子,不是要出乱子吗?经过一再思考,也想不出更合适的办法来。最后,还是想让褚英试试,让他帮自己处理国事,看看如何。他曾幻想,褚英能体谅做父亲的深意,能在辅政中改掉或克服自己的缺点,变狭隘为宽宏大量。努尔哈赤对此抱有强烈的期待。想好之后,他便做出决定,宣布褚英代他管理国家政务。

事实很快就证明,褚英完全辜负了父亲的希望,他的缺点不但没有克服,反而恶性发展,变本加厉了。他代理政务后,心术不正,处事不公,造成为努尔哈赤所信任、同甘共苦的五大臣之间不团结。代善等四大贝勒,是努尔哈赤所倚重之人,也无法同褚英共事,为此都很苦恼,不知道怎样做才符合他的要求。尤其严重的是,褚英竟背着父亲,软硬兼施,指令他们跟他一起向天发誓。誓词说:长兄如何说,我们弟兄就如何办,有什么话,也不要告诉父亲!褚英还提出,父亲死后,要把父亲分给弟弟们的财产重新分配;凡是和自己关系不好的弟弟、大臣,他做了汗以后,全部杀掉。四个弟弟即四大贝勒和五大臣受到褚英的欺凌和威胁,他们秘密商议说:"他说汗死后不养我们,我们的生活就要断绝,还是把我们的遭遇报告以后再死。"决定后,冒着生命危险,把褚英的事口头报告了努尔哈赤。听了他们的反映,努尔哈赤说:"空口无凭,我也记不住,都把它写在纸上送来。"四个弟弟、五大臣每人写了一份实情报告,叙述种种受苦和欺凌的事,呈送给努尔哈赤。

这些材料一致反映褚英的问题,褚英已经闹到众叛亲离的地步!努尔哈赤为慎重起见,他要当面核实材料中揭发的问题的可靠性,才能考虑如何处理。一天,努尔哈赤召见褚英,把四个弟弟、五大臣写的材料给他看,说:"这是你的四个弟弟、五大臣对你的罪行的控诉,你看后,说说你的想法,如有需要申辩,也可写出来。"褚英表示:"没有什么可说的。"他的表态,实际是承认了事实,无理可辩。努尔哈赤非常生气,狠狠地训斥他,说:"考虑到我年纪大了,不能打仗,不能断理国事,必须由儿子们执政,你是长子,就让你执政,否则,国人会议论纷纷。可是我让你执政,你身为一国之主,却不能宽宏大量,平等待人。你欺凌四个弟弟、五大臣,不和睦,怎么还能让你继续执政呢?我让你同母兄弟二人执政,给你们国人各五千家,牧群各八百,银一万两,敕书各八十道,高于你们所有的弟弟。可你还不满足,竟然要从弟弟手里索取东西,要杀掉你认为不好的弟弟、五大臣,还逼着他们到处立誓,不准揭发你的问题。像你这样狭隘自私,只有把你所有的人口和财物拿出来,和弟弟们的合在一起,平均分配。"从此以后,努尔哈赤再也不信任褚英了,征乌拉、伐东海,多次用兵,不再派他去,命令他只留守和在家闲住。

褚英不知改悔,对父亲的话,还意识不到他的问题的严重性,尤其是对父亲的处置,更是不服气。他向自己的四个仆从说:"让我和弟弟们平分人口,我宁可死了也不干,你们和我一起死吗?"四个仆从回答说:"贝勒你要死,我们要随之死。"褚英不再关心父亲出征的胜败,相反,他把诅咒父亲、弟弟和五大臣的咒语写在纸上,对天焚烧,祈祷上天让他们打仗都失败!他对仆从说:"我们出征乌拉失败才好!那时,我就不让父亲和弟弟们入城。"褚英狂言乱语,变本加厉,有一个仆从突然感到害怕,想着若跟着他干下去,一定没有好结果。他越想越怕,生怕被发觉处死,就写下了遗书自缢了。他的死,引起另外三个同伙惊慌,他们商议了一下,主动投案,向努尔哈赤告发说:"贝勒要我们同他一起死,是事实;汗出征乌拉,贝勒书写咒语对天焚烧,也是事实。还说了很多坏话,也都是事实。"努尔哈赤再也遏制不住内心的愤怒,霎时间,动了杀机,恨不能杀掉这个不肖之子。但转念一想,这样做对后人影响不好。这是万历四十一年(1613)三月,努尔哈赤第二次征乌拉刚回来发生的事。当月二十六日,努尔哈赤断然做出决定,将褚英逮捕,监禁起来。

两年以后,努尔哈赤深思熟虑,意识到褚英的存在,对国家、对他的诸子及五大臣必是个遗患,尤其顾虑在他百年之后,不知将会出现什么后果!不能为一个儿子而危害大家。万历四十三年(1615)闰八月,努尔哈赤下了最大的决心,下令将时年三十六岁的褚英处死。一代新崛起的优秀的军事人才,就这样悲惨地结束了年轻的生命(以上见《满文老档》太祖卷)。

正当大业方兴未艾、急需各种各样的人才的时候,努尔哈赤处死了自己的亲生儿子,未免太残忍。实践已证明,褚英是在严酷的战争中成长起来的一代勇将和统率千军万马的大帅,他的死,是令人惋惜的。如果此事是发生在平民之家,兄弟之间争夺财产或财产继承权,总不至于死,只要把他除籍,不属本族本家人,问题也就解决了。但是,努尔哈赤和他的本家人是掌握国家政权的核心人物,他们每个人的行为,直接影响到国家的前途命运。如果一人行为不端,品质恶劣,又掌握最高统治权,必将危及甚至毁灭国家。努尔哈赤熟知历代宫廷发生的种种悲剧,因争夺帝位,兄弟相残,乃至闹得国家分裂,掀起内战。褚英有军事才能,也通晓治国之道,最缺乏的是个人品质,没有政治家的气度,这就注定了他难以为大家所接受。努尔哈赤最担心的就是,他一旦百年之后,褚英以其长子的优越地位,兼之在军队中的威望,若东山再起,势必会危及他创下的基业,他的诸子生命就会陷入危险的境地。正是出于这种考虑,在囚禁了褚英两年后,才最后下决心处死了他。褚英之死,为八子皇太极在不久的将来登上汗位铺平了道路。如果褚英不死,又无明显的大错,皇太极就没有可能继汗位。后金发展的结果就难以预料了。皇太极用他的业绩显示,他是继承父业的最合适的人选,雄才大略,远见卓识,气度恢宏,能文能武,又高出父亲之上。他以在位十七年的艰苦创业,为大清王朝君临天下奠定了不可动摇的基础。努尔哈赤的后事,他本人是无法知道了。但我们可以看得十分清楚,努尔哈赤处死褚英,实为国家铲除了隐患,大义灭亲,亦不为过。

四、觊觎汗位

褚英被处死的第二年,努尔哈赤宣布建国建元,开始了后金国大发展的新时期。在此后的五年间,后金连下抚顺、清河、开原、铁岭、沈阳、辽阳,稳固地占领了辽河以东的广大地区。形势对后金十分有利。这时,努尔哈赤已年过六旬,他确实感到自己衰老了,诸子纷纷长大成人,汗位的继承问题,比任何时候都更紧迫地提到了每个人的面前。努尔哈赤在想这个问题,时常注意诸子的言行,考察他们的表现。他的儿子们,主要是年龄居长,且具有实力的几个儿子都在注视着父亲的态度,猜测父亲心目中属意的人选,明确些说,都在觊觎父亲的汗位,在这个家庭内又开始了一场新的明争暗斗。从国家方面说,这是统治集团内部的权力竞争;从家庭方面看,这亦属家庭内部利益的争夺。这与褚英时的情况不完全相同。当时,褚英作为长子,努尔哈赤明确地把他定为继承人,而且已开始执政,大权在握,没有人敢与之争衡;再说,褚英以下,代善刚过三十岁,而代善以下,有几个弟弟都是二十来岁的青年,最后边的弟弟才几岁、十几岁,他们都无实力同长兄争汗位,恐怕连想都不敢想。所以,褚英执政时,没有发生兄弟之间争汗位的事,主要矛盾是褚英不配做汗位的继承人,招致众怨众怒,为自身安全计,他们不得不冒险揭发。努尔哈赤发现褚英不足成大事,才决定将他废掉。这以后几年间,他的年轻的弟弟们都已成长起来,年长的几个弟弟都已三十岁上下,论实力,论能力,已具备了竞争汗位的条件,都在觊觎汗位的宝座。明争暗斗,就在诸兄弟及族内人之中展开。

说起来,也很简单,对汗位的争夺,主要集中在四大贝勒或时称"四王"中间进行。

四大贝勒各拥重兵,年富力强,多积有军功,优越于他们的诸兄弟。四大贝勒中,因情况不一,背景不同,便显出各自的优劣势来。如,阿敏是速尔哈赤之子,父因有罪而死,他已受到牵连,主要是他非努尔哈赤的亲子,谈不到继承问题,事实上他也没有参与,这不是说他没有想法,只是血缘关系上差了一层,自知其不可,明智地避开此事,也算识趣。莽古尔泰是努尔哈赤的继妃富察氏所生,因为庶出,本人有勇无谋,不为父亲所喜欢,没有多大的可能当继承人。只剩下代善与皇太极争衡的条件相当。代善的优势是,褚英不在了,他居长,军功多,为人宽厚,颇得人心;不足的地方是,论能力平庸,经常犯错误,不为父亲所赏识。皇太极智勇双全,精明强干,论打仗,用兵法,出计谋,都高于诸兄弟;他作战敢打敢冲,不怕牺牲,表现出非凡的勇气;处事心细,言谈唯谨,循规蹈矩,很少出差错。这一切,都博得了父亲的欢心,把他视如"心肝"、"眼珠子"。兄弟俩暗中使劲,便演出了富有戏剧性的事件来。

褚英死后,代善在诸多兄弟中名列第一,称大贝勒,他的地位马上变得突出起来。努尔哈赤虽不喜欢他,仍以他宽厚可信,给予重托。有一次,他对诸子说:"等我百年之后(意指死),我的几个幼子和大福晋(即大妃)给大贝勒抚养。"这是一个暗示,预定将来由代善承袭汗位。这位大妃有些趋炎附势,知道代善可能要登上汗位的宝座,就对他特别倾心。他不顾母后的尊严,先后两次给代善送去她做的饭菜,代善没有谢绝,都照吃不误。同时,这位大妃还屈身给皇太极送饭一次,精明的皇太极,出于礼仪,收下饭菜,但不敢吃。可见,她同样重视皇太极,与代善有着不差上下的地位。这从侧面反映出皇太极的地位不同一般。她已测出皇太极在努尔哈赤心中的位置,所以她也向皇太极献殷勤。此外,大妃一天中二三次派人到代善家,她自己也在黑夜中二三次出宫院去。当诸贝勒、大臣在汗的家里集会议事,或宴会时,这位大妃盛装打扮,金珠盛饰,时时注目大贝勒代善,频送秋波,故意在他面前卖弄风情。大妃的种种失态和有失体统的举止,诸贝勒、大臣都看在眼里。他们想报告给努尔哈赤,但畏惧代善和大妃的权势,忍而不发。大妃的丑闻被一个小妃代因扎所掌握,这正好给了她一个机会,借机打击受宠的大妃,来提高自己的地位。天命五年(1620)三月,她向努尔哈赤一五一十地揭发了大妃的丑闻。实在说,这些事只能说明大妃与代善关系暧昧。努尔哈赤心里明白,但也不能容忍他宠爱的大妃同自己的儿子存在这种不光彩的关系。他不愿为此事加罪于自己的儿子,又不宜张扬,就以大妃窃藏金帛的名义抄了大妃的住处。努尔哈赤本想处死大妃,又考虑到还有年幼的三子一女需要她抚养,就饶恕她不死,打发她回家去了。

代善行为不检点,出了这些丑闻,弄得声名狼藉,威信下降,努尔哈赤对他的感情和信任不再像从前。皇太极很聪明,送给的饭不吃。努尔哈赤查清了此事,加深了对他的好印象。在这件事上,皇太极明显地胜过了代善。

代善得到机会也进行反击。事情的经过是这样的:天命六年(1621)九月,努尔哈赤有一个从弟,叫阿敦,为人勇而多智,超出诸将之上。努尔哈赤曾暗自征询他对汗位继承人的想法,直截了当地问:"你看诸子中谁可以代替我呢?"阿敦先是推诿:"知子莫如父,别人怎样说?"努尔哈赤说:"讲讲你的想法无妨。"阿敦便说:"当然是智勇双全,人人都称赞的那个人了。"努尔哈赤说:"我知道你指的是谁。"他俩说的那个人就是皇太极。这话传到代善那里,心中很恼恨。后来,阿敦又对代善说:"皇太极与莽古尔泰、阿济格要谋害你,事态紧迫,应有所防备才好。"代善得到这一绝密信息,一时很恐惧,但转念一想,这正是反击皇太极的好机会,他马上去见父亲,一见面就痛哭流涕,泣不成声。努尔哈赤很奇怪,询问其原因,代善就把阿敦对他说的话重复一遍。努尔哈赤立即召见皇太极、莽古尔泰、阿济格,将代善说的话同他们兄弟三人核实。他们不约而同地否认,根本没有那回事。努尔哈赤又找来阿敦,责问到底是怎么回事,阿敦回答不出来。努尔哈赤愤怒已极,严厉斥责他的这个从弟两面三刀,故意制造矛盾,挑拨他们父子、兄弟之间的关系,罪不容恕,还好,没有处死他,将他戴上镣铐,投入监狱,没收全部家产。

这次事件,洗刷了皇太极弟兄三人的恶名,代善从中也没有获得什么好处,很快平息下来。可是,努尔哈赤的思想深受震动,联系数年前褚英被指定为继承人所造成的后果,他意识到指定继承人的做法是不可取的。

两次指定,两次失败,还造成了混乱,引发诸兄弟之间的明争暗斗,幸亏他明察,处理及时,措施果断,才避免了可能出现的更为严重的后果。他决心改变中国历代所行的长子继承制度,不再授意预定继承人。他想了很久,就在这次事件半年后,即天命七年(1622)三月初,他召见诸贝勒,明确宣布:继他为君的人,由八旗贝勒中推选"有才有德能受谏者"。这就是明告他的诸子,他不再指定继承人,而由八旗和硕贝勒共识,共同推选嗣君。诸子明白了父亲的心意,又有嗣君继承原则,谁也不敢挑起事端,嗣君汗位之争暂告平息。

后宫历来也属是非之地。后妃争宠,储位(太子)之立,往往掀起一波又一波的纷争。努尔哈赤的后宫,比起诸贝勒对汗位的觊觎、暗争,还是比较安定,但也不是风平浪静。前文所叙大妃乌拉纳喇氏阿巴亥与大贝勒代善关系暧昧,受到处罚,被斥退回家,约一年后又被复立为大妃。努尔哈赤先后立过四个大妃(或称大福晋,相当皇后之位),这个乌拉纳喇氏是努尔哈赤的第四位大妃,也是最后一个大妃。她的事发,是因小妃代因扎告密,这里边也包含了后妃争宠的内容。她对大妃的揭发,表示出她的忠诚,努尔哈赤给予酬报,允许她与他同桌进餐。这在她看来,自然感到无上荣耀,为受到汗的青睐而心满意足了。

在乌拉纳喇氏之前的第三任大妃就是叶赫纳喇氏(两部同姓,为示区别,在姓氏前加上部名),称孟古姐姐。她以其美貌和贤淑而赢得努尔哈赤的宠爱,两人感情甚笃,始终相爱。她的地位巩固,没有哪个妃子向她提出挑战。她去世时,努尔哈赤极为悲痛,不能自已。努尔哈赤的第二任大妃富察氏即称"衮代皇后"。第一任大妃是努尔哈赤的原配妻子佟佳氏,早在努尔哈赤十九岁与父分居时成亲的。她去世后,富察氏继任大妃,所以又称她为"继妃"。问题就出在这位继妃身上。她生有三子一女,这就是莽古尔泰、德格类和莽古济格格,费扬古可能为她所生。在努尔哈赤相继娶了哈达万汗的孙女阿敏姐姐与叶赫孟古姐姐后,尚未威胁到富察氏的大妃地位。后来,她获罪而被削去大妃的名位,不仅如此,她还为此而丢掉了性命。这件事,迄今也是一桩说不清的疑案。她犯了何罪?是如何死的?死于何时?清官方对此讳莫如深,不予记录。按皇太极即位后的说法,是莽古尔泰"潜弑生母",以向父亲邀功。大抵是富察氏获罪后,莽古尔泰才敢于下手,亲手杀死生母的。顺治元年(1644)时,将富察氏遗骸迁出努尔哈赤的福陵,易地另葬,原因是她"在太祖时获罪赐死"(《清世祖实录》)。不管是被亲子所杀,还是为努尔哈赤赐死,都说明富察氏犯有罪过,努尔哈赤不予宽恕,必欲置之于死,显见其罪很重。努尔哈赤生前十六个妻子,只此富察氏一人得此惨局,在宫禁之区流了血。至于努尔哈赤死后,逼大妃阿巴亥陪殉,此系后话,将在下文中叙述。

　　家庭纷争,诸子争位,后妃争宠等一系列事件,都是在努尔哈赤创业过程中发生的。当创业发展到一定阶段,统治权、地位、财富与之俱来时,便产生了权力与财富分配的问题。在分配时,要绝对做到均衡,调配得宜,是难以做到的。所谓争权、争位、争宠皆由此而来。努尔哈赤所面临的内部纷争,都不过是在权力与财富分配过程中无法避免的。总的看,努尔哈赤对这些问题处理得很及时,没有把事闹大,大多是消灭在萌芽之中,这就保证了他的事业继续向前发展,而不受到直接的伤害。

第十章　最后岁月

一、巩固战果

自天命七年（1622）初，征伐辽西广宁（今辽宁北镇）以来，三年已经过去了。这期间，努尔哈赤没有对明朝发动大规模的军事进攻，他需要一段时间巩固已取得的胜利，再说他还有很多事情要做。

自广宁凯旋后，在辽阳附近筑东京城，全城未筑完，再迁都沈阳，成为清入关前最稳固的都城，也是努尔哈赤人生的最后一站。

加紧对蒙古诸部进行分化、招抚，孤立和打击察哈尔部林丹汗。科尔沁部最早同后金建立了密切关系，往来频繁。努尔哈赤打算同它正式结盟，共同对付察哈尔部林丹汗，进而征服蒙古，也是为进攻明朝解除后顾之忧。所以，努尔哈赤想方设法发展同科尔沁的友好关系。天命十年（1625），努尔哈赤提出与科尔沁结盟，科尔沁部首领奥巴派遣使者向努尔哈赤递交他的一封信，明确答复，愿与之结盟，一切大事，都听从努尔哈赤裁决，不敢违背命令，但同时表示担心，一旦同后金结盟，察哈尔林丹汗等必来征伐，还请汗（努尔哈赤）为他预先筹划。努尔哈赤见信，知道奥巴有结盟的愿望，就派了巴克什库尔禅、希福前往科尔沁与奥巴等会盟。他们宰牛马，置骨、血、土、酒、肉各一碗，焚香而誓。誓词表达双方同心合意，共同抵御察哈尔，不受它的馈赠所诱惑。如若违背誓言，上天不佑，降以灾祸，就像这骨暴、血出、土埋而死；如履行盟约，天地保佑，益寿万年，子孙万世永享荣昌。盟誓完毕，库尔禅、希福又带着科尔沁的使者一起回到后金。努尔哈赤命令代善、阿敏、莽古尔泰、皇太极四大贝勒及阿巴泰等几乎所有的重要将领,亦宰白马、乌牛,与科尔沁的来使,同前叙库尔禅等一样立誓。

两次重复立誓,而且后金几乎所有的重要人物都参与这一盟誓活动,是很不寻常的做法,反映努尔哈赤对与科尔沁的结盟的极端重视。

果如所料,就在双方盟誓不久,同年(1625)八月,就传来察哈尔林丹汗兴兵入侵科尔沁的警报。奥巴根据双方已定盟誓,紧急要求后金出兵救援。努尔哈赤毫不迟疑地派遣阿尔津等四人为使者,带八名炮手前去。他又亲自写信给奥巴,鼓励他坚守不动摇。接着,调遣各路人马,他自率诸贝勒、大臣出兵援助科尔沁。大军行至开原以北镇北关,检阅兵马,发现战马又累又瘦,这是因为前不久曾进行过一场围猎所致,努尔哈赤当即决定,选精骑五千,命皇太极与莽古尔泰、阿巴泰、济尔哈朗、阿济格、硕托、萨哈廉等率之前往。他率领其余诸贝勒、大臣并军队返回沈阳。

皇太极率后金援军向科尔沁进发。此时,察哈尔的兵正要进攻科尔沁,听说后金兵已来救援,自知不敌,连夜逃跑,丢下无数骆驼、马等。科尔沁的围已解,皇太极与莽古尔泰等率军胜利而归。

在此之前,即天命九年(1624)正月,努尔哈赤亲自与喀尔喀巴岳特部达尔汉贝勒之子恩格得尔举行盟誓。早在天命二年(1617),努尔哈赤为奖励恩格得尔率先归诚,将速尔哈赤的第四女,也是他的侄女许配恩格得尔为妻,极力笼络。现在,恩格得尔与其妻率部众,请求留住东京,努尔哈赤很高兴地同意了他们的请求,向天宣读他的誓词:"皇天保佑,使恩格得尔舍自己之父而以我为父,舍其弟兄,以妻之兄为弟兄;弃离故土而以我国为依归,若不优厚抚养,则上天不佑,祸及我身;若恩养无间,则上天保佑,使人诸子孙命得延长,永享荣昌。"恩格得尔也向上天表达了他们对努尔哈赤及其后金国,必竭诚以待。

几天后,努尔哈赤命代善、阿敏、莽古尔泰、皇太极四大贝勒及阿巴泰、岳托、阿济格、济尔哈朗等诸子孙侄率领军队,前往恩格得尔住地,连同他的弟弟莽果尔代及其部众,都迁移到东京。努尔哈赤出东京城,到张义站迎接,举行盛大宴会,欢迎他们的到来。努尔哈赤随即颁赏,赐给恩格得尔兄弟雕鞍、骏马、貂裘等物。回到东京后,又赏给仆人、牛、金银、蟒缎、布帛、貂鼠、猞猁狲皮,以及房屋、田产等大批生产生活物资。赏赐之丰,可谓独厚(以上见《武录》卷四)。

除此,还有喀尔喀部五卫王拉巴斯希布台吉、琐诺木台吉、莽古托布侬、俄溥和托塔布侬、达贲台吉等,各率所属军民、牲畜,及各处蒙古人,共五百户叛归后金,努尔哈赤都予以接纳,授予职务,赐给貂裘、猞猁狲裘、金银布帛、房地奴仆、牛马等物,皆大欢喜。

这期间,缔结婚姻频繁。有科尔沁部孔果孔贝勒送自己的女儿至东京,嫁给努尔哈赤第十二子阿济格为妃,努尔哈赤设大宴庆贺。

天命九年(1624)五月,科尔沁部桑噶尔齐台吉也把自己的女儿送来,给努尔哈赤的第十四子多尔衮为妃。努尔哈赤照例设宴庆贺。

天命十年(1625)二月,科尔沁部斋桑贝勒决定把他的女儿嫁给努尔哈赤第八子皇太极为妃,特派其子护送至东京。努尔哈赤与诸王及后妃等出迎十里外,即举行宴会;入城后,再设宴,同时举行婚礼,迅速完婚……

努尔哈赤到了晚年,更加重视同蒙古诸部的关系,通过和亲联姻、定盟约、优厚赏赐、出兵援助等保护政策,不断扩大和加深与蒙古诸部的亲善关系,目的是联合蒙古诸部中一切可以利用的力量,来充实后金的实力,对与他为敌的察哈尔林丹汗,给予孤立和打击,已经或正在收到巨大的效果。

这期间,明将毛文龙在朝鲜的椵岛(又称皮岛)建立了抗金根据地,不断出兵从背后袭击后金,闹得努尔哈赤不得安宁,这也使他不能发动对明的大规模战争。诸如镇江(今辽宁丹东附近)、耀州(今辽宁营口岳州)、张屯(今辽宁海城境内)、鞍山驿(今辽宁鞍山南三十里旧堡)、萨尔浒城等地,都连续遭到毛文龙部明军的袭击。特别是天命八年(1623),毛文龙袭取了辽东半岛的重镇金州(今辽宁大连市),努尔哈赤为之惊恐;而天命十年(1625),明兵纵深袭击,进攻距沈阳仅一百八十里的鞍山驿,再次惊动了努尔哈赤。明兵的袭击,规模都很小,少则几十人,多则二三百人,至多也不过五六百人,到处进攻,使后金防不胜防。毛文龙的这种流动的游击作战,常常惊动努尔哈赤出动大量兵力和重要将领前去征剿,而明兵趁势退走。尽管明兵每次袭击都被击退或主动撤离,但却给予后金不同程度的杀伤,并扰乱了努尔哈赤的战略部署。努尔哈赤发动攻取旅顺的战役,主要是他想变被动为主动,夺取对明的军事主动权。努尔哈赤攻下辽阳时,辽南包括旅顺(处辽东半岛南端,今属大连市)一度置于后金的控制之下,后被毛文龙所取,设为军事据点。努尔哈赤担心明兵一旦站住了脚跟,就会向辽阳腹地进逼,遂于天命八年(1623)派出万骑进攻旅顺,被明兵挫败。天命十年(1625)初,明派遣军队一万,由海上至旅顺口修城驻扎。努尔哈赤派三贝勒莽古尔泰率部六千再次进攻旅顺,终于攻克,明兵全部被歼。努尔哈赤以兵力不足,不敢久驻,下令将城拆毁,军队撤回。这次军事上的胜利,暂时解除了对后金的威胁。

这期间,努尔哈赤继续对东海部及黑龙江中游呼尔哈部用兵,收缴其余部。天命十年三月,他曾派富哈纳等三将前往黑龙江中游地区,招抚呼尔哈部三百三十人而归。

努尔哈赤派宗弟王善等领兵一千五百人征呼尔哈部,大胜而归。努尔哈赤率诸王贝勒大臣出沈阳城,边行猎,边前往穆胡觉洛地方迎接。会见胜利而归的王善等将领时,宰牛八只,先祭旗,然后接见王善等人。努尔哈赤问:"你们此行都很顺利吗?"王善回答说:"托汗的洪福,所到两处都顺利。"努尔哈赤与领兵的王善等三将军,按本民族的习俗,举行"搂见"(即抱见礼),赏给各种贵重的礼物,包括他所猎取的兽百余只,也赏给了王善及所率军队与降民。在返回途中,至沈阳附近的北岗,努尔哈赤下令宰牛羊四十头(只),给酒四百埕(音呈,酒瓮名),设四百张席,以盛大宴会犒劳王善及诸将士。入城后,努尔哈赤再赏给王善与从征将士每人银五两。努尔哈赤不惜重赏,表达了他对远征将士的深切的体恤之情。

同年,他任命出征东海北卦尔察部(实际为黑龙江中下游)的雅呼、刚穆塔尼二将,俘获降人二千,凯旋归来,努尔哈赤亲自出城迎接,举行庆功大宴,给出征将士颁赏。

同时,任命出征东海呼尔哈部(实际即属瓦尔喀部)的第三子阿拜、六子塔拜、七子巴布泰率兵千人凯旋,接踵而至。他们分兵两路进军,获降人一千五百人,于十月初四日,将抵沈阳,努尔哈赤得到诸爱子归来的喜报,立即率诸臣出城迎接,照例举行大宴慰劳。

自广宁战役,到天命十年,共三年间,努尔哈赤虽近七十岁,仍然不计个人年事已高,凡国中军政大事,必事事亲躬,虑事周详,计出深远。他勤于政事,不因年事已高而稍有松懈。就说他每当将士出征归来,他都亲自迎接,在沈阳(或辽阳)城外设宴,招待他们,使这些辛劳备尝的将士得到极大安慰,即使以后战死在沙场,也死而无憾。相比之下,明朝皇帝却做不到这一点,一般将士哪有机会瞻仰皇帝的龙颜?明军渐失战斗力,以至一触即溃,概由士气低落所致。努尔哈赤因年龄关系,以诸子侄孙大都已成人,已减少出征,但每有军事行动,他或送或接出征将士,仍表示他还是他们中的一员,与他们休戚与共,所不同的是,他没有亲自上战场厮杀而已。他做出了勤政用事的榜样,文武诸臣,包括他家族中的众多兄弟子侄孙,也是个个尽心于国事,而在战场上一往无前,不顾惜生命安危。因此,每战几乎必胜,很少失败,保持了常胜不败的记录。

当时,努尔哈赤连年进行战争,不能不给辽东地区的社会生活造成了严重的破坏。女真人(满族)尚武,不愿从事农业生产,他们投身于战争,以此为业,从战争中掠获的物资财富,从努尔哈赤的赏赐和分配中,逐渐富足起来。他们对于战争,非但不惧怕,相反,仍以极大的热情投入战争,尤其是对明的战争,他们称为"抢西边"(明在后金的西方)。努尔哈赤一发动攻明战争,女真人上下,连同家中的妻子儿女也为之高兴;当将士们胜利而回,他们又为之欢呼雀跃,奔走相告,洋溢着热烈的喜悦之情。但是,战争对于辽东地区的广大汉人却是另一番心情。他们从事农耕,离开土地,就丧失了生计。努尔哈赤率领成千上万铁骑,一踏上辽东大地,他们的生存便受到严重威胁。人们走死逃亡,很多城镇变成了无人之区,土地抛荒,生计顿失。严重的是,他们成为后金的掠夺对象,如被生俘,即成为他们任意驱使的奴仆。不言而喻,他们对战争的恐惧或厌烦,同女真人的心态形成了鲜明的对照。

广大的汉人被掠,财物被夺,加之努尔哈赤实行袒护女真人的政策,自然使他们感到受压抑,心中的不满导致以各种形式的反抗,造成国中不稳定。这也牵制了努尔哈赤对明发动大规模进攻。努尔哈赤深知国中形势的严峻,暂时放弃对明的用兵,用力于巩固已取得的胜利,对明兵的袭击,当地汉人明里暗中的反抗,或剿或抚;对蒙古诸部或拉或打,力图稳定后金对辽东地区乃至东北的统治。当他感到形势已变得稍为有利的时候,他又不失时机地再次发动对明朝的大规模进攻。

二、宁远惨败

"既征大明,岂容中止!"这是努尔哈赤于天命七年(1622)在辽阳议筑东京城时说过的一句话。它表明努尔哈赤以征伐明朝为己任,从抚顺首次开战,他就没停止过对明朝的战争。他说的这句话,还可以理解为,只要他活着,就要同明朝战斗到底!事实的确是这样。天命十一年(明天启六年,1626年)正月十四日,刚过完一年一度的春节,他就率诸子侄统领八旗大军,向明朝发动了自广宁战役以来最大规模的进攻,其目标直指宁远(辽宁兴城),双方在城下展开了激战。这就是明清(后金)战争史上著名的宁远之战。对于努尔哈赤来说,这也是他生前的最后一战。

过了天命十一年的元旦,努尔哈赤已经六十八岁。他确实老了,但雄心不减,仍然不顾高龄,冒着严寒,统率大军,大举伐明。他要创造新的战绩,在他一生"百战百胜"的记录中再添写新的一页!

在过去三年多的时间里,努尔哈赤没有向辽西地区发动进攻。可以说,辽西地区暂时保持了一派宁静。但明朝群臣心中并不安稳,时时担心后金突然进攻,尤其是一到严冬,"无人不虑冰坚可渡之时,恐奴(指努尔哈赤)入寇"。辽东、辽西中有辽河相隔,唯冬季结冰期最利人马横渡,免去夏秋两季渡河带来的种种麻烦。明朝似乎已总结出努尔哈赤用兵时间的特点,每到冬季,便格外担心,时刻警惕后金的突然到来(见《三朝辽事实录》)。在过去三年里,迟迟不见后金进兵的迹象,明朝方面便有种种猜测和分析。有人认为:"奴酋是一刻不忘征战的人,却蛰伏三年多而不见犯我之实迹,或许因我派重臣出关(山海关),调天下精锐作为应援,奴酋还未测出我方虚实,不敢轻易发动进攻。"

此话不无道理。自广宁失守之后,明朝屡易统帅,不断加强辽西一带的防御。王化贞、熊廷弼以失广宁的责任已被逮捕,兵部尚书张鹤鸣害怕追究他对失广宁所负的罪责,自请去山海关前线督师。昏庸的熹宗如获救星,喜出望外,马上给他加官晋爵,赐尚方剑。可是,明兵屡败之后,文武将吏被后金吓破了胆,以"入关(指关内)一步便为乐园,出关一步便是鬼乡"(《明熹宗实录》)。张鹤鸣何尝不害怕出关?当他躲过了对他的追究，不出几个月，便以有病为由辞职归家。熹宗改任宣府巡抚解经邦前往山海关，主持辽西防务。他为"苟全性命"，死活不接受这项任命，连上三疏，力辞其职。熹宗恼怒，将他革职，永不叙用。朝中无人肯于出任经略这一危险的职务，没有办法，就责成廷臣集体强行推荐。通过每人投票的方式，决出王在晋的票数最多，不容他是否愿意，当即报给熹宗。熹宗当即批准，委任他经略辽东、蓟镇、天津、登州（山东属境等处军务），当时王在晋在朝廷中正式的官职是兵部尚书兼都察院右都御史。他也上疏辞职，熹宗不准辞，令他如期上任，否则以国法论处。有鉴于解经邦的教训，他硬着头皮上任去了。

王在晋上任时，山海关外至辽河七百里间，明兵已放弃；努尔哈赤以后金兵力不敷，不敢分兵久驻，得广宁而撤兵，自广宁以西，诸如大小凌河、锦州、宁远、中前、中后等城，都成了双方不设防的城镇，这一条狭长的河西走廊，变成双方的军事缓冲地带，双方的侦察与游击兵不时出没，互有斩杀。山海关直接暴露在后金面前，危险旦夕可至！明朝战略家们视山海关为生命线，枢辅大学士孙承宗指出："关门系天下安危"，当今急务，"莫急于守山海关"。在守山海关这个重大问题上，朝廷上下的认识是一致的。于是，朝廷决定不惜一切代价守住山海关，紧急征调全国精锐兵马集结于此，很短时间，从山西、陕西、四川、湖南、湖北、山东、河南、河北等省调兵遣将，自天启二年（1622）到五年（1625），三年间，山海关兵力已达十一万七千余人，马五万九千余匹（以上见《明熹宗实录》）。论兵力已超过后金的总兵力，其军事物资之雄厚，也非后金所能相比，可以说，防卫山海关已不成为问题。

问题的关键，是确立什么样的防御指导思想，如何部署兵力，是否决心要打，收复失地。

新任经略王在晋并不懂军事，喜欢夸夸其谈，不过是纸上谈兵。他提出了"拒奴抚虏，堵隘防关"的方针。所谓"拒奴"，是指对抗后金之意；"抚虏"，就是由朝廷拿出大笔金钱收买蒙古，为其所用，用以"防关"，对付后金，像王化贞一样，把希望寄托在蒙古方面。所谓"堵隘"，他要在山海关外再修一座关城，称"重关"，用以防护山海关。据王在晋计算，防护山海关的这座关城的边墙长三十余华里，计用银九十三万两。熹宗根本不问是否可行,竟然表示同意,先拨银二十万两。

王在晋筑"重关"的做法,遭到他的部属、宁前兵备佥事袁崇焕等人的坚决反对。他们上疏朝廷,得到大学士、兵部管事孙承宗的支持,经他亲赴山海关考察,断然否定了王在晋的防御与筑重城的方案,袁崇焕力主守宁远以护关门,则得到了他的支持。孙承宗回京后,建议撤换王在晋,熹宗对孙承宗很信任,同意了他的意见。天启二年(1622)八月,仅任职半年多的王在晋被免去经略的职务,孙承宗以天下为己任,勇赴国难,自请出任经略。熹宗非常满意,当即下旨批准。

孙承宗一到任,重新进行军事部署,重用袁崇焕,共同布置了一条以宁远为重点,与锦州、山海关连结成一体的防线,史称"宁锦防线"。

袁崇焕,字元素,广西藤县(今广西藤县)人,生于万历十二年(1584),四十七年(1619)中进士,授予邵武(福建邵武)知县。天启二年(1622)初,袁崇焕正在北京朝觐,被破格提升为兵部职方司主事。他马上驰往山海关考察,回京后,向朝廷慷慨陈词,郑重表示:"给我兵马钱粮,我一人足以守关!"(见《三朝辽事实录》)这一番豪言壮语,在当时的确是惊人之举。后他又被提升为山东按察司佥事山海关监军。赴任不久,以其才能再升为宁前兵备佥事。他倡言守关外,守在宁远,实有战略眼光,为孙承宗全力支持,下令迅速修复被后金破坏的宁远各城,派兵驻守,召回离散的辽人返回故居,重建家园。宁远原城内外已成废墟,恢复后,兵民已达五万余家。袁崇焕重新设计,改造全城,城高三丈二尺,雉高六尺,址广三丈,顶部为二丈

袁崇焕雕像

四尺,到天启四年(1624)完工,成为关外一重镇。

在孙承宗的主持下,自山海关,中经宁远,至锦州,共四百里间,建成了宁锦防线,边防大备。三年多,山海关门及辽西无警,朝中晏然。岂料内部党争愈演愈烈,太监魏忠贤窃取大权,其势日炽,专排陷忠良,大兴冤狱。为人正派、居官清廉的孙承宗,因拒绝投靠以魏忠贤为首的阉党,终于被排挤出朝廷,回家乡养病。魏忠贤起用同党高第任经略。

胆小而怯懦的高第,上任未久,便下令撤宁锦防线,他本人则坐镇山海关,不敢出关一步。袁崇焕坚决反对撤宁远,大义凛然地说:"我是宁前道,在此当官,就死在这里,我坚决不撤!"高第无法,便不去管他,尽撤锦州、右屯、大小凌河及松山、杏山、塔山诸城的防御,惊慌地驱兵入关,刚建家园的百姓又被驱赶回山海关,"哭声震野",怨声载道,重现了王化贞与熊廷弼驱民进关的惨象。孙承宗数年心血,精心布防而毁弃于一旦,唯袁崇焕驻守的宁远城在关外辽西一线孑然仅存。

就在孙承宗辞职两个多月后,朝廷日夜担心的事终于发生了:努尔哈赤正如他们所预料的,乘天气严寒发动了进攻。努尔哈赤选择孙承宗刚去职的时机进攻明朝,多少可以说明,孙承宗在时,因防御严密,一时不敢贸然征伐明朝。努尔哈赤工于计谋,善用间谍,对明朝内部的机密无不了如指掌。他选择这个时机用兵,绝不是偶然的巧合。

努尔哈赤统率大军五六万,行军两天,于十六日抵东昌堡,第二天开始渡辽河。此次进军路线,与天命七年(1622)攻广宁完全相同。后金兵渡河后,在旷野布兵,南至海岸,北越广宁大路,前后如一股洪流,不见首尾,旌旗剑戟如林(见《武录》)。经过几年的养精蓄锐,精心准备,后金的军容之盛,更胜于前。后金"如入无人之境",右屯、锦州、松山、杏山、大凌河、小凌河、连山、塔山共八城,原驻有明军,都已撤回关内,后金不费一刀一枪,轻而易举地占领了这些城镇,只有袁崇焕召集本部兵马全部撤入宁远城内,独守孤城,等待与后金进行一场实力较量。

正月二十三日,努尔哈赤率将士直抵宁远城郊。他以攻心为上,欲收不战而得之效,被俘的一汉人持他的一封信进城,面见袁崇焕,劝其投降。信上说:"我以二十万大军攻此城,肯定会攻克。你们如果投降,我马上封以主爵!"袁崇焕回答说:"汗为什么向宁、锦加兵?这都是你抛弃的地

明宁远城东门遗址

方,我既已恢复,就有责任死守,岂有投降之理?你说出兵二十万,是虚夸之数,我知道你的军队只有十三万,岂能以此数嫌少呢!"(《武录》)他断然拒绝了努尔哈赤的引诱,表示了誓与宁远共存亡的决心。

袁崇焕对后金的进攻早做了迎战的准备:集中兵力于宁远,撤中左所与右屯等处兵马及宁远城外的驻军,连同西洋大炮,全部入城防守,总计城内明兵不满二万;实行坚壁清野,传令住在城外的百姓携带守城工具全部迁入城里,所剩房屋与积蓄付之一炬,全都焚毁,使后金到此,一无所得;军事上实行严密分工,集中指挥。令同知程维模督察"奸细",勿使后金派人混入城内刺探军情;通判金启倧组织民夫,供给饮食;卫官裴国珍采办物料;总兵官满桂提督全城防务。城四面分将防守,满桂自当城东南角,副将左辅在城西面,参将祖大寿防城南面,副总兵朱梅守北面,袁崇焕总督全局(见《明熹宗实录》卷六五)。

袁崇焕实行"凭坚城用大炮一策"。因为他深知明兵不善野战,难与善骑射的后金兵相匹敌,以往明兵不善利用"有形之险"即凭依坚城以阻挡后金的铁骑,使之不能发挥其长技,只能在坚城之下被动挨打。袁崇焕总结以往明军失败的教训,大胆改用此策,以守为攻,对付善野战的后金兵。据载,从澳门引进西洋大炮三十门,将其中的十一门发往宁远,精通西洋火器的彭簪古调到宁远任火器把总。明军以往把大炮火器安在城外,总是守不住阵地,反被后金夺去。袁崇焕改变这一战略,将十一门大炮都运到城上的敌台,如徐光启所说:"以台护铳(火器的总称),以铳护城,以城护民","凭城击打",为万全无害之策(见《明熹宗实录》卷五)。宁远之战证实了这一战略是制服后金的最佳选择。

当后金大军压境之际,明朝君臣也在讨论战守的问题,议过几次,一筹莫展,刚刚接任兵部尚书的王永光不禁哀叹:"无善策!"朝廷内外眼见宁远孤注关外,强敌压境,充满了悲观失败的情绪,都认定"宁远必不守",坐等宁远失陷。经略高第拥兵山海关,置若罔闻,似乎宁远的安危与他毫不相干!

袁崇焕深知此次与后金交锋,非死即生,除了动用一切防御手段,还动员全城百姓同军队一起作战。本来,一听说后金军渡河,全城人心惶惶,纷纷准备逃命。袁崇焕便紧急动员和说服,表示出必胜的信念,要求全城军民"死中求生,必生无死",只要军民同心守宁远,众志成城,必胜无疑。在袁崇焕的动员下,人心安定下来,激发出前所未有的热情,汇成一股不可抗拒的力量,严阵以待。这就是兵法上说的"置之死地而后生"!

努尔哈赤企图以强大的军事压力和高官厚禄诱使袁崇焕投降,但他始料不及的是,此次遇到的对手,非属庸碌无能之辈,在袁崇焕的心中,早已燃烧起一股忠君报国的烈火,只想战斗,概无他念!在后金军刚扎营城西北角,他就发布命令,开炮轰击。努尔哈赤没有料到他的军队恰好处于明兵炮火的射程之内,随着炮弹落地,发出一声巨响,后金兵几十人当场被炸得血肉横飞。努尔哈赤立即下令移营到城西侧,远在炮弹射程之外。二十四日,努尔哈赤下令发起总攻,先以主力抢攻城西南角。袁崇焕本选定城东南角为防守重点,此侧正当着通向山海关的大道,以为必先受攻击,但努尔哈赤察看城上布防形势,却发现西南角防御较弱,即以此为突破口,作为攻击点。他穿上铠甲,跃上战马,手执令旗,亲自指挥攻城。

城内,袁崇焕坐镇敌楼,与来中国充任朝鲜使臣翻译的韩瑷谈古论今,面无忧色,镇静如常。他传令全城兵民偃旗息鼓,就像一座空城,诱使后金步骑兵冲至城前,进入射程之内再攻击。

努尔哈赤以数十年的征战,所向克敌,并不把宁远城放在眼里。随着他一声令下,数万后金兵蔽野而来,骑兵、步兵、盾车、钩梯一拥而上,他采取战车与步骑兵相结合的"结阵"法,以盾车为前导,车的前面挡以五六寸厚的木板,再裹上生牛皮,车两侧各装一轮,可以前后转动。此车专用来对付明兵的火器和箭矢。板车后隐蔽弓箭手,其后是一排小车,装载泥土,以填塞明军挖掘的沟堑。最后才是骑兵,人马皆穿重铠,号"铁头子"。战斗开始时,骑兵并不出击,先用板车抵挡明军的火器,等第一次发射完毕,便突然奔驰而出,如一股狂风刮过来,分成两翼,向明兵猛扑过去,顿时就会把明兵冲得七星八落(《明史记事本末补遗》)。后金进入辽沈地区以来,多采取这种"结阵"法,屡屡奏效。此时,后金仍取此法,然而却失去往日的效果。因为明兵凭借坚城护卫,既不怕骑兵猛冲,又能躲避箭矢的攻击。城上十一门西洋大炮齐轰,此炮威力强大,只要击中板车,就把它炸得粉碎。后金兵死伤累累,踏着尸体拼命向城下推进。一些板车直抵城墙脚下,车的顶部以厚板遮蔽,后金兵隐藏在里边,手持斧镬凿城,有三四处被凿成大窟窿。大炮不能直射城下,因而失去作用,连城上的箭矢和礌石、滚木也奈何不了板车上的挡板。袁崇焕亲临战场,发现这一险情,亲自挑石土堵塞将被凿破的缺口,幸亏天寒土冻,被凿坏的城墙没有塌下来。后金兵仍在凿城不止。通判金启倧急中生智,取来火药均匀地筛在芦花褥子和被单上,各卷成一捆。他先做试验,刚一点着火,不料一火星飞溅到他的胡须上,迅速蔓延,未及救,已被烧死。袁崇焕下令如法制造,动员百姓献出被褥、铺炕用的褥单子,裹上火药,卷成一捆捆,投掷城下。后金兵一见花花绿绿的褥单,争相抢夺。这时,城上明兵急速投下点燃的火箭、硝黄等易燃物,被褥中的火药忽地燃烧起来。转瞬间,火势飞腾,扬起一人多高。后金兵惊惶地扑打身上的火苗,不料,越扑火势越大,"火星所及,无不糜烂",活活被烧死了。明兵把这种土造武器,给它起了个吓人的名字,叫"万人敌。"

后金兵在努尔哈赤的指挥下,转攻城南角,遭到同样的结果。袁崇焕又改用一捆捆柴草,上面浇油并掺上火药,点着火,用铁索系到城下,板车、盾牌被火点燃,迅即烧成一片火海,潜藏在里边的兵士纷纷被烧死。

激战持续到晚上，后金兵冒死不退。城上又把火球、火把投下，照得如同白昼。战斗一直进行到三更时候，约十点左右，努尔哈赤只得下令停止攻城。

次日，努尔哈赤继续发动攻势，战斗激烈的程度同昨日一样，到傍晚时，后金兵没有一个敢靠近城下。他们只得把死者尸体抢回来，运到西门外瓦窑，拆下民舍木头，举火焚化。攻击又持续了一夜，除了增加伤亡，毫无进展。努尔哈赤被迫再次停止攻城，退到西南侧离城五里的龙官寺扎营。

到了第三天，即二十六日，后金兵仍将城包围，只要进入射程内，就遭到西洋大炮的轰击。努尔哈赤面对坚城、大炮，无计可施，他的精锐骑兵无可奈何！他得知离宁远（今辽宁兴城）三十里的海中觉华岛为明朝屯粮之所，有七千人护卫，同时又负有应援宁远的任务。正值严冬季节，岛四周近海面结冰，可以行人、行车。岛上明兵就在冰上结营，外围以战车，形若城郭。努尔哈赤派大将武纳格率蒙古兵转攻觉华岛。明兵无险可守，很快就被蒙古兵冲得溃不成军。据明朝方面报道，岛上七千将士全部战死。岛上设施及剩余未及运走的数万石粮料被点火烧毁。

努尔哈赤攻宁远不下，损失很重，而攻克觉华岛，屠戮数千明兵也算得到一点补偿。努尔哈赤料定久攻不利，无可奈何，遂于二十七日解宁远之围东归，于二月九日返回到沈阳。

努尔哈赤自二十五岁兴兵以来，凡四十三年，身经百战，"战无不胜，攻无不克，唯宁远一城不下，遂大怀忿恨而回"（《武录》卷四）。且不说他的自尊心受到何等沉重的打击，他所损失的将卒也是他所经历的战斗中损失最为惨重的一次。据清朝方面统计，攻城两天，共折游击两员、备御两员、兵五百。显然，这是被缩小的数字。明朝当时的战场报告说：激战两日夜，"伤虏数千，内有头目数人、酋子一人"。据坐视不救宁远的高第报告："炮毙一大头目，用红布包裹，众贼抬去，放声大哭。"（《明熹宗实录》）其他各书所载，都没有留下具体数目的记录。要而言之，后金伤亡在一二千人之间，比较接近实际。自此以后，直到去世前，努尔哈赤再没有发动进攻。宁远之役，标志着努尔哈赤已从战略进攻的高峰跌落下来。他未竟的事业，只有留给他的子孙去完成了。

明兵在此役中，守宁远城兵力损失很小，而觉华岛兵力则全军覆没。

这一损失远远超过了后金的伤亡。尽管如此,从战役的全局看,明兵还是以少胜多,孤军奋战,顶住了后金的顽强而勇猛的进攻。它是明朝自萨尔浒战役以来所取得的第一个大胜仗,明朝把它称为"宁远大捷"而载入史册。明朝为此次意外地胜利而欢呼,捷报传到京师,"士庶空巷相庆"。兵部尚书王永光不胜感慨地说:"辽左发难,各城望风奔溃,八年来贼始一挫,乃知中国有人矣!"(《明熹宗实录》卷六三)明朝方面对此役之胜利和往年的一败涂地,已有所认识,总结的经验也不乏真知灼见,就不一一征引了。

袁崇焕制胜,原因是多方面的,只从军事上说,他改变了以往出城野战的战术,转为凭坚城、用大炮。恰恰在这个战术上,努尔哈赤犯了严重错误,在军事上以己之短攻人之长,为兵家所忌。攻坚是他的短处,不管骑兵如何精锐,也不能飞渡宁远城,而冲到城下,顷刻碰壁而回。努尔哈赤还不懂得战争的手段、作战的方式正在发生变化,继续用他的一贯战术,以为一攻即下。在沈阳、辽阳、广宁战役,甚至早在萨尔浒激战中,后金已俘获了大量的火器,却不加利用,把它当作一堆废铁而丢弃,只迷信本民族的骑射,视为他的法宝,以为灵验无比,却在宁远城下吃了大亏。如果他有一支炮兵部队,宁远的胜负就不知会怎样发展了。有先进武器不用,还用传统的弓箭,不能不落后于时代。从这方面说,努尔哈赤的失败就是不可避免的了。

三、客死他乡

自宁远败归后,努尔哈赤一直闷闷不乐,心情忧郁,反复思量,他不明白为什么自己征战一生,没有失败过,却偏偏败在了这个从没有打过仗的无名之辈的手里?这究竟是为什么?他把这次失败看作是他一生英名的奇耻大辱。他是怀着满腹忿恨回到沈阳的,整天就想这件事,而不得其解。他开始反省自己的所言所行,是否有不对地方,以致造成了宁远的惨败。三月三日这天,也就是他从宁远归来的二十三天后,他终于说出了他的心事。他以平静的语调说:"我思虑的事很多。如,是我身心疲倦、懒惰而不用心于治国吗?国家安危、百姓甘苦,我不省察吗?有大功于国家的及正直的人,我给颠倒了吗?我又思虑,诸子中果真有效法我尽心为国吗?大臣们真的都勤勉谨慎于政事的吗?我还常思虑敌国方面的事。当此日夜心神不定时,有能启发和开导我的心,以及精通战阵的人,可到我这里坐下,当面谈谈;若是极为聪明的人,我就以自己思考的问题质问他,必使对方拿出自己的见解回答我。骁勇之人,要把我说的话都牢牢记住。大凡说话,有随便议论而忽然讲出很有道理的话来,也有粗言粗语忽然说出精妙之言的。有一种人,既不能说话,又为人不勇敢,总是偷看我的脸色,坐听我说话,可不是叫人烦躁?你的才能大小,我已了解,想当面斥责,恐你难受,所以说不出口。俗话说:'一人善射,十拙随而分肉。'贤人治理国家而你坐享其成;英雄在战斗中获得战利品,而你分享。这就是如秧苗也有不好的。你自做你所做的事,靠近我面前有何益处!"

努尔哈赤这篇讲话,不知是对谁说的,《武录》没有具体载明。从这篇讲话看,他好像是自言自语,是说给自己听的;又似对某个人的谈心,既针对别人,也发泄自己的情绪。看得出来,他没有疾言厉色,也没有平时那种指令必须执行的威严口气。他像一个老人家,在诉说自己的烦恼,提出了许多问题,连连疑问,却找不到答案。他引用一句俗话,指出一些人不劳而获,坐享别人的成果。似乎他在抱怨,他辛辛苦苦治国、征战,别人来坐享其成。语气中流露出不无幽怨的情绪。看起来,努尔哈赤的情绪的确不佳,心中充满了苦闷,徘徊不定。

过了一段时间,他的心情变得好一些,有所振作,又把注意力转向了蒙古。四月四日,努尔哈赤以六十八岁的高龄,率诸王贝勒统大军征讨喀尔喀部五卫王。努尔哈赤原与五卫王等定盟,约定若"征大明,与之同征;和则与之同和"。但五卫王背弃了盟约,私自与明朝和好,屡次劫夺后金的使者财物、牲畜,杀害后金的侦察、巡逻的兵士。努尔哈赤十分恼怒,决定亲自征伐。渡过了辽河后,先遣精骑由诸王统领急进,他自率众军继其后。至六日,大军乘夜前进,至次日天亮,分兵八路并进。前锋皇太极、阿敏、阿济格、岳托最先到达囊努克寨。囊努克是喀尔喀部巴林卫叶赫巴图鲁的幼子,得到后金前来袭击的消息,率随从数人弃寨而逃。皇太极等诸王随后追赶。囊努克且战且逃走,忽然在他背后出现一飞骑,措手不及,被射于马下而毙命。诸王定睛注视,射箭者,不是别人,正是骑射高超的皇太极！等努尔哈赤率大军来到,即收取本地一带屯寨和牲畜。

九日这天,努尔哈赤命代善、阿敏、皇太极,以及济尔哈朗、阿济格、岳托、萨哈廉诸兄弟子侄,领精兵一万,前往西拉木伦河(辽河上游之地,今为内蒙属境,与辽宁相邻),沿途未遇抵抗,收缴了很多牲畜,返回了大营。努尔哈赤率大军返回科坤河边安营。

五月一日,努尔哈赤命宰牛八只,举行祭旗仪式。第二天,喀尔喀部巴林卫喇巴拖布依,与其弟德尔喀礼率百户人前来投顺。努尔哈赤予以收纳。此次军事行动,共获人畜五万六千五百余,都按等赏给了将士。努尔哈赤停止追剿,下令班师。

努尔哈赤此次军事活动,历时正好一个月。他率诸子侄孙驰骋科尔沁草原千余里,虽说已六十八岁高龄,但其体魄和意志不减当年,再现了当年的雄风。

努尔哈赤回到沈阳不久,即五月十六日,他又亲自部署和参与了一次重大的政治活动,这就是同科尔沁部奥巴及其昆弟的会见。他一得到奥巴前来叩见的消息,格外重视,即令莽古尔泰、皇太极并诸王等出城远迎。他们行三天,到达中固城(开原南十余里,距沈阳近二百里)时,与奥巴相遇,他们奉努尔哈赤之命,就地举行盛大宴会,给予热诚欢迎。抵汎河郊外,奥巴宰牛羊宴请诸王,次日,诸王分别设宴答谢。二十一日,将至沈阳,努尔哈赤首先朝拜家庙,便出城十里,安设帐篷,隆重接待。奥巴率部属进帐叩首拜见,至努尔哈赤面前再拜、搂见,努尔哈赤离座致答礼。礼仪完毕,各回本位而跪,与诸王依次行接见礼。奥巴等献上貂皮、貂裘、驼马,说:"我等财物,都被察哈尔、喀尔喀两家(部)掠去,没有值得献给汗的东西。"表示歉意,努尔哈赤说:"察哈尔、喀尔喀两部原为贪得财物而来,掠夺了你们的所有,大家都知道,这就不必说了,今天,你我都无恙,得到相会,这就足够了。"然后,举行宴会,给奥巴等人赏给了雕鞍、马匹、金顶帽、锦衣、金带。奥巴大喜,说:"今蒙赏赐太重,又高兴,又惊讶,真不敢相信!"努尔哈赤也感到快慰,便轻松地说:"些须之物,不必在意。以后赏赐之物,不过随当时的心情而已,谁肯把好东西给别人?你们以后看见诸王穿的衣服好,或有奇异的东西,只管向他们任意索取,不给,就逼他们给好了!"努尔哈赤语出风趣,待如家人,都感到格外亲切,脸上洋溢着会心的微笑。努尔哈赤同奥巴一同进城,每天设宴,给予极为优厚的礼遇。

到六月六日这天,宰白马、乌牛,与奥巴举行盟誓。双方誓约都针对察哈尔和喀尔喀两部,决心结为盟好,一致对敌,如一方违盟背约,必遭天灾;如其子孙败盟,天必降灾危,等等。这次盟誓极为隆重而严格。努尔哈赤自与奥巴盟于浑河岸,向天焚香,献牛马,两人共同三跪九叩首,将他们两人的各自誓书当众宣布,然后焚烧。

第二天,努尔哈赤大宴奥巴,赐给汗号。他郑重宣布:"有恶劣行为的,天必处罚,让他的国家衰败;心正者,上天保佑他为君,国家兴旺。总之,一切都是天主宰。察哈尔发兵迫害奥巴,皇天保佑了他。当时,他的诸兄弟亲属都逃跑了,只有奥巴奋力抵抗。我顺应天道,赐名为'土谢图汗'。"奥巴的哥哥和弟弟都得到了相应的封号。赐号完毕,又赐给盔甲并四季衣服,各种银器、雕鞍、蟒缎、布帛等一大批物品,远远超过了奥巴所献之物很多倍。应奥巴要求,努尔哈赤把图伦(速尔哈赤三子)之女嫁给他。奥巴内心感激,溢于言表,从此忠心于后金。清入关后,科尔沁同清的关系久盛不衰,与清相终始。科尔沁在清朝中占有特殊地位,在清统一全国过程中,发挥了重大作用。这些,无疑是努尔哈赤开创和奠定的。

十日,奥巴告别努尔哈赤,返回本地,努尔哈赤率诸王相送至沈阳北蒲河南岗,宴会后,命代善、阿敏二王送到铁岭(今辽宁铁岭市)而止。

努尔哈赤对蒙古的军事、政治活动,持续了三个月,看不出他有什么疾病,一切显得很正常。送走奥巴后,六月二十四日,他对诸子和大臣发表了长篇训话。他备述他的六祖及建州女真、海西诸部,包括蒙古,都因贪财货、私心重,互相残害,以至于个个败亡。他表明自己汲取了前车之鉴,预定八家但得一物,八家均分共享,不得额外私取;有功者,则聘民间美女、良马破格赏赐。他告诫他们不得徇私,不得贪财。其次,诸王兄弟要相互同心共事,有过错就进行劝告,不得姑息;要能吃苦,凡成就大事业者,必先苦心志,劳筋骨,要学会动心忍性,不能求安逸,不能苦老百姓,否则就是无德,怎可为君为王?你们诸王当心领我平时所训,承我基业而笃行之。最后,他强调治国必严赏罚,以赏示信,以罚为威,使商人积累货财,农夫积蓄粮食,国家才能兴旺起来。说完这些话,努尔哈赤将他的训词写成书面文字,分给诸子保存(见《武录》卷四)。

这篇训词,说得确切些,应是努尔哈赤的遗嘱。从他的语气,所谈的问题,看出是对他的子孙的嘱托,要在他百年之后,照此执行。他把自己的讲话,记录成文字材料,给诸子保存,明显地暗示他的子孙把他的讲话作为生前遗嘱流传后世的。这是没有疑问的。

努尔哈赤说出他对诸子和大臣们嘱托的时候,已经意识到将不久于人世,换言之,他已预感到生命即将完结。其实早在他最亲密的创业五大臣相继去世时,他就想到了死。

第一个去世的是一等大臣费英东,于天命五年(1620)三月八日病故,时年五十七岁。他以忠诚、秉心正直而受到努尔哈赤特别信任。他之去世,努尔哈赤悲痛至极,亲自到灵前祭奠,后妃与诸子都劝止,说:"亲临此丧,恐有所忌。"努尔哈赤悲戚地说:"与我一起创业的大臣,渐有一二人故去,我也不久于人世了。"坚持前去,在灵前痛哭失声,悲痛欲绝,哭后,"惆怅多时",直到深夜三更后才离开。这年,努尔哈赤已六十二岁,比他小五岁的费英东已逝,他自然便想到自己的死。

次年六月,一等总兵官额亦都去世,时年六十岁。他追随努尔哈赤,征战四十余年,忠心耿耿,屡建奇功。努尔哈赤亲临额亦都墓地,哀痛三次才回宫。天命七年(1622)七月,一等大臣安费扬古病逝,年六十四岁,他是努尔哈赤起兵时的重要骨干之一,与努尔哈赤同岁,却忠心不贰,战绩卓著。努尔哈赤视为心腹大臣。《武录》没有明载他去亲奠,想必以年事已高,不宜过于悲痛,被劝止了吧?安费扬古刚去世年余,一等大臣扈尔汉于天命八年(1623)十月病逝,年仅四十八岁。他是努尔哈赤的养子,被汗爱护有加,也以战功屡建而著称。努尔哈赤痛惜他壮年而逝,再也抑制不住内心悲痛,不禁老泪横流。

天命九年(1624)八月,五大臣的最后一位大臣、额驸总兵官何和礼也去世了,时年六十四岁,而努尔哈赤也已六十六岁了。何和礼去世,在努尔哈赤心中引起了感情的巨大震动。他命皇后等前去吊唁,自己却在宫中放声痛哭,悲切地说:"佐我创业的诸大臣,为什么没留下一个人在后面送我呢?……"五大臣的年龄,除安费扬古与他同岁,其余四人都比他小些,却在五年中,相继死去,没有一个留在后面,给他送终。想此,他怎能不悲痛欲绝！从他悲号而痛切的呼喊中，他再一次意识到自己的死，大概是为时不远了吧？

自宁远败归，他的心灵已留下了巨大的创伤，情志不舒，尽管发动对喀尔喀五卫王突袭的成功，又有科尔沁贝勒奥巴倾心归后金的喜悦，但终究抹不掉宁远失败留在心中的阴影。几度悲伤，几度愤恨，已使这个已衰老的人难以承受，他已感到心力交瘁，也许他自知生命之火即将熄灭，人生之路将要走到尽头，遂于天命十一年（1626）六月，把诸子及大臣召到跟前，发出了上面的训词。事过一个月，即七月二十三日，努尔哈赤终于病了，表面看来，他的病情并不严重，即于同一天前往清河温泉休养。

努尔哈赤患何病症？清官方对此讳莫如深，诸史一律不载。当时，明朝方面留下了可靠的记载。据尚在宁远守卫的袁崇焕报告，他得到的情报，证实"奴酋耻于宁远之败，遂蓄愠患疽"（《明熹宗实录》卷七）。此病称"痈疽"，生于人的背部，致病之由，多因心火过盛，毒火攻心所引起。努尔哈赤从宁远撤兵而归，一则心情不佳，感伤过度，已如前述，还有频繁的军事与政治活动，又使他过劳，而思虑太多，加重了思想负担，这些都是一个近七十岁的老人所不能承受的，健康迅速恶化，以致背生痈疽。在当时医疗条件下，此病被民间几视为绝症，其流布全身时，就危及人的生命，难有治愈的希望，除非出现奇迹！有的著作称，努尔哈赤以宁远之战受重伤所致。此论证据不足，难以成立。

努尔哈赤在清河温泉洗浴到第八天，病情是否好转，不得而知。但八月一日这天，他派二贝勒阿敏宰牛、烧纸，替他祈祷，向神灵乞求保佑（《满文老档》）。这件事，就说明他的病情加重，洗毒不见效，医药也无能为力，只能求助神灵保佑了。延至八月七日，病情恶化，眼看危在旦夕。诸王及随侍大臣决定速回沈阳，努尔哈赤神志尚清，也同意了他们的意见，因为他不能在这里"归天"，一定得赶回沈阳的寝宫。他们把努尔哈赤抬到船上，顺太子河而下。水路平稳，减去乘车在陆路上的颠簸。乘马已不可能，唯乘船最为便捷。同时，派人请大妃（皇后）前来迎接。船行至浑河，与大妃相遇，继续赶路。船抵达瑷鸡堡，离沈阳四十里的地方时，努尔哈赤便溘然长逝，时在天命十一年（明天启六年，1626年）八月十一日未时（十三时—十五时），终年六十八岁。

一代英杰,未来的大清王朝的开创者与奠基人,就这样悄悄地离开了人世。生前,对国事及子孙早有明训,至临终,不再留遗言。此时的寂静,与他轰轰烈烈的一生,形成了鲜明对照。

努尔哈赤的遗体,被放置于灵柩内,由群臣轮班肩抬,至夜初更时抵达沈阳,安放于宫中。努尔哈赤没有在他刚建的寝宫中离去却死在荒郊野外的船上,总是他的一个遗憾吧!

努尔哈赤刚去世,他的大妃乌拉纳喇氏自尽从死,这实际是四大贝勒给逼死的。这个女人长得很美,又很聪明,但心胸狭隘,为人嫉妒,每每使努尔哈赤不高兴,担心她将来引起国乱,努尔哈赤曾预先给诸王留下遗言:"等我终时,一定让她从我殉死!"现在,是该执行遗言的时候了。他们向大妃宣布了父亲生前的遗言,大妃还年轻,有两个未成年的儿子,怎么愿意死呢?她支吾不同意。诸王坚请:"先帝(指努尔哈赤)有命,虽想不从也无法改变!"大妃在他们强有力的坚持下,不得不屈服。于是她穿上礼服,戴上各式珠宝,不禁悲声饮泣,哀求说:"我从十二岁服侍先帝,丰衣美食,已有二十六年,我不忍离开他,所以相随于地下。我二幼子多尔衮、多铎,望予恩养。"诸王满口答应,承担起抚育的责任。就在努尔哈赤去世后第二天即八月十二日自尽而死,时年三十七岁。其遗体与努尔哈赤同柩,先安放在沈阳城内西北角,后葬于沈阳东石嘴头山(今天柱山),称福陵,因处沈阳之东,故俗称"东陵"。

与大妃同时殉死的,还有二庶妃阿济根和代因扎。她们地位卑下,无关大局,自愿从死,不是逼迫的。

其实,逼死大妃,是汗位争夺的牺牲品。努尔哈赤生前,并未指定继承人,立下共同推选的原则。当时最有条件继位者,如前述,一是代善,居长,有实力;二是皇太极,才能卓著,颇有威望;三是多尔衮,因得父亲偏爱,年龄虽十五岁,已与其十三岁的弟弟多铎领有正红、镶红两旗实力,其母大妃得努尔哈赤宠爱,年纪正值盛年,且多机变,有两子之实力,又以大妃之地位,可以控制局势。这就对其他的人争夺汗位构成了威胁。在利益趋于一致的情况下,四大贝勒便合力置大妃于死地。他们说先帝有"遗言",不见诸文字,只是口传,又不知于何时何地留下遗言,就难辨真伪了。不过,经近十余年来诸多学者考证,已认定大妃之死,为代善、皇太极等人所逼迫,当无疑问。

办完努尔哈赤与大妃的丧事,又经过内部的明争暗斗,最后达成妥协,公推努尔哈赤第八子、四贝勒皇太极即位为汗,成为父亲的汗位合法继承人,是为清太宗。他改元为天聪。自此,后金进入一个新的历史时期。

主要参考文献

按统一规定,本书所取用的资料不做页下注。现将本书引用的主要参考文献例举如下:

《清史稿》 中华书局点校本

《汉译〈满文老档〉》 辽宁大学历史系印本、中华书局本

《清太祖武皇帝弩儿哈奇实录》 北京故宫博物院排印本

《清太宗实录》 中华书局影印本

《满洲实录》 中华书局影印本

《满洲源流考》 〔清〕阿桂等撰

《八旗通志》 东北师范大学出版社排印本

《(朝鲜)李朝实录》 日本学习院东洋文化研究所刊本

《建州纪程图记校注》 [朝鲜]申忠一著

《建州闻见录》 [朝鲜]李民寏著

《燃黎室记述》 [朝鲜]李肯翊著

《明实录》 江苏国学图书馆影印本

《明史》 中华书局点校本

《明史记事本末》 〔清〕谷应泰撰

《万历武功录》 〔明〕瞿九思著

《东夷考略》 〔明〕笞上愚公撰

《东夷奴儿哈赤考》 〔明〕程开祜撰

《建州私志》 海滨野史辑

《辽广实录》 〔明〕傅国撰

《殊域周咨录》 〔明〕严从简撰

《明经世文编》 〔明〕陈子龙等撰

《剿奴议撮》 〔明〕于燕芳撰

《山中闻见录》 〔明〕管葛山人撰

《全边纪略》 〔明〕方孔炤撰

《三朝辽事实录》 〔明〕王在晋撰

《明季北略》 〔清〕计六奇撰

《辽左见闻录》 〔清〕王一元撰

《听雨丛谈》 〔清〕福格撰

《茶余客话》 〔清〕阮葵生撰

《东江疏揭塘报节抄》 〔清〕毛承斗等撰

《满洲秘档》 金梁编译

《清太宗全传》 孙文良、李治亭著

《明清战争史略》 孙文良、李治亭著

《满族崛起与明清兴亡》 孙文良著

《抚顺地区清前遗迹考查纪实》 傅波主编

《清史杂考》 王钟翰著

后　记

承蒙人民文学出版社盛情相邀,我欣然承诺,将本书稿交付出版。我在《前言》中指出:在我写作此书之前,已有几部努尔哈赤传记出版。但人民文学出版社并不介意,仍鼓励我努力成书。

实在说,我久有为努尔哈赤作传的愿望与冲动,因错过时机,迄未如愿。现在,人民文学出版社让我如愿以偿。这真是一次可遇而不可求的难得机会,促使我再度深入研究努尔哈赤,对我的学术是一巨大推动。在此,谨向人民文学出版社深致谢意!

我特别感谢杨华编辑的多方支持,告知应注意的问题,询问有何困难,帮我释疑。这一切,都让我感动,使我内心充满着感激之情。

本书的插图,为沈阳故宫博物院保管部主任李理研究员所配置。当我向他求助时,他毫不犹豫,一口应承。不数日,就配图三十多幅。李理先生助人为乐,真诚真情,尤其难得。借此机会,我由衷地向他表达感谢!

还有诸多朋友无不给予关心、支持与鼓励。在此一并致谢!

李治亭

2009 年 12 月 30 日